Albrecht Lehmann

VON MENSCHEN UND BÄUMEN

Die Deutschen und
ihr Wald

Rowohlt

1. Auflage März 1999
Copyright © 1999 by Rowohlt Verlag GmbH,
Reinbek bei Hamburg
Alle Rechte vorbehalten
Bildquellenverzeichnis s. Seite 339
Umschlaggestaltung Cordula Schmidt
(Foto: Ibid / Premium)
Satz aus der Janson PostScript PageOne
Gesamtherstellung Clausen & Bosse, Leck
Printed in Germany
ISBN 3 498 03891 5

Für Karin

INHALT

I Einleitung – Fragen, Quellen, Ziele 11

II Zur Symbolgeschichte – Wald als politisches Symbol 25
Der Waldideologe Riehl 27
Völkische Wälder – Der Wald als Erzieher 32
Der Wald der Deutschen und die Bäume ihrer Nachbarn 36

III Die Schönheit des Waldes 43
Der Wald der Sinne 43
Der Wald der Gruppen 49
Der professionelle Blick – Förster und Waldbesitzer 50
Imker 55
Die frei gestellte Landschaft der Wanderer und der Naturpark 58
Das Profil des Waldes – Waldrand, Wege und Bäche 67

IV Kindheitswälder und Lebensbäume 75
«Lebensstichwort» Wald 75
Vorbilder 81
Abneigung und Waldangst 85
Reizwort «Wandern» 86
Schlüsselerlebnisse – Waldangst 91
Waldgeschichte als Lebensgeschichte 93
Lebensbäume 98

V Sagenbildung und Zeitgeschichte 111
Waldsagen und kollektives Gedächtnis –
Ein Rückblick in die Geschichte 111
Waldgeschichte als Zeitgeschichte der Nachkriegszeit 118
«Nur für Kundige zugehbar» – Bunkerwälder 122
Hitlerbäume 126
Hakenkreuzwälder 128
Eine politische Sage – Das größte Hakenkreuz der Welt 134
Im Wald, da sind die Räuber – Mord- und Grenzwälder 145
Grenzwälder 145
Grenzmorde 148
«Panzerknacker» – Eine Zeitungssage 155
Findeisen alias Fabeyer – Ein Räuberroman 157
Baader-Meinhof-Geschichten 164
Was bleibt von Tschernobyl? 166

VI Die Gegenwart der Vergangenheit – modernes und vormodernes Waldbewußtsein 171
Mythische Landschaften 172
Sagen- und Märchenwälder 172
Baumgeister 179
Exkurs: Neue Heiden 181
Tageszeiten 197
Nacht 197
Tag 204
Jahreszeiten 209

VII Tiere 213
Kenntnisse 213
Abenteuer 217
Zeckenzonen 221

VIII Waldnutzung 227
Orientierung 230
Das Auto 232
Rundwege und Vierecke 234
Wanderaktivitäten und Wanderkonflikte 239
Der Ort der Liebe 247
Exkurs: Das Sammeln von Pilzen 250
Pilzaufklärung im 19. Jahrhundert 252
Die Kenner des Waldes – Pilzsammler 256

IX Der politische Wald 263
Waldsterben 263
Massenmedien 263
Die Wirkung des Kulturmusters 269
Reaktionen der Bevölkerung – Großstadt 276
Waldnahe Bevölkerung – Kleinstadt und Dorf 281
Umweltschützer 286

X Nachwort 295

Anmerkungen 303

Literaturverzeichnis (Auswahl) 329

Bildquellenverzeichnis 339

Personenregister 341

Sachregister 343

Danksagung 349

I
EINLEITUNG – FRAGEN, QUELLEN, ZIELE

Das Massensymbol der Deutschen war das Heer. Aber das Heer war mehr als das Heer: es war der marschierende Wald. In keinem modernen Lande der Welt ist das Waldgefühl so lebendig geblieben wie in Deutschland. ... Die Deutschen suchen den Wald, in dem ihre Vorfahren gelebt haben, noch heute gern auf und fühlen sich eins mit den Bäumen.»[1] Als Elias Canetti 1960 das vielzitierte Bonmot den Deutschen ins Stammbuch schrieb, konnte er sich der Zustimmung der hiesigen Bevölkerung, auch der Zustimmung unserer Nachbarn gewiß sein. Denn er wiederholte nur, was uns seit Generationen in Liedern, Romanen und Gedichten eingeschärft wird.[2] Als Kind seiner Zeit ging der Dichter von Nationalstaaten aus, deren Angehörige sich jeweils als festumrissene Gemeinschaft definieren. Auch anderen europäischen Nationen schrieb er historisch gewachsene Massensymbole zu, den Engländern das Meer, den Schweizern die Berge und den Franzosen die Revolution.

Vor einigen Jahren, als das Thema «Waldsterben» in Deutschland seine ungewöhnliche Karriere in den Massenmedien und in der Öffentlichkeit durchlief, wurde wiederum mit metronomischer Hartnäckigkeit der Wald als das wichtigste Symbol der deutschen Bevölkerung genannt. Selbst der Platz des Waldes im «kollektiven Unbewußten»[3] war ein Argument in diesem journalistisch-wissenschaftlichen Diskurs. Es wäre aussichtslos, ein historisch überliefertes und fest im Stereotypeninventar verankertes Kulturmuster mit Mitteln einer empirischen Wissenschaft «endgültig» widerlegen oder bestätigen zu wollen. Verallgemeinernde Aussagen dieses Niveaus sind immer spekulativ. Vielleicht sind sie gerade deshalb als Schlagwort für alle möglichen Zwecke so gut geeignet. Politiker und Journalisten unterschiedlicher ideologischer Herkunft können sich jederzeit, ob billigend oder amüsiert, jedenfalls ohne ein Wort über seinen Realitätsgehalt zu verlieren, des Schlagworts von den Deutschen und ihrer Waldliebe bedienen.[4]

Es ist gleichgültig, ob wir Canetti zustimmen, seine Aussage in den Katalog der groben Stereotype einreihen oder sie kurzerhand als ein reines Phantasieprodukt abtun: Der «Wald» bleibt ein zentrales Thema unserer Kultur. – Allein die Vorgaben der Bodenstatistik verlangen eine Antwort; immerhin besteht mehr als ein Viertel (29,2 % alte Bundesländer, 27,3 % neue Bundesländer)[5] der Fläche der Bundesrepublik Deutschland aus unterschiedlichen Formen von Wald. Wir finden z. B. Fichtenwald im Harz, Kiefernwälder in Brandenburg, und im Schwarzwald sowie im Bayerischen Wald wächst in den Hochlagen ein Tannen-Buchen-Wald. Der Flächenanteil des Waldes hat sich in Deutschland übrigens seit etwa 600 Jahren nahezu konstant erhalten.[6]

Den Anstoß für diese Untersuchung gaben zunächst Globalaussagen wie die von Elias Canetti. Meine eigenen Beobachtungen bei Waldspaziergängen in vielen Gebieten Deutschlands ließen mich an ihrem Wahrheitsgehalt zweifeln. Denn überall war mir seit meiner Jugend aufgefallen, daß die Wälder selbst an sonnigen Wochenenden weithin «menschenleer» sind. Ist es vielleicht doch nicht so weit her mit der Waldliebe von uns Deutschen? Ist der Wald nichts anderes als eine romantische Seelenlandschaft, die gepriesen und besungen und zugleich in der Praxis gemieden oder ignoriert wird? Die seit zwei Jahrhunderten in Gedichten, Liedern und Romanen unentwegt beschworene Sehnsucht und meine Vermutung einer ernüchternden Realität standen also am Anfang. Mit dieser Frage ist ein Ansatzpunkt des Buches benannt. Ein zweiter kommt hinzu.

Wer über Wälder spricht, muß zwangsläufig von Bäumen reden. Aus ihnen konstituiert sich der Wald. Sie schmücken die offenen Landschaften, säumen die Straßen und Flußläufe, bieten uns Orientierungshilfe in der Landschaft. Bäume werden aus diesen und vielen anderen Gründen überall auf der Welt als privilegierte Geschöpfe, sogar als schicksalsfähige Individuen wahrgenommen. Wir bewundern, ja beneiden sie wegen ihrer Standhaftigkeit, Stattlichkeit und Lebenserwartung, weltweit ist ihre Anwesenheit mit archaischen Vorstellungen verbunden, z. B. mit Mythen und Sagen.

Dies ist das Buch eines Kulturwissenschaftlers. Es handelt von der Gegenwart und fragt nach deren historischer Entstehung, nach der Wirkung von Traditionsmustern und Traditionslinien im Bewußtsein unserer Zeitgenossen. Es stehen also nicht Wälder, Tiere und Pflanzen im Mittelpunkt des Interesses, sondern Menschen mit ihrem unterschiedlichen Natur- und Waldbewußtsein, ihren Kenntnissen und Walderfahrungen. Obwohl immer wieder einzelne Personen teilweise ausführlich zu Wort kommen, muß von Anfang an gesagt werden, daß es nicht primär um rein subjektive Auffassungen geht. Statt dessen sollen die Vorlieben, Abneigungen, Befürchtungen, Obsessionen vor allem als Ausdruck sozial vermittelter «kollektiver» Auffassungen interpretiert werden.

Wie jeder Aspekt des subjektiven Vorstellungsvermögens und der Teilhabe an der Kultur entwickelt sich auch das Naturbewußtsein beim Individuum im Zusammenhang mit eigenen Erlebnissen in den verschiedenen Lebensphasen, unter dem Einfluß der Familie und der Schule und von Reisen im In- und Ausland. Außerdem entsteht es in der Auseinandersetzung mit einer schier unübersehbaren Masse von Informationen aus zweiter Hand, durch Zeitungs- und Buchlektüre, in Reaktion auf Musik, durch die Rezeption von Kunstwerken, Dokumentarfilmen und Fernsehsendungen.

Die wichtigste Datenbasis dieses Buches lieferte eine Befragung von 126 Personen unterschiedlichen Alters, Geschlechts und Berufs.[7] Sie wurde in einem volkskundlichen Forschungsprojekt[8] von mir und zwei Mitarbeitern durchgeführt. In der Mehrzahl der Erhebungssituationen saßen uns Einzelpersonen in ihrer eigenen Wohnung gegenüber. In einigen Fällen kam es zu Gruppengesprächen. Bis zu vier Informanten waren dann außer einem oder zwei Mitarbeitern des Teams beteiligt. Die einzelnen Erhebungssituationen erstreckten sich über einen Zeitraum zwischen einer und sechs Stunden.

Wir haben die Stichprobe für unsere Erhebungen so eingeteilt, daß unsere Informanten zu gleichen Teilen aus «waldfernen» Großstädten – vorwiegend aus Hamburg – und aus «waldnahen» ländlichen Regionen stammen, vor allem aus dem Harz und aus anderen Teilen Niedersachsens sowie aus Gebieten Schleswig-Holsteins und Hessens. Weil eine Vielfalt von Erfahrungen und Standpunkten beschrieben und analysiert werden soll, kommen neben «gewöhnlichen» Spaziergängern und Hobbywanderern auch eine Anzahl ausgewiesener Waldkenner zu Wort: Waldbesitzer, Förster, Jäger, Waldarbeiter, Pilzsammler und Imker. Frauen und Männer sind zu etwa gleichen Teilen repräsentiert.[9]

Die Gesprächssituationen waren von uns so gewünscht, daß die Informanten möglichst frei eigene Erlebnisse und Ansichten schildern konnten. Was dabei schließlich auf Tonband festgehalten und später transkribiert wurde, waren neben Berichten, Stellungnahmen und dem Referieren von Wissen vor allem persönliche Erinnerungen, «Wald-» und «Baumerzählungen». Ein Fragebogen wurde in der gesamten Recherche nicht benutzt. Die einzelnen Aspekte, die von unserem Team während der Tonbanderhebungen ins Gespräch gebracht wurden, stimmen in etwa mit den Fragestellungen, die in diesem Buch kapitelweise behandelt werden, überein.

Eine besonders «waldnah» orientierte Gruppe mit eigenartigen Kulten und einem spezifischen Waldbewußtsein bilden die «Neuheiden». Als Kontrast zu den «durchschnittlichen» wie zu den professionellen Waldnutzern haben wir deshalb einige Mitglieder einer heidnischen Gemeinschaft in Berlin über ihre Ansichten und Gebräuche befragt.

In diesem Buch finden außer erklärten Waldkennern und Waldliebhabern auch Leute Gehör, die mutmaßlich «keine Meinung» zum Thema haben; Frauen und Männer also, denen Wälder und Bäume nach eigener Aussage «gleichgültig» sind. Mit dem Wald ist es so wie mit anderen populären Kulturthemen, beispielsweise dem Fußballsport: Während ein Teil der Bevölkerung jede freie Minute auf dem Rasen zubringt und die deutsche Nationalmannschaft seit den 1950er Jahren als ihr wichtigstes persönliches Identifikationsangebot und als ein deutsches Kollektivsymbol von höchstem Rang behandelt, wollen andere buchstäblich nichts vom Fußball sehen und hören. Zur Analyse einer Kultur sind die Motive der Verweigerung in einem bestimmten Teilbereich jedoch kaum weniger aussagekräftig als die Hintergründe für einen Enthusiasmus.

Ein Wort zur Interpretation der für das Buch ausgewählten Interviewtexte: Erzählungen und Erlebnisberichte bieten uns stets einen geschichtlichen Einblick in die Bilderwelt von Individuen und Milieus. Die Erzählung einer Frau über ein beängstigendes Walderlebnis in ihrer Kindheit kann z. B. eine Ursache für eine noch 30 Jahre später wirkende Abneigung oder Angst vor dem Besuch von Wäldern sein. – Wer einmal im Leben auf einem Waldspaziergang große Angst bekam, weil er sich verlaufen hatte und schließlich weder «ein noch aus» wußte, kann später im Detail von seinen sorgfältigen Vorbereitungen erzählen, die alle nur dem einen Zweck dienen, dieses Mißgeschick möglichst nicht noch einmal erleben zu müssen. Neben solchen privaten Lebenserfahrungen wirkt die große Geschichte in das Waldbewußtsein hinein, etwa wenn typische Kindheitserfahrungen mit den Unsicherheiten der Nachkriegszeit zusammenfallen. Nach dem Zweiten Weltkrieg war ja z. B. das gemeinsame Sammeln von Pilzen oder Beeren nicht bloß – wie heute – ein Hobby. Pilze trugen in vielen Familien wesentlich zur Ernährung bei. Heute haften daran nicht nur die typischen romantischen Reminiszenzen an das Gemeinschaftserlebnis von Jugendlichen oder Kindern; auch die detaillierten Kenntnisse über die Pflanzen und die Lebenszusammenhänge des Waldes, die sich gerade in der Generation der Nachkriegskinder finden lassen, gehen in vielen Fällen auf diese Sammelaktionen in wirtschaftlichen Notzeiten zurück.

Neben den Walderzählungen und den Beobachtungen in der Natur werden in diesem Buch über das Waldbewußtsein in der Gegenwart eine Fülle von Schriften und Bildern als Quelle genutzt: Zeitungsmeldungen, Publikationen der Umweltverbände, Schulaufsätze, Bürgerbriefe an die Hamburgische Umweltbehörde, Fotografien, Veröffentlichungen aus Forstwirtschaft und Forstgeschichte sowie Publikationen aus den verschiedenen Kulturwissenschaften, der Kunstgeschichte und der Philosophie. Außerdem habe ich populäre Sachbücher, Gedichte, Romane, Kunstwerke des 19. und 20. Jahrhunderts und vor allem Sagen, Märchen und andere Volkserzählungen für meine Interpretation des historisch gewachsenen, in der Bevölkerung verbreiteten «Waldbildes» herangezogen. Wie mit populären Texten und Bilddokumenten in der Praxis verfahren wurde, sei an einem Themenfeld gezeigt. – Wer etwas über das heutige Waldbewußtsein und seine historischen Ursprünge oder über die Beziehungen seiner Zeitgenossen zu anderen Landschaftsformen – etwa zum Meer oder zu den Alpen – erfahren will, tut gut daran, sich außer aktueller Informationsliteratur auch ältere, inzwischen überholte Sachbücher anzuschauen. Populäre Waldbücher aus der Vergangenheit vermitteln uns einen Eindruck vom Wissen in der Eltern- und Großelterngeneration eines heute Dreißigjährigen. Heute veraltete Waldliteratur unterschiedlicher Provenienz wirkt über Erzählungen von Eltern, Großeltern und Lehrern auf die heute verbreiteten Gefühle und Ansichten ein – auch auf unsere ökologischen Befürchtungen und ästhetischen Vorstellungen.

Der Wald – oder besser die Wälder der Erde – ist ein gigantisches Thema, zu dem außer Forstwissenschaftlern und Biologen fast alle Kultur- und Geisteswissenschaften unter psychologischen, historischen, kulturwissenschaftlichen, ökologischen oder pädagogischen Aspekten beitragen. In diesem kulturwissenschaftlich-volkskundlichen Buch geht es um die Auswirkungen von Erfahrungen, Erinnerungen, Wünschen, Abneigungen im Leben unserer Zeitgenossen und um die Wirkung kultureller Traditionen auf das Bewußtsein. Es ist fast überflüssig, zu erwähnen, daß eine Untersuchung mit einer so komplexen Fragestellung und mit den aufgeführten Erhebungs- und Interpretationsmethoden keineswegs eine repräsentative Aussage über das Waldbewußtsein der 80 Millionen Menschen in Deutschland liefern kann, obwohl über 120 Erhebungssituationen mit Frauen und Männern unterschiedlichen Alters und unterschiedlicher regionaler und sozialer Herkunft für eine qualitative Erhebung keinesfalls eine geringe Zahl bedeuten. Hinzu kommt: Auf die hier im Lande lebenden acht Millionen Menschen aus anderen Herkunftskulturen werde ich nur an einigen Stellen dieses Buches eingehen. Immerhin haben wir über das Sample hinaus 25 Befragungen bei hier lebenden Ausländern durchgeführt. Sie sollten zur Information über andersartige Naturerfahrungen und Naturansichten dienen. Eine systematische Auswertung hätte den Rahmen der Untersuchung gesprengt.

Obwohl die Meinung verbreitet ist, jeder halbwegs erwachsene Mensch wisse, was ein Wald ist, sind einige Worte zum Sprachgebrauch nötig: Wenn von «Wald» die Rede ist, denke ich an eine «größere mit Bäumen dicht bewachsene Fläche»[10]. Das ist die in der Alltagssprache gängige Auffassung. Für kleinere Strauch- und Baumgruppen werden im Alltag Bezeichnungen wie Wäldchen, Busch, Hecke oder Gebüsch benutzt. Diese Begriffe konnten wir bei unseren Befragungen voraussetzen.

Die heute übliche forstwissenschaftliche Differenzierung zwischen Wald und Forst blieb von uns aus bei unseren Gesprächen mit den Informanten außer Betracht. Die Forstwissenschaft verbindet mit dem Begriff Wald vornehmlich eine natürliche Landschaft, während sich Forst auf eine zu wirtschaftlichen Zwecken genutzte Fläche bezieht. Damit kann freilich nichts anderes gemeint sein als zwei unterschiedliche Aspekte auf einen real gegebenen Landschaftszustand, denn alle «größeren mit Bäumen dicht bewachsenen Flächen» sind in Mitteleuropa längst «Kulturlandschaften». Sie sind seit Jahrhunderten spontan oder geplant durch menschliche Handlungen geformt worden. Bei unseren überwiegend norddeutschen Informanten ist die Unterscheidung zwischen Wald und Forst ohnehin in der Umgangssprache belanglos. Der Begriff «Forst» wird hier nur selten verwendet. Fließend sind in der Alltagssprache die Übergänge von einer Schonung zu einem Wald. Es ist offenbar üblich, dann von einem Wald zu reden, wenn es für einen Erwachsenen möglich ist, sich zwischen den Bäumen mühelos aufrecht gehend zu bewegen. – Gewisse Wahrnehmungsdifferenzen können des weiteren bei der sprachlichen Unterscheidung zwischen Bäumen und Sträuchern entstehen. Eine Vogelbeere von vier Meter Höhe wird am Waldrand gewöhnlich als Strauch klassifiziert. Wächst sie solitär im Feld, ist sie ein Baum.

Ideologische Vorgaben wollten wir bei unseren Befragungen vermeiden. Wenn wir mit unseren Informanten von «Wald» sprachen, sollte unbedingt der Eindruck vermieden werden, es sei von einem «Symbol», mithin von etwas besonders Bedeutungsschwerem die Rede. Mit den «deutschen Wäldern» sollte nichts anderes gemeint sein als alle Wälder, die hier wachsen.

Wer das Wort «Wald» hört, mag unverzüglich an Fragen des Umweltschutzes, an den erbärmlichen Zustand der Wälder in vielen Teilen der Erde, an das «Artensterben» von Tieren, Kleinpflanzen und Bäumen denken. An dieses Verhängnis zu denken und sachkundig darüber sprechen zu können zählt heute überall auf der Welt zu den Grundlagen der Kultur und des Naturbewußtseins. Schon deshalb müssen die subjektiven und kollektiven Reaktionen auf bedrohliche ökologische Befürchtungen und Entwicklungen immer wieder zur Sprache kommen. Aber Ursachen und Symptome, die Chronologie des «Waldsterbens» und ähnlicher Szenarien sind nicht das Thema dieses Buches. Denn die Beurteilung des aktuellen Zustandes unserer natürlichen Umwelt fällt nicht unmittelbar in den Zuständigkeitsbereich einer Kulturwissenschaft. Umweltforschung und Umweltschutz sind Aufgaben der ökologischen und biologischen Wissenschaften und der praktischen Umweltpolitik. Eine Kulturwissenschaft, die das Waldbewußtsein der Bevölkerung untersucht, kann bestenfalls einen indirekten Beitrag zur Umweltforschung und zur Waldschadensforschung leisten. In ihr geht es um die Frage, wie die Wälder gewünscht, erlebt und genutzt werden, welche kulturellen Traditionen und Vorstellungen sich in den Umweltängsten der Bevölkerung, in den Bedrohungs- und Beschwichtigungsszenarien der Medien und in den Argumenten der Wald- und Umweltschützer artikulieren. Solche Fragen sind keineswegs marginal, sie sind vielmehr von großer Bedeutung für das Verständnis unserer Gesellschaft. Daß sich im heutigen Umweltbewußtsein bei einzelnen Menschen und in den diversen Interessengruppen traditionelle Welt- und Wirklichkeitsbilder mit aktuellen Macht- und Wirtschaftsinteressen mischen, steht ohnehin außer Zweifel.

Der Text dieses Waldbuches ist so aufgebaut, daß der Einleitung zunächst ein skizzenhafter Abriß der Symbolgeschichte des Waldes folgt. Dieses Kapitel (Kap. II) führt in die historische Wirklichkeit des Themas ein, es referiert vornehmlich Literatur aus der Kulturgeschichte und aus der Volkskunde. Die deutschen Wälder und Eichbäume wurden bis weit ins 20. Jahrhundert für alle möglichen propagandistischen Aussagen instrumentalisiert: zu einseitigen Nationenvergleichen, als Vorbild für die Menschen und als Identifikationsangebot für Individuen und Gruppen. Was in diesem Kapitel an kulturgeschichtlichen Fakten aufgeführt wird, gehört bis in unsere Tage zum kulturellen Inventar des Themas. In den folgenden Abschnitten zum Waldbewußtsein in der Gegenwart werde ich deshalb immer wieder auf diese Geschichtskonstruktionen und ihre aktuellen Auswirkungen zurückkommen, etwa wenn die konkreten Waldvorstellungen (Kap. III) und Schönheitsauffassungen in verschiedenen Gruppen der Bevölkerung vorgestellt werden.

Liebe und Abneigung von Menschen gegenüber dem Wald gehen meistens auf persönliche Walderlebnisse zurück. Davon handelt Kapitel IV. Besonders nachdrücklich im Lebensprozeß wirken gewiß auch hier Erfahrungen aus der Kindheit. Sie initiieren, daß der Wald für viele Millionen Menschen – wie es Thomas Bernhard nannte – zum «Lebensstichwort»[11] wird. Sie suchen ihn zur Erholung, zur Kontemplation und zum Wandern auf. Für viele von uns ist «Wald» die Metapher für Natur schlechthin. Ja, ein amerikanischer Fantasy-Roman geht mit seinem Titel «Das Wort für Welt ist Wald»[12] sogar noch einen Schritt weiter. Doch auch hier ist ein Wandel unübersehbar: Für viele der heutigen Jugendlichen sind Wörter wie «Wandern» und «Wald» zunächst negativ besetzte Reizwörter.

Wenn aber tatsächlich Erfahrungen mit Wäldern vorliegen, dann entwickeln sich neben den tradierten romantischen Bildern und neben den heute verbreiteten ökologischen Befürchtungen unterschiedliche, teils sehr konkrete Formen eines spezifischen Waldbewußtseins bei Individuen und Gruppen. Es gibt den Wald der Förster und Waldarbeiter, den der Wanderer, Montainbiker, Joggerinnen und Pilzsucher. Und natürlich gibt es von der Kindheit her bis heute für viele den dunklen Sagenwald, der auch für manche Erwachsene seine Unheimlichkeit behalten hat. Diese in späteren Teilen des Buches wiederkehrenden Aspekte werden im dritten und vierten Kapitel ebenfalls eingeführt.

Die darauffolgenden Teile gelten Fragen der Einwirkung der politischen «Zeit»-Geschichte auf das Waldbewußtsein (Kap. V) und der Nachwirkung der romantischen Literatur (Kap. VI). Zweifellos bezieht sich Waldgeschichte als Teil der Gesellschafts- und Kulturgeschichte auf Abläufe von langer Dauer[13]. Menschengenerationen erscheinen vor ihr fast wie eine Episode. – «Ewig singen die Wälder!» – Wie allen mit großer Sicherheit vorgetragenen Aussagen über Geschichtsverläufe und Geschichtsresultate liegt auch dieser Aussage zunächst eine Klischeevorstellung zugrunde. Die politische Geschichte ist keineswegs folgenlos für die Wälder geblieben. Das war früher – etwa im Dreißigjährigen Krieg – nicht anders als in diesem Jahrhundert. Heute stoßen wir an vielen Stellen im Wald auf Zeugnisse des Zweiten Weltkriegs, etwa auf Bombentrichter. Inzwischen fügen sie sich wie prähistorische Formationen in die Landschaft ein. Wir finden noch immer Granatsplitter in Bäumen, und manchmal stehen wir vor den Ruinen ehemaliger Waffendepots und Munitionslager. Im Umkreis solcher «Bunkerwälder» hat sich vielfach ein eigenartiges Fluidum und eine besondere Erzähltradition entwickelt. Sie greift die Traditionen und die Muster des Erzählens, Muster aus vormoderner Zeit wieder auf, z. B. in sagenhaften Geschichten[14] von heute und in handfesten «Räuberpistolen».

«Vormodernes» und «modernes» Denken mischen sich noch offenkundiger in Vorstellungen vom Wald als einer mythischen Landschaft, in der Bäume und Felsen als von Geistern belebte oder mit besonderen Kräften ausgestattete Lebewesen erscheinen. Über solche durchaus nicht «ausgestorbenen» Anmutungen wirkt die Welt der Sagen und Mythen ganz offenkundig in das

Leben vieler unserer Zeitgenossen hinein. Derartige Wirklichkeitsbilder finden sich ja keineswegs exklusiv in den Gruppen der verschiedenen esoterischen Milieus, sondern bisweilen auch bei Leuten, die in anderen Lebensbereichen wenig Sinn für altertümlich-romantische Gefühle hegen. Wenn ich diese «vormodernen» Waldauffassungen darstelle und interpretiere, soll es nicht darum gehen, einem «falschen Bewußtsein» in exorzistischer Absicht auf die Spur zu kommen. Vielmehr geht es auch in diesen Fällen darum, aktuelle Muster der Weltsicht zu verstehen.

Während sich diese Kapitel des ersten Teils vor allem auf Aspekte der historisch gewachsenen Mentalität unserer Zeitgenossen richten, sind die folgenden Abschnitte konkreter auf die in der Bevölkerung verbreiteten Kenntnisse über den Wald, über die Waldtiere (Kap. VII) und auf die alltägliche Nutzung und Erschließung des Waldes (Kap. VIII) gerichtet. Wie finden sich die Besucher in der «fremden Welt» des Waldes bei ihren Wanderungen und Spaziergängen zurecht? Nach welchen Gesichtspunkten organisieren sie den Ablauf ihrer Waldbesuche? – Wie bereits gesagt, sind Vorsorgemaßnahmen hier wichtig für jeden Waldbesucher, der sich nicht im «finsteren Wald» verirren möchte.

Das Abschlußkapitel (Kap. IX) gilt der Geschichte der Reaktionen der Bevölkerung auf die Proklamation des «Waldsterbens» durch die Ökologie-Bewegung und die Massenpresse. Je natur- und waldferner die Bevölkerung – vor allem in den Städten – lebte, desto bereitwilliger und furchtsamer reagierte sie in den Jahren der Angst – den 1980er Jahren – auf die apokalyptischen Zukunftsvisionen.

Abb. 1 Der marschierende Wald

II
ZUR SYMBOLGESCHICHTE – WALD ALS POLITISCHES SYMBOL

Die bis heute wirkende Symbolgeschichte des Waldes entwickelt sich seit dem napoleonischen Zeitalter und ist Ergebnis der deutschen Romantik. In der Literatur des 19. Jahrhunderts wird dazu – quasi in ritualisierter Form als erste und wichtigste Quelle – der große römische Historiker und Ethnograph Tacitus aufgeführt. Dieser hatte in seiner um das Jahr 100 u. Z. entstandenen, im 15. Jahrhundert wieder aufgefundenen Schrift «Germania» u. a. die Feiern verschiedener Germanenstämme in Hainen erwähnt, einschließlich der dabei «praktizierten» Menschenopfer. Vermutlich hatte er durch seine römischen Informanten auch etwas von der Scheu der Germanen vor dem Betreten bestimmter Wälder erfahren und von ihrem Glauben an den Ursprung ihrer Stämme aus dem Dunkel der Wälder. Die pädagogischen oder politischen Absichten des Autors sind bis heute strittig. Jedenfalls wurde die «Germania» von Jacob Grimm und anderen Romantikern zum ersten Geschichtsbuch über die Deutschen deklariert. Dieser Geschichtsmythos wurde bis weit ins 20. Jahrhundert hinein wissenschaftlich vertreten und politisch instrumentalisiert. Daß ernsthafte Gelehrte sich dieser Quelle noch im 20. Jahrhundert bedienten, zeigte der Germanist und Volkskundler Eugen Mogk. Im Jahre 1918 schrieb er: «Wir erfahren von Tacitus, mit welch heiliger Scheu die Germanen ihre Wälder betraten. Noch heute wirkt die Stille oder das Rauschen der Bäume tief auf das Gefühl unseres Volkes ein.»[15]

Ob die Germanen tatsächlich glaubten, daß ihre Wälder von Göttern und Geistern belebt waren, und das Waldesdickicht deshalb verehrten, fürchteten oder mieden, mögen wir dem römischen Autor abnehmen oder auch nicht. Das gleiche gilt für den Glauben der Germanen an die Herkunft ihrer Stämme aus Wäldern. Die politische Wirkung falsch verstandener Lektüre und mißverstandener Tacitus-Zitate liegt in der fraglos vorausgesetzten Annahme, ein germanisch-deutsches Wesen wirke durch die Jahrhunderte bis in unsere Gegenwart fort, die Deutschen des 20. Jahrhunderts seien «irgendwie» immer noch mit den Germanen des Tacitus identisch, verfügten seit damals über einen «deutschen Nationalcharakter».[16]

Ein anderer Germanist, Friedrich von der Leyen[17], wird konkreter, wenn er von mutmaßlichen germanischen Baumkulten den Bogen zum Fürsten Bismarck schlägt. Nicht ohne Stolz hatte der Germanen-Forscher von der Leyen bei seiner Bismarck-Lektüre bemerkt, daß der große Politiker die leitenden Tendenzen aus den Waldforschungen der Germanisten seiner Zeit kannte und für seine politischen Zwecke nutzte. In seinen Lebenserinnerungen polemisierte Bismarck etwa gegen seinen ungeliebten Nachfolger, Graf Leo von Caprivi. Dieser hatte, nachdem er 1890 Reichskanzler geworden war, die alten Bäume vor seinem Palais kurzerhand beseitigen lassen. Bismarck reagierte frostig: «Aus dieser Baumvertilgung spricht nicht ein deutscher, sondern ein slavischer Charakterzug. Die Slaven und die Celten, beide ohne Zweifel stammverwandter als jeder von ihnen mit den Germanen, sind keine Baumfreunde, wie Jeder weiß, der in Polen und Frankreich gewesen ist, ihre Dörfer und Städte stehen baumlos auf der Ackerfläche, wie ein nürnberger Spielzeug auf dem Tische. Ich würde Herrn von Caprivi manche politische Meinungsverschiedenheit eher nachsehen als die ruchlose Zerstörung uralter Bäume.»[18]

Die beiden Germanenforscher Mogk und von der Leyen verfolgten mit ihren Kontinuitätsvorstellungen und -behauptungen keineswegs ein vordergründig politisches Ziel. Ihre These entstammte der romantischen Tradition. Aber die politische Instrumentalisierung dieser wissenschaftlichen Auffassung durch Bismarck beweist die ideologische Brisanz kulturhistorischer Waldthesen.

Der Waldideologe Riehl

Einer der Begründer und zugleich einflußreichster Propagandist der politisch-nationalistischen Waldideologie des 19. Jahrhunderts war Wilhelm Heinrich Riehl. Der Kulturhistoriker, Sozialwissenschaftler, Volkskundler und Novellenautor Riehl war ein wissenschaftlich-künstlerisches Multitalent und ein Ideologe von großer Begabung und Öffentlichkeitswirkung. In seinen Aussagen über die kulturelle Bedeutung des Waldes stehen wilde Spekulationen neben souveränen ökologischen Analysen. So zeigt sich schon früh in der Mentalitätsgeschichtsschreibung über den Wald ein Zwiespalt, der sich bei politisch motivierten Autoren von Waldbüchern bis heute finden läßt.

Eine seiner brisanten volkspsychologischen und mentalitätsgeschichtlichen Ideen betraf die Frage der unterschiedlichen Nationalcharaktere der europäischen Völker.[19] Das war damals bereits ein klassisches Thema des Nationenvergleichs, das im Kontext der Nationalitätenkonflikte eine wachsende Bedeutung erhielt. Immanuel Kant hatte noch distanziert und ohne eine Tendenz zur Auf- oder Abwertung nationaler Eigenarten einige Züge von «Nationalcharaktern» der europäischen Völker beschrieben und dabei das unterschiedliche Gefühl des Erhabenen, Edlen und Prächtigen zum Exempel eines Kulturvergeichs genommen:

«In dem Nationalcharakter, der den Ausdruck des Erhabenen an sich hat, ist dieses entweder das von der schreckhaftern Art,

das an sich wenig zum Abenteuerlichen neigt, oder es ist ein Gefühl für das Edle oder für das Prächtige. Ich glaube Gründe zu haben das Gefühl der ersteren Art dem Spanier, der zweiten dem Engländer und der dritten dem Deutschen beilegen zu können.»[20]
Solch essayistisch harmlose Bemerkungen aus den frühen «vorkritischen Schriften» des Philosophen können sich auf verbreitete Ansichten berufen, wie sie im 18. Jahrhundert und davor, also in prinzipiell vornationalistischen Zeiten, unter den Intellektuellen das Gespräch würzten. Mentalitätsgeschichtliche Spekulationen über mögliche Ursachen solcher Charakterologien gehörten ausdrücklich nicht zum Thema Kants: «Ob diese Nationalunterschiede zufällig seien und von den Zeitläuften und der Regierungsart abhängen, oder mit einer gewissen Nothwendigkeit an das Klima gebunden seien, das untersuche ich hier nicht.» Wichtig ist ihm vor allem: Die Volkscharaktere seien, soweit sie sich in Form dieser höheren geistigen Bestrebungen äußerten, nur bei einer intellektuellen Elite zu beobachten, also bei Persönlichkeiten, die «aus dem großen Haufen» hervorstechen.

Riehl hingegen leitete den Nationalcharakter unter anderem aus der Beschaffenheit der differierenden Formen der Landschaften ab, und seine Vorstellungen bezogen sich, im Gegensatz zu Kant, auf die breite Masse des Volkes. Dieses politische Konzept drückt sich bereits im Titel seines in vielen Auflagen erschienenen Werkes «Land und Leute» aus. Darin entwickelte er zunächst einen Gegensatz zwischen Feld und Wald, d. h. zwischen der zahmen und der wilden «Natur» des Bodens. Beide Landschaftsformen waren seiner Meinung nach unverzichtbar für das Überleben einer Kultur. Aber die Zukunft eines Volkes lag für ihn in der Wildnis der Wälder. Wo diese bereits früh gerodet und die freien Flächen danach in Kulturland umgestaltet worden waren, habe eine Gesellschaft ihre historische Zukunft endgültig verspielt. Der Wald habe nicht allein einen wirtschaftlichen, sondern vor allem einen sozialpolitischen Wert. – «Ein Volk muß absterben, wenn es nicht mehr zurückgreifen kann, zu den Hintersassen in den Wäldern, um sich bei ihnen neue Kraft des natürlichen, rohen Volkstumes zu holen.»[21]

Riehls international vergleichende sozialpolitische Prognosen haben sich teilweise im 20. Jahrhundert erfüllt. Für Rußland mit seinen «undurchdringlichen Wäldern» hatte er eine große Zukunft vorausgesagt, ähnlich für die nordamerikanischen Freistaaten. Obwohl die nordamerikanische Gesellschaft bereits vom Materialismus zersetzt sei, stehe dem Land in den weiten Flächen seiner Wälder und seiner Wildnis ein großes wirtschaftlich-politisches Stammkapital zur Verfügung. Eine ähnlich erfolgversprechende Ausgangsbasis attestierte er den Deutschen. Wer in «demagogischer» Absicht mit dem Volkscharakter der Deutschen aufräumen wolle, müsse nur die deutschen Waldregionen abholzen. In den deutschen Wäldern liege nicht nur die mittelalterliche Vergangenheit, sondern ebenso «die zähe Verjüngungskraft unserer Nation verborgen». – «Das deutsche Volk bedarf des Waldes, wie der Mensch des Weines bedarf.» – Aussagen dieser anthropologischen Dimension dürften in der Bevölkerung bis in die Mitte unseres Jahrhunderts als «naturgegeben» tradiert worden sein. – «Sage mir, wie Du in dem Wald spazieren gehst, und ich sage Dir, was Du bist», hatte ein Arbeiter, Zeitgenosse Riehls, notiert.[22]

Weniger herausfordernd, auch weniger komisch erscheint uns heute im Zeichen der Ökologie, was der Waldideologe Riehl über «Landschaftsverbrauch» und über die Reaktionen in der «deutschen Seele» zu berichten wußte: Der «Gedanke, jeden Fleck Erde von Menschenhänden umgewühlt zu sehen, hat für die Phantasie jedes natürlichen Menschen etwas grauenhaft Unheimliches; ganz besonders ist es aber dem deutschen Geiste zuwider.» Mit pointierten Aussagen dieser Art erweist sich Riehl als ein Vorläufer heutiger Landschaftsschützer.

Die Zukunftsnationen des Weltgeschehens, Rußland und Amerika, waren weit entfernt. Wie wünschte und prognostizierte Riehl die Zukunft der Nachbarvölker – d. h. der unmittelbaren Konkurrenten der Deutschen – Frankreichs, Italiens und Englands? Zunächst erinnerte er daran, daß das seit Jahrhunderten waldlose, deshalb «ausgelebte» italienische Volk vor langer Zeit einmal ein besonders lebendiges Land, «das Paradies» Europas gewesen sei. Nicht viel besser stehe es um die Geschichte und Mentalität der Engländer und Franzosen. Beide Nationen hatten seit langem nur noch wenige geschlossene Wälder aufzuweisen. Deshalb sah er ihr «Volkstum» als «ausgelebt» an. Aus ihren Parklandschaften, aus der Rationalität ihrer Volkswirtschaft, aus der Stadtkultur und dem individualistischen Geist Englands, vor allem aber Frankreichs, könne sich keine verheißungsvolle nationale Zukunft entwickeln.

Neben solchen mentalitätsgeschichtlichen Spekulationen und kühnen sozialen Prophetien vermittelte Riehl seinen Zeitgenossen nicht allein ein ökologisches, sondern in Ansätzen auch bereits ein forstwissenschaftliches Programm. Darin wurden vor allem Entdeckungen der Romantik aufgegriffen. Seine Aussagen über die Einfügung der Wälder in die Landschaft, seine Beschreibung der Unterschiede von Park und Wald, seine Kritik an der Zerstörung der Landschaftsvielfalt durch endlose Pappelalleen, schließlich sein Plädoyer für Baumschutz[23] und gegen den «kurzlebigen», vornehmlich auf wirtschaftliche Rationalität hin angelegten Nadelwald machen Riehl zu einem Wegbereiter der modernen Forstwissenschaft, zu einem der Vorläufer der seit Ende des 19. Jahrhunderts entstehenden wissenschaftlichen und praktischen «Forstästhetik».[24]

Die soziale Wirkung der fortschrittlichen waldästhetischen Reflexionen Riehls war wesentlich geringer als die seiner rückwärtsgewandten waldpolitischen und volkspsychologischen Auffassungen. Mit dem ideologischen Teil seines Konzeptes wirkte er sehr einflußreich bis weit ins 20. Jahrhundert hinein, beispielsweise in die wissenschaftliche «Volksgeschichte»[25] und in biologische und historische Sachbücher. Der Leipziger Ethnohistoriker Adolf Helbok griff 1937 ausdrücklich Ansichten Riehls auf, als er in vergleichender Perspektive eine «Volksgeschichte Deutschlands und Frankreichs» veröffentlichte.[26] Darin stand zwar die frühe und mittelalterliche Geschichte der beiden Nationen im Mittelpunkt. Helbok kam aber von diesen Epochen aus immer wieder auf seine Gegenwart zu sprechen, vor allem wenn er die unterschiedlichen Volkscharaktere der beiden Nachbarvölker miteinander verglich. Aus der Riehlschen Dichotomie «Feld und Wald» wurde bei ihm «Kulturland und Wildnis». Die Wechselbeziehung von «Blut und Boden» aber blieb als Konstante erhalten, Riehls Fazit ebenfalls: Die französische Gesellschaft sei durch frühe Entwaldung und «Urbanisierung» in «Kraftlosigkeit» erstarrt.[27]

Über 80 Jahre nach Riehls «Land und Leute» unternahm es Helbok am Vorabend des Zweiten Weltkriegs, dessen essayistische Pointierungen mit Mitteln der Kulturgeschichte und Kulturraumforschung, mit Landkarten, archäologischen, siedlungs-, rechtsgeschichtlichen und namenskundlichen Quellen akribisch zu «beweisen». Er schloß sein voluminöses Werk mit einem Wort «persönlicher Zuversicht», daß die deutsche Waldnation auf dem «richtigen Wege» zur Herrschaft über die Welt sei.[28]

Riehls Auffassungen fanden außerdem über die Volksschullehrerschaft Eingang in die Schulbücher[29] und lassen sich bis heute in erfolgreichen biologischen Sachbüchern nachweisen. Auf dieser Traditionslinie wirken sie bis in die Gegenwart. So berief sich in einem «Buch vom deutschen Wald» aus den 1930er Jahren[31] der Autor Carl W. Neumann wiederum auf Riehl, wobei er dessen ökologisch-kulturkritische, zivilisations- und technikfeindliche Sicht aufgriff. Er warnte bereits 1935 vor der menschenfeindlichen Technik und vor der Großstadt; einer entfremdeten Welt,

in der die Kinder mehr über Automobile wüßten als über die
«Wunder» des Waldes. Wie heutige Umweltschützer forderte er,
der Wald müsse als «Naturwald», als eine «Lebensgemeinschaft» erhalten bleiben. Wer könnte dem Riehl-Enkel bei diesen
Kulturanalysen widersprechen?

Der konservative Aufklärer Riehl ist also ein «Vorläufer» sehr
unterschiedlicher wissenschaftlicher Arbeitsgebiete und sozialer
Bewegungen geworden. Konzepte der modernen Forstwissenschaft, der Ethnographie, Soziologie und Nationalökonomie, der
Volkskunde und der Umweltschutzbewegung können sich auf ihn
berufen. Er ist überdies einer der Vorläufer der «antimodernen
Bewegungen» in der Literatur des ersten Drittels des 20. Jahrhunderts[32], eines Ernst Wiechert, Karl Heinrich Waggerl oder
eines Ludwig Klages. Für Klages stand der Waldrand als Metapher für die Schwelle zwischen der zivilisierten Welt der Sinne
und der mythisch-kosmischen Welt der Seele. Der Wald sei die
«letzte, noch verfügbare Schwelle zum Lande Ur».

Solch «antimodernes Denken» hatte mit der Realität des in
Deutschland wachsenden Waldes wenig zu tun. Tatsächlich sind
die Wälder hierzulande seit dem ausgehenden 18. Jahrhundert
sorgfältig zu wirtschaftlichen Zwecken gestaltete, aufgrund der
Planungskompetenz der Bürokratien hergerichtete Landschafts-
ausschnitte.[33]

Völkische Wälder – Der Wald als Erzieher

Die Waldutopien und Mystifizierungen des 19. und beginnenden
20. Jahrhunderts wurden im Nationalsozialismus ein wesentlicher
Teil der Naturschutzkonzepte und der Propaganda. Walther
Schoenichen, der Direktor der Reichsstelle für Naturschutz in
Berlin, berief sich 1939 in seiner «Biologie der Landschaft»[34] wie-
derum auf die Waldlehre Riehls. Er zitiert: Ein Dorf ohne Wald

sei so unvollkommen wie eine Stadt ohne Kunstsammlung, und fuhr fort: Ohne den Bezug zum Wald sei eine «deutsch-völkische Kultur» nicht vorstellbar.

Ein anderer einflußreicher Waldideologe dieser Zeit war der Biologe und Naturschriftsteller Raoul Heinrich Francé. Im Jahre 1943[35] teilte er mit, das «neue Reich» beginne gerade damit, den Wald wieder dem Volke zurückzugeben, um den es jahrhundertelang von den Herrschenden betrogen worden sei. Dieses mutmaßliche Ergebnis nationalsozialistischer Politik konnte er voller Stolz auf zahlreiche seiner eigenen Forstschriften zurückführen, auf Bücher wie «Leben und Wunder des deutschen Waldes. Gesetze einer Lebensgemeinschaft» aus dem Jahre 1943 und das bereits 1922 veröffentlichte «Ewiger Wald. Ein Buch für Wanderer». Diese Werke erreichten bis in die Mitte unseres Jahrhunderts die Breitenwirkung von «Volksbüchern». Die Wälder wurden darin als in sich geschlossene Welten, als Biotope vom Typ «Lebensgemeinschaft» beschrieben. In populären Wanderanleitungen und Naturbüchern wirken diese Vorstellungen vom Wald als Organismus bis in die Gegenwart weiter.[36] Für Francé bedeutete die «Lebensgemeinschaft Wald» indes mehr als ein biologisches Programm innerhalb seines Naturschutzdenkens. Das Miteinander der Tiere und Pflanzen des Waldes sollte das Vorbild für die Organisation der menschlichen Gesellschaft, Modell einer entstehenden nationalsozialistischen Volksgemeinschaft sein, der Wald sollte zum «Erzieher»[37] werden.

Heute kommt uns die Analogie Wald – menschliches Zusammenleben trivial und atavistisch vor. Aber in einem System, welches «Gemeinschaft» und «Gemeinschaftsgeist» als Leitideen von Politik und Propaganda proklamierte, konnten die Metaphern durchaus die ideologische Funktion eines Theorieersatzes erfüllen.[38]

Wenn die Lebensgemeinschaft des Waldes Vorbild der Gesellschaft und Ursprung der Kultur sein sollte, mußte das System

Sorge tragen, daß der Zustand der Wälder im eigenen Lande den Bildern der Waldideologen so weit wie möglich entsprach. Ein kranker, krüppeliger Wald hätte sich kaum als Vorbild für eine gesunde Volksgemeinschaft nutzen lassen. Der Landschaftsverbrauch der Nationalsozialisten, etwa beim Autobahnbau, stand diesen hochgesteckten ideologischen Vorgaben allerdings entgegen. Aber die Planer waren – mit unbestreitbarem Erfolg – darum bemüht, die betonierten Straßen mit Bäumen und Sträuchern zu garnieren. Ein «echter Waldsaum» sollte die deutschen Autobahnen begleiten. Der Autobahnbau wurde von Anfang an von einem ökologischen und ästhetischen Programm begleitet.[39]

Mit Maßnahmen zur Renovierung der Wälder wurde früh begonnen. Der Sachbuchautor Neumann[40] hatte 1935 von der Forstwissenschaft und von den Heimatschützern die allmähliche Überleitung der Monokulturen der Kiefern-, Fichten- und Buchenbestände in einen den «Naturgesetzen» entsprechenden «harmonischen Mischwald» gefordert, Walther Schoenichen bereits 1934 ein Buch über «Naturschutz im Dritten Reich» veröffentlicht[41]. Darin forderte er ausdrücklich die Führer der Hitlerjugend und die «Glieder des Reichsbundes Volkstum und Heimat» und «Kraft durch Freude» zur Mitarbeit auf.

Der Heimatschutz der Nationalsozialisten griff auch hier ältere Konzepte auf, vor allem die des 1904 gegründeten «Deutschen Bundes Heimatschutz»[42]. Dieser war kurz nach der «Machtergreifung» 1934 mit allen seinen Landesgruppen gleichgeschaltet in den «Reichsbund Volkstum und Heimat» überführt worden. Ähnlich war es den «Gebirgs- und Wandervereinen» ergangen, etwa dem Pfälzerwaldverein oder dem Bayerischen Wald-Verein[43]. Die Gleichschaltung der Heimat-, Wander- und Waldvereine blieb freilich überwiegend im Formalen stecken, ihr Ablauf erscheint von heute aus gesehen geradezu lächerlich. Zunächst wurde das Führerprinzip verbindlich eingeführt. Jeder, der mit seiner Gruppe eine Waldwanderung plante und leitete, durfte sich jetzt «Führer» nennen lassen. Als umwälzend werden die Mitglieder diese Veränderung kaum empfunden haben. Schließlich stimmte das Selbstgefühl vieler Vereinsfunktionäre ohnehin längst mit dem Führerprinzip überein. Im Pfälzerwaldverein hatten die Mitglieder, wie in den anderen Mittelgebirgsvereinen, vor der Gleichschaltung den Gruß «Mit Waldheil!» praktiziert. Nun wurde ihnen der «deutsche Gruß» vorgeschrieben. Um die eingeübte Formel «Waldheil» nicht aufgeben zu müssen, fand man einen Kompromiß. Wenn die Waldfreunde sich zu Bierabenden trafen oder sich beim Wegebau, beim Möblieren des Waldes mit Bänken und Unterständen begegneten, riefen sie sich den modifizierten «Doppelgruß» zu: «Mit Waldheil und Heil Hitler!»[44] Die Ideologie und Gebräuche der Nationalsozialisten ließen sich ohne große Umstände in die völkische Tradition der deutschen Wald- und Heimatschutzbewegung integrieren.

In den ersten Nachkriegsjahren wirkte die politisch motivierte Waldideologie noch eine Zeitlang nach. Daran hatten nicht zuletzt die Besatzungsmächte nach 1945 einen traurigen Anteil. Besonders die englische Besatzungsmacht hatte nach dem Zweiten Weltkrieg, wie die französische nach dem Ersten, große Gebiete in ihren Einflußbereichen zum eigenen wirtschaftlichen Vorteil entwaldet. In Waldeinsätzen von Schulklassen und Wandervereinen sollten diese Waldschäden behoben werden. Dabei lebten u. a. Traditionen des Arbeitsdienstes fort.[45]

Heute ist von der nationalsozialistischen Waldideologie wenig geblieben. Daß die Wälder der «Ursprung der Kultur» sein sollen, löst inzwischen eher Heiterkeit als Widerspruch aus. Aber wer wird bezweifeln, daß Wälder überall in der Welt eine wichtige wirtschaftlich-ökologische Grundlage sind und eine Voraussetzung für die Gesundheit der Bevölkerung, eine wichtige «Ressource» einer Gesellschaft? Die Dynamik des im 19. Jahrhundert popularisierten Waldschutzgedankens ist jedenfalls bis heute lebendig geblieben. Inzwischen ist der Schutz der Wälder seines nationalen und chauvinistischen Impetus weitgehend entkleidet, ja er kann sogar zu den integrierenden Faktoren der Weltpolitik gezählt werden. Der Begriff «sustainable» (aufrechterhaltend), der seit der Konferenz der Vereinten Nationen über Umwelt und Entwicklung in Rio de Janeiro 1992 in die internationale Konferenzkultur eingegangen ist, ist ein Beitrag deutscher Forstpolitik zum globalen Umweltdenken. Denn er entstammt als «Nachhaltigkeit» oder als «nachhaltige Nutzung» der hiesigen Forstwirtschaft seit dem 18. Jahrhundert. In der Holzwirtschaft bezeichnet er das Postulat, daß der Holzeinschlag möglichst nicht größer sein soll als die durch beständige Aufforstung zu sichernde nachwachsende Holzmenge. Daß es im 19. Jahrhundert in Mitteleuropa infolge der Waldzerstörung nicht zu einer ökologischen Katastrophe kam, ist ein Ergebnis systematischer Maßnahmen der nachhaltigen Waldwirtschaft.

Um nachhaltige Nutzung zu erreichen, muß ein natürliches Altersklassenverhältnis gesichert sein, d. h., alle Altersstufen sollen im Gesamtbaumbestand nach Möglichkeit in gleicher Qualität und Anzahl vorhanden sein.[46] Weil sich der Begriff und das Konzept bewährt haben, ist das forstliche Prinzip der «Nachhaltigkeit» auf andere Bereiche unserer Gesellschaft übertragen worden, beispielsweise auf den Städtebau. Es zeigt sich: Der Wald hat durchaus seine Faszination für soziale Konzepte und Utopien behalten.

Der Wald der Deutschen und die Bäume ihrer Nachbarn

Die einzelnen hier skizzierten Traditionen des Waldbewußtseins sind nicht von den heutigen ökologischen Programmen und Waldprojekten zu trennen. Früher als in den Nachbarländern in Ost und West haben deutsche Umweltschützer über den aktuellen Zustand der Wälder – über ihr mutmaßliches «Sterben» – diskutiert und politisiert. In keinem anderen Lande geschah das so engagiert wie hierzulande. So hat – vergleichbar dem Begriff «Nachhaltigkeit» – ein weiteres deutsches «Waldwort» international Karriere gemacht. «Le waldsterben» und «the waldsterben» ist schnell in die französische und englische Sprache eingegangen.

Endlos und monoton hatten Intellektuelle und Propagandisten von Riehl bis in die Nazizeit hinein der Liebe der Deutschen zu ihrem Wald die mutmaßliche Ablehnung des Waldes in anderen Kulturen gegenübergestellt. Das bezog sich vor allem auf die wichtigsten europäischen Konkurrenznationen England und Frankreich. Beim Vergleich des Waldes und der Gesellschaft ging es über den reinen Nationenvergleich hinaus um die sozialphilosophischen Prinzipien von Gleichheit und Ungleichheit, von hoch und niedrig, um Individualismus und Massenseligkeit. Die dabei verwendeten Bilder standen meistens in der Tradition des Sozialdarwinismus.[47] Diese Sichtweise der menschlichen Gesellschaft hat auch anderswo ihre Tradition, z. B. in der Heimat Darwins.[48] In England werden bisweilen die verschiedenen Bäume und Sträucher in Parallele gesetzt zur sozialen Hierarchie unter den Menschen. Unter «old patrician trees» vegetiert ein «plebeian under-wood». – Die Gleichsetzung Wald – Gesellschaft ist so naheliegend und trivial, daß sie jedem, der nach kräftigen Bildern und Vergleichsmaßstäben für die Popularisierung seiner Gesellschaftsvorstellungen sucht, in den Sinn kommen muß.

Der von Riehl vorgetragene deutsche Standpunkt des Kulturvergleichs war eindeutig: hier Waldliebe und Walderhaltung der Deutschen – dort Ablehnung und Rodung des Waldes durch die Angehörigen der Nachbarnationen. Erstaunlicherweise findet diese Vereinfachung siedlungshistorischer Akzente ihre Bestätigung in Äußerungen aus den Ländern West- und Südeuropas.

Der französische Historiker Fernand Braudel gibt ein Beispiel für die unsentimentale Reflexion über den Wald und für den rationalen Gebrauch der Flächen in der französischen Geschichte. Jede Gelegenheit, dem wilden Wald Boden für die Kultivierung des Landes abzugewinnen, um Raum für menschliche Siedlungen, Wirtschafts- und Verkehrswege zu schaffen, werde in Frankreich seit dem Mittelalter systematisch genutzt. «Der Wald besitzt nur insofern Wert, als man von ihm Gebrauch macht.»⁴⁹ Dichte, geschlossene Wälder sind etwa bei Rabelais das Refugium des menschlichen und tierischen Gelichters aller Art, der zivilisationsfeindliche Lebensraum der Räuber, Wölfe und wilden Eber; kurzum: das von Riehl gepriesene Mittelalter in der Landschaft und in den Köpfen der Menschen.

Auf unsere Zeit bezogen, hat Michel Tournier, der Autor des Romans «Der Erlkönig»⁵⁰, die Waldliebe und die auf den Wald gründenden Gesellschaftsvorstellungen der Deutschen in provokativer Absicht angeprangert. Es muß für seine deutschen Leser befremdlich klingen, wenn er in einem Ausstellungskatalog zum Thema «Waldungen. Die Deutschen und ihr Wald» die deutschen Wälder und Konzentrationslager ein Stück weit in eins setzt. Die Bäume – so Tournier – seien von ihrer Natur her ausgeprägte Individualisten. Als Lebewesen mit großem Freiheitsdrang seien sie in der Lagerwelt des Waldes gegen ihren Willen genötigt, gegeneinander um Leben und Licht zu kämpfen. «Der Wald, das ist die aufgezwungene Promiskuität eines Konzentrationslagers.» Und er fährt fort: «All die Bäume, die so dicht aneinander gepreßt sind, leiden und hassen sich. Die Waldluft ist gesättigt mit dem Haß der Pflanzen. Er dringt in die Lungen des Spaziergängers ein und drückt auf sein Herz.»⁵¹ Aus dem Vorbild einer Lebensgemeinschaft, wie es die «völkischen» Wälder sein sollten, ist bei Tournier der Horror eines Konzentrationslagers, der Prototyp der Zwangsgemeinschaft geworden.

Positiver, vor allem aber differenzierter als dieser aktuelle Apologet des Individualismus, hatte der frühe Kant in seinem Vergleich der Natur und der bürgerlichen Gesellschaft das Zusammen und Gegeneinander des Waldes mit der Gesellschaft gesehen: Die Konkurrenz um Sonne und Luft zwinge den einzelnen Bäumen im «Gehege» des Waldes einen geraden Wuchs auf, während sie in Freiheit voneinander abgesondert «krüppelig, schief und krumm wachsen». Nicht «wilde Freiheit», sondern das Gehege gesellschaftlich disziplinierter Ordnung – gesellige Ungeselligkeit – sei Kennzeichen einer bürgerlichen Kultur. Den Zwang der Gesellschaft nahm Kant als notwendige Voraussetzung höherer kultureller Leistungen hin. Die Gesellschaft zwinge uns dazu, «die größte Not unter allen, nämlich die, welche sich Menschen untereinander selbst zufügen», zu überwinden.[52]

Als nationalistisch-reaktionäres «deutsches» Kollektivsymbol steht der Wald nicht allein. Er wird bis heute von einem anderen Gegensymbol zur liberalen demokratischen Gesellschaft fast noch übertroffen: von der «deutschen Eiche». Die Eiche ist in Europa als Symbol für sehr unterschiedliche politische Ziele genutzt worden. Auf den Bildern Caspar David Friedrichs legte sie noch Zeugnis ab vom Ewigkeitscharakter und von dem sich beständig erneuernden Kreislauf der Natur[53]. In der Französischen Revolution fungierte sie als Freiheitssymbol. Dabei stand sie für die Ideale des sich emanzipierenden Bürgertums. Neben der Linde wurde der «urgermanische» Baum in deutschen Kleinstädten und Dörfern inmitten des Ortes zum Sammelplatz bei ritueller Trauer und zum Nationalsymbol. Überall waren Kriegerdenkmäler im deutschen Kaiserreich und nach dem Ersten Weltkrieg mit Eichenlaub dekoriert. Diese Tradition des Heldenkults konnten sich die Nationalsozialisten nicht entgehen lassen. Die Eiche war dann auch bei ihnen das unverrückbare Zeichen der Männlichkeit, Heldenhaftigkeit, Dauer und Stärke. Davon sollten die Hitler-Eichen zeugen, die vor allem in Kleinstädten bereits kurz nach der Machtübernahme gepflanzt wurden.[54] Selbst die symbolängstliche Bundesrepublik wollte nicht auf die Symbolqualität der Eiche verzichten. Bis heute schmückt das Eichenblatt das 10-Pfennig-Stück. Und auch der «Kulturfrau», die auf der Rückseite der 50-Pfennig-Münze kniend ein Bäumchen pflanzt, hat der Münzkünstler einen Eichenschößling in die Hand gedrückt.

Eine so bewegte Wirkungsgeschichte wie die der «deutschen Eiche» muß sich bis heute im politischen Bewußtsein der Bevölkerung niederschlagen. Der stolze Baum hat hier aber keinen leichten Stand. Wenn wir in unserer empirischen Untersuchung unsere Informanten nach ihrem «Lieblingsbaum» fragten, fehlte vielen der Mut, unkommentiert die Eiche zu nennen. Von Frauen wurde der Baum auffallend seltener als von Männern angeführt. Die Mehrzahl der Eichenliebhaber hielt ihre Präferenz für diesen «typisch deutschen» Baum ausdrücklich für legitimationsbedürftig. So brachten manche unserer Informanten ihn in direkte Verbindung zur Nazizeit. – «Ich kann die Eiche eigentlich nicht lieben, schon wegen dem mit dem Bärtchen.» Obendrein sei die Eiche der Baum, in dem sich die augenblicklich nicht gerade angesehenen Werte rauher «Männlichkeit» am augenfälligsten konkretisieren. Ein Argument, das von beiden Geschlechtern vorgetragen wurde. Einige meinten, sie hätten als moderne Menschen statt des Eichbaums die «weibliche Birke», die Linde oder die geborene Individualistin unter den Bäumen, die Kastanie, zu lieben.

Der deutsche Bundespräsident Roman Herzog scheint ein sicheres Gefühl für die in Deutschland prekäre politische Symbolkraft der Bäume zu haben. Der typisch deutsche Baum soll nach Herzogs Wunsch die Linde sein.[55] Für die aus der Partei der Grünen kommende nordrhein-westfälische Umweltministerin Bärbel Höhn hingegen hat die Hainbuche, der Baum des Jahres 1996, als «Baum der Loyalität und Gerechtigkeit» einen hohen Identifikationswert. Im «Wald der Generationen», in einem rheinischen

Forstamt, pflanzte sie als Baum ihrer Wahl ein Exemplar dieser Spezies neben andere von Prominenten ausgewählte Bäume.[56] Der frühere ungarische Außenminister Gyula Horn hingegen mag nicht zur Kenntnis nehmen, daß die Eiche hierzulande ein abgelegtes Symbol sein soll. Helmut Kohl soll er mit dem edlen «Männerbaum» verglichen haben: «Der Kanzler der Bundesrepublik Deutschland ähnelt in seiner Gestalt dem König der Wälder, der Eiche, die dem Blitzschlag und dem Sturm trotzt und nie ihren stolzen Stamm beugt.»[57]

Es kann außer Betracht bleiben, daß die männlich-deutsche Eiche, wie die meisten anderen hochwüchsigen Bäume in unserer Sprache, weiblich ist. Wichtiger scheint mir der Hinweis zu sein, daß Quercus robur (Stieleiche), die «deutsche Eiche», bereits seit dem 16. Jahrhundert außerdem das Nationalsymbol der Engländer ist. Dieser prächtige Baum, der viele der offenen Landschaften Englands ziert, heißt dort «English Oak» und gilt als «König der Bäume». Wegen der Stärke und Erdverbundenheit am Ort seines Wachstums und wegen seiner Haltbarkeit als Baumaterial für Schiffe wird er im englischen Volk gleichgesetzt mit dem standhaften britischen Nationalcharakter. Der Kulturhistoriker Keith Thomas bringt es auf den Punkt: «English Oak» sei für seine Landsleute «as much a national symbol as roast beef».[58] Der «Rinderwahn» der letzten Jahre zeigt aufs neue, daß der Umgang mit Nationalsymbolen seine Tücken behält.

III
DIE SCHÖNHEIT DES WALDES

Der Wald der Sinne

Der Naturpublizist Horst Stern unternahm im Auftrag der Wochenzeitung «Die Zeit» eine ökologische Reise durch die neuen deutschen Bundesländer. Er bewegte sich dort nach seinem in aller Welt bereits vielfach bewährten Reisekonzept: «Als erstes, wie immer, seit die Natur mein Denken bestimmt, ein Gang in den Wald. An keinem anderen organischen Ensemble läßt sich die Naturgesinnung einer Gesellschaft besser ablesen: Wie sie es mit ihm hält, ob sie ihn schont oder schändet, so hält sie es mit der Gesamtnatur.»[59]

Die Vorstellungen Sterns und seine Worte über «Naturgesinnung», «Schonung» und «Schändung» nehmen unausgesprochen zur Kenntnis, daß natürliche unberührte Landschaften in Mitteleuropa heute nicht mehr vorkommen, alle unsere Landschaften durch menschliche Aktivitäten gestaltet und überformt sind. Was bei diesem Prozeß der Kultivierung herausgekommen ist, kann vom einzelnen Betrachter auf unterschiedliche Weise wahrgenommen und beurteilt werden. Als extreme Gegensätze der Waldbewertung erscheinen uns der romantische Blick auf das Gesamtbild einer ästhetischen Waldlandschaft und der Blick des Holzhändlers oder des Tischlers. Allgemein gilt: Wer über eine populäre Waldästhetik, d. h. über die Maßstäbe der Bevölkerung für einen schönen Wald, nachdenkt, muß heute – wie es Horst Stern praktiziert – den ökologischen Akzent berücksichtigen. Ökologische Aspekte können die Sehgewohnheiten bestimmen und das traditionelle historische Bild überdecken, welches Poesie und Malerei von einem schönen Wald entworfen haben. Seit in den 1980er Jahren das Schlagwort «Waldsterben» seine konjunkturelle Blüte trieb, sind die Zweifel am äußeren Erscheinungsbild eines Waldes unüberhörbar. Trauriges Fazit: Ein Wald kann prächtig aussehen, doch bereits «todkrank» sein. Wir müssen nur lernen, die Krankheitssymptome zuverlässig zu erkennen.

Der Hamburger Student Falk Solms[60] soll aus der Gruppe unserer Befragten als erster zu Wort kommen. Er ist beispielhaft für einen ausgeprägt ökologischen Blick. Im folgenden artikuliert er eine heute übliche Form der Waldwahrnehmung und Waldkritik: «Wenn ich irgendwo in 'ner Fichtenmonokultur rumrenne, sage ich: ‹Mein Gott, hier ist 'ne Wüste.› – Aber ich frag halt immer im Wald, auch im Mischwald: ‹Mein Gott, was tut sich hier ökologisch?›»[61]

Leicht hatte es ein Wald, der mit einem schönen Erscheinungsbild gefallen wollte, auch davor nicht. In den 1960er Jahren hatte die damals vorherrschende Ästhetiktheorie einen «kritischen» Teil der Bevölkerung gelehrt, einen spektakulären Sonnenuntergang über einem Waldrand als etwas aufdringlich Kitschiges wahrzunehmen. Wer das Schauspiel trotzdem bestaunte, offenbarte sich als Kulturbanause.[62] – «Das Wort ‹wie schön› in einer Landschaft verletzt deren stumme Sprache und mindert ihre Schönheit», hatte Adorno konstatiert. Mittlerweile kann zum Banausen werden, wer einen Wald ohne das schlechte Gewissen des Ökologen genießen möchte. Ein «naiver» Blick auf ein Stück «Natur», z. B. auf einen Flußlauf oder ein Waldensemble, hat es allemal schwer, in der Welt der Intellektuellen toleriert zu werden. Allein die Tatsache, daß das Reden über Landschaft stets auch ein Reden über die eigenen Geschmacksmaßstäbe ist, erschwert die Situation. Was Riehl in einem schönen Bild das «landschaftliche Auge»⁶³ nannte, ist stets Ausdruck der Sehgewohnheiten der Zeit.

Die ästhetischen Vorstellungen der Landschaftsbewertung waren in der Welt der Städte entstanden. Das trifft für die heutigen ökologischen Konzepte ebenfalls zu. Beide sind Ergebnisse urbaner Kunst und Wissenschaft, d. h. einer naturfernen Lebensform.⁶⁴ Ein «typischer» Bauer oder Hirte nimmt seine Umgebung als Arbeitsplatz oder Verkehrsfläche wahr, vielleicht als sicheres Territorium, jedenfalls nur gelegentlich und beiläufig als «schöne Landschaft».⁶⁵ Was für die optische Wahrnehmung gilt, gilt gleichfalls für die Wahrnehmung durch die übrigen Sinne. Zur Entwicklung der Sinneswahrnehmung nun einige Anmerkungen.

Das Bewußtsein für das standardisierte Bild des Waldes vermittelt sich in unserer Kultur zunächst über den Gesichtssinn. Zur Waldatmosphäre gehören außerdem typische Gerüche und ein spezifisches Verhältnis von Geräusch und Stille. Diese gleichzeitig wirkenden Bestandteile einer typischen Waldatmosphäre werden heute, wenn sie sich angemessen – in «natürlicher» Weise – präsentieren, als Genuß erlebt. Das war nicht immer so. Noch vor 200 Jahren konnten sich Mediziner unwidersprochen auf eine Theorie berufen, der zufolge die Waldluft grundsätzlich dumpf und stickig, obendrein für die menschlichen Lungen schädlich sei: «Die Waldluft ist allgemein bekannt als eine ungesunde Luft. Alle Länder, die große Wälder haben, oder daran grenzen, haben ungesunde Luft: und je mehr die Wälder ausgehauen und das Land kultiviert wird, um desto gesunder wird das Klima desselben. Dies ist unwiderlegliche Erfahrung, und hieraus folgere ich, daß die dicken Wälder von der Regel, gesunde Luft zu geben, abweichen.»⁶⁶

Diese Theorie ergab sich aus der Vorstellung, daß Pflanzen zum Wachstum und zur Produktion von gesunder Luft stets des Sonnenscheins bedürfen. Im Dunkel des Waldes sei folglich die

Produktion vergifteter, mit brennbaren Partikeln durchsetzter Luft zu erwarten. Dieses Gedankengebilde stand noch unter dem Einfluß antiker und mittelalterlicher Vorstellungen der Naturwissenschaften. Die beiden wichtigen Vertreter dieser Auffassung, Aristoteles und Albertus Magnus, hatten warnend auf die schädigende Wirkung faulender Dünste aufmerksam gemacht. Auf diese Theorie gestützt, wurde im Mittelalter gemutmaßt, daß die Dünste sich im Erdinnern sammeln, und wenn sie sich dort verdichten, Explosionen bewirken. Diese seien dann die Ursache für Erdbeben. Außerdem galten die Dünste auch als Erreger von Epidemien und waren damit für die schlimmste Seuche der Zeit verantwortlich, für die Pest: Wo die Ausdünstungen ans Licht traten, verdunkelten sie die Sonne, wer sie einatmete, erkrankte. Derartige Überlegungen einer seit der Antike tradierten Miasma-Theorie waren also noch an der Schwelle zur industriellen Welt selbst in den wissenschaftlichen Eliten diskussionswürdig. Die Bevölkerung auf den Dörfern hielt hingegen zur gleichen Zeit weithin noch ungebrochen an den traditionellen Vorstellungen des Mittelalters fest. Darin waren die Wälder eine von leibhaftigen Dämonen bevölkerte Welt.

Vorstellungen aus dem Inventar dieser Tradition wirken gegenwärtig – wenn überhaupt – nur noch unterschwellig im Bewußtsein. Immerhin fanden sich in unserer Erhebung zwei Frauen, die den Wald nicht nur wegen seiner Düsternis und der Einengung des Blicks ablehnten, sondern ausdrücklich unter Hinweis auf die «dumpfe Waldluft», die ihnen den Atem beenge. Daß solch abwehrende Reaktionen auf die Waldluft von Frauen stammen, ist kein Zufall. Hinsichtlich der Wahrnehmung über die sensibleren Sinne – über Geruch, Gehör und Gefühl – lassen sich in unserer Untersuchung auffallende Unterschiede zwischen den Geschlechtern feststellen. Es waren vornehmlich Frauen, die in ihren Äußerungen auf die Geruchsqualität des Waldes eingingen, die Wirkung seines Klimas und der Stille beschrieben. Nicht nur die Ablehnung der Waldluft, sondern vor allem deren Genuß war überwiegend den Walderzählungen von Frauen zu entnehmen: «Also zu meinem Waldgefühl, da gehört 'ne Ruhe dazu und die Wärme und Kühle von der Luft und die Geräusche und der Geruch des Waldes.»[67] Männer beließen es im Gegensatz zu solchen Stimmungsschilderungen und der Erwähnung differenzierter Sinneseindrücke meistens bei der Wiedergabe optischer Wahrnehmungen.

Heute wird die Waldluft – wie hier von Frau Wutke – gemeinhin als Synonym für Gesundheit und Frische und als ein unverzichtbarer Bestandteil des Naturerlebnisses bei Waldspaziergängen beschrieben. Wenn ein Auto über einen Waldweg gefahren ist, kann der Benzingeruch, den er in der Stadt nicht mehr zur Kenntnis nimmt, dem Wanderer zum Attentat auf die Nasenschleimhaut werden. Über das Fichtennadelöl im Badewasser oder den Tannenduft aus der Toiletten-Spraydose breitet sich die Waldluft in städtischen Wohnungen und in den Kellerzonen der Hotels aus. So eine in aufdringlicher Weise künstliche «Waldluft» ist schnell zum Symbol kleinbürgerlicher Auffassungen von Sauberkeit und Hygiene geworden. Der Geruch, der Sinn des Gedächtnisses[68], ist stets ein eminent sozialer Sinn. Er vermittelt sowohl das Gefühl der Nähe zwischen Menschen, des Vertrauten, Heimatlichen, als auch das Gefühl der Fremdheit und Exotik.[69] Die Theorie von der unangenehmen Waldluft entstand zu einer Zeit, als der Wald für die Bevölkerung etwas Fremdes, Bedrohliches war. Um ihn später – im 19. und 20. Jahrhundert – als Nationalsymbol zu etablieren, mußte er einen angenehmen Duft verströmen.

Wie der Geruch, so gehört die Vielfalt der Töne und Geräusche zu den Eindücken bei der Landschaftswahrnehmung[70]. Ein Wald ohne Straßenlärm und ohne die Geräusche der Waldarbeit oder laute Tiergeräusche zählt, wie die leere Kirche, zu den Orten der Stille. Dafür steht das romantische Wort «Waldeinsamkeit». Gleichwohl sind Waldesstille und Kirchenstille keineswegs identisch. Jede Stille wirkt anders auf uns, jede erfüllt den Raum in spezifischer Weise. «Die reine eigenschaftslose Stille bleibt so ein bloßes Postulat empiristischer Dogmatik.»[71] In der Belletristik wird die Waldesstille unterschiedlich wahrgenommen. Sie ist «feierlich», «einsam» und «beängstigend». Es wäre mithin voreilig, die Wirkung der Stille auf den Waldbesucher, die «geräuschlose» Natur, als etwas grundsätzlich Angenehmes zu beschreiben. Das Beklemmende, ja Beängstigende des stillen Waldes hat Tradition. «Man hat wohl recht, wenn man sagt: Die Nacht ist keines Menschen Freund. Aber am hellen Mittag ist's auch nicht sauber, wenn man so ganz allein im Holze ist, und ringsum ist alles totenstill», heißt es in einer niedersächsischen Sage.[72]

Die stumme Natur konnte nicht allein in der vorindustriellen Zeit etwa auf Waldarbeiter und Beerensammlerinnen beängstigend wirken. Ein moderner Städter kann «Waldesstille» offenbar nur unter der Voraussetzung so recht genießen, daß außer den eigenen Schritten noch weitere vertraute Laute zu vernehmen sind, z. B. der Vogelgesang. Dieser vermittelt ihm dann neben dem musikalischen Genuß zugleich ein Gefühl von Sicherheit. Der einsame Wanderer ist nicht ganz allein. Der stummen «tonlosen Natur»[73] kann also nicht nur in alten Sagen, sondern bis heute immer noch etwas Unheimliches anhaften. Andererseits können die leisen Töne, etwa das Säuseln des Windes, das Rascheln einer Maus, das Gefühl der Einsamkeit und Verlassenheit in der Stille steigern. Das sind Anmutungen, die meistens erst dann entstehen, wenn man darüber nachzudenken beginnt. Der unverhoffte Flügelschlag einer Ringeltaube – tatsächlich ein lautes klatschendes Geräusch – kann bei dieser Stimmungslage fast Panik auslösen. Vielen unserer Informanten, speziell Großstädtern aus Hamburg, waren die ungewohnten Sinneseindrücke des «stillen Waldes» unangenehm. Sie gaben an, sich ungern fernab von einer Autostraße im Wald aufzuhalten. Das konstante Verkehrsgeräusch vermittele ihnen ein Gefühl von Sicherheit. Eine vergleichbare Wirkung erzielen an Arbeitstagen die Motorsägen der Waldarbeiter, allerdings nur unter der Voraussetzung, daß sie von ferne herüberklingen. – Lärm und Wald bleiben ästhetisch unvereinbar.

Der Wald der Gruppen

Wie ein schöner Wald aussieht, wird sehr unterschiedlich beurteilt. Der «schöne» Wald sieht für einen Förster, Mountainbiker oder Wanderer jeweils anders aus. Es ist ja – wie ich immer wieder betonen muß – in jedem Fall ein systematisch hergerichteter Forst, mit dem wir es hier zu tun haben. Die Landschaft wird dabei wie beim Ackerbau nach wirtschaftlichen und wie bei der Parkgestaltung nach ästhetischen Kriterien mit Pflanzen ausgestattet.[74] Es kommt einer modernen Forstwirtschaft unter dem Einfluß von Politik und Gesellschaft zunehmend darauf an, einen ertragreichen, dabei variabel und «naturnah» gestalteten Wald zu schaffen. Heikle Bezirke müssen bei solchen Zielen die Wege sein. Wege sollen zunächst den zügigen Abtransport der Holzernte gewährleisten, zugleich aber so aussehen, als seien sie eigens für Familienausflüge angelegt. Der Hauptwanderweg dient somit meistens in einer Doppelfunktion als wichtige Straße für Holztransporte und die Fahrzeuge der Waldarbeiter und als «Sonntagsweg» für die Familien.[75] Als ästhetischer Reiz sollen für die Waldbesucher immer wieder attraktive Freiflächen von einer Waldstraße her zu sehen sein; möglichst außerdem ein paar markante Baumindividuen als Naturdenkmäler. In solchen Vorgaben des Waldbaus mischen sich also die Vorstellungen der Normalnutzer des Waldes mit denen der Forstbehörden und der Tourismusindustrie.

Die Gestaltung des Waldes für seine privaten Nutzer geschieht nach Maßstäben der Forstästhetik. Bei der Entwicklung der waldästhetischen Prinzipien, etwa der wohlüberlegten Stufung des Waldsaumes mit einer Mischung sorgfältig aufeinander abgestimmter Strauch- und Baumarten, sind ältere Sehgewohnheiten, speziell die Schönheitsvorstellungen aus Malerei und Literatur, in die forstlichen Planungskonzepte eingegangen. – Der Dichter Heinrich Heine, ein moderner Waldwanderer, war auf seiner «Harzreise» von den «Tannen»wäldern und von der gesamten Mittelgebirgslandschaft angetan. Hier genoß er die durch «Einheit und Einfachheit gezähmte Wildheit der Gegend»: «Wie ein guter Dichter liebt die Natur keine schroffen Übergänge.»[76]

Nicht allein optische Eindrücke gehen in die waldästhetischen Planungskonzepte ein, sondern ebenso Vorstellungen von Akustik und Klima. Es ist das Ziel der Landschaftsplaner, ein angenehmes «Waldinnenklima» und ein helles, heiteres «Lichtklima» zu erreichen. Der Wald soll für die Besucher immer wieder von Sonnenlicht durchstrahlt, die Windgeschwindigkeit moderat sein. Ästhetische und ökologische Maßnahmen, die den Wald als Ort der Erholung sichern sollen, müssen wie alle Aspekte des Waldbaus nach aktueller Auffassung stets ihre ökonomische Dimension haben. Erholungssuchende Waldgänger und Touristen sind, nicht anders als die Qualität der Holzernte, ein Faktor der Waldwirtschaft.

Der professionelle Blick – Förster und Waldbesitzer

Die Waldfachleute haben bei ihren Bepflanzungsplänen zu berücksichtigen, daß der Wald nach dem Wunsch der Besucher vor allem «natürlich» und «ursprünglich» aussehen soll. Natürlichkeit drückt sich für den Normalnutzer vor allem in den Formen des Mischwaldes aus. Hinzu kommt: Je älter die vorgefundenen

Bäume sind, desto großartiger erscheint den Besuchern das Waldpanorama.[77] Selbst über den Erholungswert des Waldes liegen inzwischen finanzielle Berechnungen vor. Für die Stadt Hamburg und ihr Umland soll der Wert der dortigen Waldgebiete für das Wohlergehen der Bevölkerung 100 bis 150 Millionen Mark pro Jahr betragen. Nach dieser forstwissenschaftlichen Waldstatistik sollen die Hamburger bereit sein, jährlich durchschnittlich 100 Mark pro Person für ihre Waldbesuche zu bezahlen.[78]

Es sind also zugleich die forstästhetischen Wünsche der Waldbesucher sowie ökologische und wirtschaftliche Erwartungen, die heute den Waldbau bestimmen. Dazu eine typische Interviewaussage. Sie stammt von einem Harzer Forstwirtschaftsmeister. Für ihn stellt sich das Arrangement eines Waldes, die Mischung aus Sträuchern und Bäumen, wie eine Mixtur aus den gemeinsamen Überlegungen eines Gartenbauarchitekten, eines Floristen und eines Holzwirtes dar:

«Das Auflockern des Waldrandes erreichen wir so, daß der dahinter liegende Wirtschaftswald, der ja enger steht, ständig mit frischem Sauerstoff versorgt wird. Der Wind zieht dann dort hinein, und die Struktur des Waldes muß dann so sein, daß er stufig aufgebaut ist, daß der Wind angleitet und darüber weggleitet. – Man beginnt am Waldrand, also mit fünf Meter Rasenfläche etwa, dann kommt eine Strauchzone, dann kommen die Baumarten zweiter Ordnung, dann erster Ordnung. Zweiter Ordnung, das wäre praktisch Eberesche – diese halbhohen Bäume –, Elsbeere vielleicht auch dazu. Ja, Elsbeere ist übrigens sehr gefragt im Augenblick. In der Nähe von Hattorf hat es eine Versteigerung gegeben. Das war ein 6-Meter-Stammstück, 60 cm stark in der Mitte. Das ganze Stück hat 14 000 Mark gekostet, edles Furnierholz.»[79]

Zu den Befragten unserer Untersuchung gehörten zehn Waldbesitzer, zehn Waldarbeiter und sieben Revierförster. Die Förster bewerteten den Wald überwiegend nach wirtschaftlichen Gesichtspunkten und unter dem Erholungs- und Nutzungsaspekt der Besucher. Selten, fast verschämt, redeten sie über die Jagd, das traditionelle «Jägervergnügen» des Volksliedes. Anstelle des Wortes «Jagd» benutzten sie manchmal das Wort «rote Arbeit». Dieser Euphemismus und die Distanz zur Jagdtradition des eigenen Berufsstandes sind nicht zuletzt Reaktionen auf die Präsentation des Themas Wald und Jagd in den Massenmedien.

Das Verhältnis der Förster zur Jagd ist ambivalent. Das gilt auch für ihr Verhältnis zum Wald als einem Freizeitraum für Touristen und Spaziergänger. Tatsächlich stören alle Waldbesucher durch ihre bloße Anwesenheit die Tiere in ihrer Ruhe. Andererseits wird jedem Forstbeamten von seinem Dienstherrn eingeschärft, der staatliche Wald sei grundsätzlich für «alle» da, d. h. für alle Steuerzahler und ihre Kinder. – Der Waldbesuch der «Normalnutzer» ist deshalb ein heikles Thema für Waldhüter und Förster, ein Thema, bei dem zwischen öffentlichem Bekenntnis und traditioneller Berufsauffassung Diskrepanz besteht. Der Besucher kann für Förster und auch für Jäger leicht zum unerwünschten Eindringling werden. – So heißt es über «Das Hofholz», einen Erholungswald bei Kiel, in einer «Zustandserfassung» des Grünflächenamtes der Stadt:

«Das Hofholz ist ausgewiesener Erholungswald. In Nordrichtung bestehen vier Wege (mit Reitweg und Melsdorfer Weg sechs). Die Wegdichte ist daher für die Besucher mehr als ausreichend, trotzdem existieren v. a. an den Rändern einzelne *Trampelpfade*! ... Der Wald ist ausreichend mit Bänken versehen. Ältere Buchen werden überall stark durch Schnitzereien beschädigt. Die Reiter halten sich nicht an die vorgegebenen, ausgewiesenen Wege und nutzen den gesamten Bereich, v. a. auch im Freigelände des Geheges stark.»[80]

Der Waldbesucher soll auf den Wegen bleiben, sich keine «Trampelpfade» schaffen. Er hat sich dieser Waldverkehrsordnung zufolge so diszipliniert zu verhalten wie auf Landstraßen und Feldwegen. Ein «schöner» Wald muß aus der Sicht des Försters diese Bewegungsweise durch ein adäquates Wegenetz vorgeben. In Kiel ist auf Kosten des Waldes nach Auffassung der Forstbehörde schon fast zuviel für die Waldbesucher getan worden, inzwischen seien schon «mehr als ausreichend» viele Wege und genügend Bänke vorhanden.

Auf die eindeutige Interviewerfrage «Was halten Sie überhaupt von Leuten, die durch den Wald gehen?» gab der siebenundfünfzigjährige Harzer Revierförster Hans Norath eine in ihrer Verklausuliertheit exemplarische Antwort über diesen heiklen Aspekt seines Berufsstandes:

«Die richtige Denkungsweise wäre ja die, daß der Wald nun mal für alle da ist. Und ob ich die Leute nun gern im Wald sehe oder nicht, tut nichts zur Sache. Die müssen sich damit abfinden, daß eben auch mal ein Schuß fällt und daß da auch mal ein Hochsitz den Blick stört, wenn er nicht allzu schlimm aussieht. Und umgekehrt müssen wir mit den Gästen vorlieb nehmen. Wir können heute nicht mehr nach früherer alter Art die Leute anblöken. Man erreicht damit nur das Gegenteil. Wir müssen uns als Förster eingestehen, die größten Störenfriede sind ja nicht die Spaziergänger, das sind wir selber. Der normale Waldbesucher bewegt sich auf Waldwegen, und wir gehen tief in den Wald hinein.»[81]

Für Förster, Waldarbeiter und Waldbesitzer[82] ist der Wald eine wirtschaftliche Lebensgrundlage. In Deutschland trifft das heute immerhin noch für etwa 600 000 Menschen aus der Forstwirtschaft und der holzverarbeitenden Industrie zu. Wer dort arbeitet oder wirtschaftet, kann seinen Wald ohne romantische Gefühle – professionell – wahrnehmen. Selbst am Urlaubsort interessiert die meisten Waldbesitzer und Forstbeamten die Qualität und Menge des in einem Bezirk anfallenden Holzes und die Infrastruktur der Wirtschaftswege und Zufahrtsstraßen mehr als die ästhetische Attraktivität. Die schöne Natur, die der städtische

Wanderer in einem Wald sucht, ist allenfalls eine Zugabe. Dazu zwei Waldbesitzer:

Thea Helm: «Der Besitzer geht in den Wald anders rein. Der guckt nur, was muß ich machen, damit ich das erhalte. Soll ja auch Geld bringen. Der hat einen bestimmten Blick für den Wald. Das ist Geschäft. Der setzt das sofort in Unkosten um und Arbeitsbelastung. – ‹Wann kann ich schlagen? Sind die Wege gut? Kann es gut abtransportiert werden?› Der kommt selten zu romantischen Gefühlen.»

Interviewer: «Aber in fremden Wäldern hat er vielleicht romantische Gefühle?»

Thea Helm: «Nein, unbelastet ist er auch dort nicht.»

Günter Moser: «Dann würde ich sagen: ‹Mensch, hier liegt ein Geschäft drin und hier ist nicht soviel Arbeit.›»[83]

Ähnlich der Blick des Waldarbeiters. Auch dessen Waldbild ist frei von Sentimentalität. Das ergibt sich aus der täglichen Arbeit und aus den Traditionen seines Berufes. Er setzt eine detaillierte Kenntnis des Waldes als Biotop, der Holzqualität, des Gesundheitszustandes der Bäume, der Fäll- und Entrindungstermine voraus.[84] Seit den Anfängen dieses Berufes im Mittelalter üben Waldarbeiter eine karg entlohnte Saisontätigkeit aus. Bis heute zählt die Waldarbeit zu den lebensgefährlichsten Berufen. Nur Bergleute, Hochseilartisten und die Angehörigen anderer Abenteuerberufe arbeiten vielleicht noch risikoreicher. Die Tatsache, daß sich ein Waldarbeiter seit 1974 nach einer dreijährigen Lehre nun offiziell «Forstwirt» nennen darf, ändert nichts daran. Inzwischen ist dieser alte Beruf infolge moderner Arbeitsgeräte gefährdet. Vollernte-Maschinen, sogenannte Harvester, sind in der Lage, in weniger als einer Minute einen Baum transportgerecht zu ernten, d. h., zu entästen und zu schälen.[85]

Ein ausgeprägter Berufsstolz spricht aus dem folgenden Statement des gelernten Harzer Waldarbeiters Gerhard Klassen.[86] Auch dieser Idealist vergleicht, wie die Waldbesitzer, selbst im

Urlaub die Qualität «seines» Waldes mit den – «ganz schönen» – Waldstücken Bayerns. Dabei schaut der patriotische Südharzer – anders als die beiden zitierten Waldbesitzer – nicht nur auf den Ernteertrag in Festmetern:

«Wir waren jetzt in Bayern unten gewesen, in Urlaub, bei Füssen dort in der Ecke. Und da gibt es natürlich auch, wenn man jetzt in die Alpen reinfährt, so einige ganz schöne Waldstücke. Und da geht man dann natürlich nicht mit geschlossenen Augen durch. Zu meiner Frau sage ich: ‹Siehst du mal, was haben sie hier wieder mal für einen Mist gemacht. Hätten sie den Baum weggenommen, wäre das Käferloch nicht so groß geworden.› Oder: ‹Hier ist so ein schöner Bachlauf. Den hätte man doch frei stellen können. Es ist richtig finster drin.› – Ich gucke nicht so sehr auf die Wirtschaftlichkeit, aber sagen wir mal – auf die Erholfunktion.»

Imker

Zu den unbestrittenen Kennern des Waldes gehören die wenigen Angehörigen der forstlichen Nebengewerbe. Bis in das 19. Jahrhundert hinein ergaben die Nebengewerbe ein weites Berufsspektrum, zu dem die Traditionsberufe der Köhler, der Schweine-, Schaf- und Ziegenhirten gehörten, außerdem der Nebenerwerb der «Sammler und Ameisler»[87]. Die Puppen der heute unter Naturschutz stehenden Waldameisen dienten als Vogelfutter. Beeren, mancherorts auch Pilze, wurden für den Markt gesammelt. Bis in die Gegenwart hat von diesen Gruppen des forstlichen Nebenerwerbs einzig die Waldimkerei überlebt.

Der Imker sieht den Wald vornehmlich unter dem Aspekt der «Tracht». Die einzelnen Baumarten bewertet er danach, wie sie «honigen». Die folgende Aufzählung der einzelnen Strauch- und Baumarten durch einen Imker beweist die ungewöhnliche Kenntnis des Waldes und der nutzbaren Waldpflanzen. Das ist die Voraussetzung für den wirtschaftlichen Erfolg:

«Ich habe festgestellt, die Birke honigt, die Weißbuche honigt, die Hainbuche honigt. Also man sagt ja, wenn das Wetter günstig ist, dann honigen die Zaunpfähle. ... Für mich ist aber auch der Wald mit seinen Unterpflanzen wichtig. Mit Himbeere, Brombeere, Faulbaum und was alles dazugehört. Meiden tue ich die Fichtenschonungen. Da ist absolut nichts los.»[88]

Helmut Klotz, ein anderer Imker, nutzt für seine Zwecke ebenfalls ein Waldrevier im Umland der Stadt Osnabrück: «Großen Gewinn kann man als Hobbyimker nicht machen. Aber es trägt sich.»[89] Klotz ist ein erfahrener Imker, der sich sorgfältig von den Anfängerfehlern der Neuimker abgrenzt. En détail führt er aus, nach welchen Maßstäben er einen Standplatz für seine Bienenvölker auswählt; denn nur, wenn die Bienenhäuser perfekt plaziert sind, läßt sich ein kleiner Gewinn erwirtschaften. Bei seiner Standortschilderung entsteht der Eindruck, er versetze sich in die Situation einer Biene, ja er fühle selbst wie eine Biene.

«Wenn man Bienen im Wald aufstellt, dann gibt es bestimmte Stellen, wo man sie nicht hinstellen kann. Sie finden im Wald immer Plätze, wo mal ein großer Baum gestanden hat und wo jetzt ein Loch ist. Da werden die Bienen nichts. In diesen Löchern wächst auch nichts. Da fällt die kalte Luft immer rein. Das liegt nicht nur am Schatten, das liegt auch daran, daß es wesentlich kälter darin ist. So einen Platz meidet man tunlichst. Man braucht ja für die Biene eine Flugschneise, wo die rauskann. Wenn die senkrecht hochfliegen müssen, das bringt nichts. Neulich habe ich oben am Wald zwei Bienenstöcke von den Neuimkern gesehen. Die haben die Bienen an den Waldrand gestellt, an einen Nordhang. Die kalte Luft, die sich da auf der Wiese bildet, die fließt förmlich in die Fluglöcher. Das ist zum Sterben. Die Bienen sind zum Sterben und zum Krükken verurteilt, die kommen nicht in Schwung.»

Ein paar Sätze weiter faßt dieser Bienenvater seine Kenntnisse noch einmal in einem anschaulichen Bild zusammen:
«Ein Imker sucht sich seine Plätze ja sehr mühsam aus. Findet er irgendwo eine Lücke, probiert er sie aus. Ich gucke mir die ganze Vegetation an, alles, was darum ist. Auch die Lage, ob es warm ist. Kurz gesagt: Ich such mir einen Standplatz aus, wo ich mich im zeitigen Frühjahr bei den ersten Sonnenstrahlen mit einem jungen Mädchen ins Gras legen möchte. – Das sagt wohl eigentlich alles. Ein warmes Plätzchen, wo die Sonne gut hinkann im Frühjahr. Und auch im Sommer müßte man sich da hinlegen können, auch noch in der Mittagszeit, daß es da nicht zu heiß wird. Da müßten die ausladenden Zweige der Bäume Schatten auf die Bienenkästen werfen. Das Plätzchen muß also im Sommer in der Mittagszeit Schatten haben, am frühen Morgen und am Abend aber nicht. Dann muß es windgeschützt sein. Im Frühjahr in der Vegetation als erstes Hasel, dann das gelbblühende Weidenkätzchen in ausreichender Menge und danach die Wildkirsche.»
So sieht der ideale Standort für Bienenkörbe aus. An keiner Stelle der Welt ist er zu finden, nur in den Köpfen der Imker. Hinter dem Bild vom sonnigen Plätzchen im warmen Gras verbirgt sich die intime, tatsächlich auf sorgfältiger Naturbeobachtung beruhende Kenntnis der Lebensgemeinschaft des Waldes, des Innenklimas, der Wind- und Lichtverhältnisse.

Die frei gestellte Landschaft der Wanderer und der Naturpark

Der gelernte Waldarbeiter und heutige Forstwirtschaftsmeister Klassen wünscht sich einen Wald mit einem lichten, «frei gestellten» Bachlauf. Als praktizierender Forstästhet kennt er die Wünsche der Ausflügler. Solch ein professioneller Waldgestalter und ein «normaler» Spaziergänger unterscheiden sich etwa so voneinander wie der «Ausstellungsmacher» eines Museums von einem «durchschnittlichen» Museumstouristen. Was für den Waldprofi das sorgfältig zusammengestellte Bukett von Buche, Elsbeere, Haselnuß und Fichte ist, wird – wie Touristenbefragungen im Umland Münchens zeigen – von den Feierabend-Waldnutzern ganzheitlich und undifferenziert als «Mischwald» bezeichnet.[90] «Mischwald», das bedeutet für die städtischen Waldbesucher zunächst eine Gemeinschaft von Laub- und Nadelhölzern. Außerdem ist damit auch noch – anders als bei Förstern – das geordnete Zusammenleben verschiedener Baumgenerationen und Altersklassen gemeint. Ein Wald soll «Lebensgemeinschaft» sein, den harmonischen Gesamteindruck erwecken, den die Bevölkerung sich auch für menschliche Gemeinschaften wünscht. Deshalb soll das Bild vom schönen, harmonischen Wald möglichst das Ideal eines «Vater-Mutter-Kind-Verhältnisses»[91], also einer funktionierenden Familie, widerspiegeln. Außerdem gilt: Eine Fichten-Monokultur wirkt auf die meisten Waldbesucher nicht nur langweilig und «unnatürlich», sondern geradezu unheimlich. Wenn ein solcher Forst nach Prinzipien der «Stangengärtnerei»[92] in Reihen angepflanzt ist, geht das «Unheimliche», welches einem düsteren und undurchdringlichen Nadelwald sonst anhaften kann, zwar verloren; doch eine Fichten-Monokultur ist stets eine ökologische Provokation. Hier herrscht Einigkeit bis hinein in die Bevölkerungsgruppen, die den Wald nur aus dem Autofenster oder aus dem Fernsehen «kennen».

Der gewünschte Wald soll nach Auffassung der Mehrheit wohlgeordnet sein, eine partielle Wildnis. – Ein richtiger Urwald paßt nicht nach Mitteleuropa. Während unserer Untersuchung wurde im Oberharz ein Nationalpark eingerichtet, damals der elfte in Deutschland[93]. Dieser Park soll in 50 oder 100 Jahren den Vorstellungen von einem nordeuropäischen «Urwald» entsprechen. Die Einstellung unserer Harzer Informanten zu diesem Plan war unterschiedlich. Forstbeamte kritisierten die naiven, ideologisch motivierten Vorstellungen aus dem Ministerium, besonders die Pläne zur Wiederansiedlung einzelner vorher ausgerotteter Tierarten. Vor allem das «zweite Leben» des Luchses und des Auerhahns erschien ihnen als das abschreckende Beispiel reiner Schreibtischbiologie. Die relativ kleine Oberharzregion biete für diese Tierarten zu wenig Raum. Ohnehin sei über die Gefährlichkeit mancher der zur Ansiedlung vorgesehenen Raubtiere für den Menschen noch nicht das letzte Wort gesprochen: «Ich möchte einmal sehen, wie Sie als Hamburger reagieren, wenn Ihnen ein Bär über den Weg läuft.» Obendrein sei, wie es schon das Wort «Park» ausdrückt, kein natürlich gewachsener, tropischen Wäldern entsprechender Primärwald vorgesehen. Es müßten vorab bestimmte Bäume erst gerodet werden, damit «richtige Urwaldbäume» nachgepflanzt werden können.

Die Harztouristen vor Ort und die Umweltschützer in der Stadt waren meistens von den Nationalparkplänen begeistert, entsprach doch dieser «Urwald» – von dessen endgültigem Zustand «irgendwann im nächsten Jahrtausend» sie aus der Zeitung erfahren hatten – genau ihren romantischen Vorstellungen vom Wald als der Gegenwelt zur heimischen Großstadt. Dazu ein exemplarisches Statement: «Wenn ich halt im Wald draußen bin, da liegt alles am Boden. Zumindest da ist keine menschliche Ordnung zu sehen. Das finde ich dann immer klasse, wenn das so ist. Die Natur ist natürlich auch 'ne Ordnung irgendwo. Aber es ist eben keine vom Menschen aufgedrückte Ordnung.»[94]

Harzbewohner, die ihr Leben lang mit dem Wald gelebt haben, begrüßen meistens die Attraktivität der Naturparks für den Tourismus. Die Bedenken, die unsere Gesprächspartner vorbrachten, waren teils ökonomisch, teils, wie im folgenden Beispiel, ästhetisch begründet:

«Also für mich muß der Wald auch ein bißchen aufgelockert sein. Und wenn ich mich wohl fühlen will, auch ein bißchen übersichtlich. Er darf nicht nur aus Dickicht bestehen. Es ist sicherlich sehr sinnvoll, daß man jetzt alles im Wald liegenläßt, daß sich die Tiere und Käfer besser entwickeln können. ... Aber so halbhohe Bäume, so Dickicht, das mag ich nicht so gerne. Ich weiß auch nicht, warum.»[95]

Das Waldgefühl der Anwohner ist zwiespältig. Ein Waldgebiet solle auch für sie «natürlich» aussehen, zugleich aber den gewohnten aufgeräumten und sauberen Eindruck eines Wirtschafts- und Freizeitwaldes hinterlassen. Modernes Totholz, welches Teil der natürlichen Lebenszyklen ist und deshalb unverzichtbar zum Waldkonzept der Nationalparks gehört, lehnten fast alle unserer befragten Harzer als «Unordnung» ab.

Gegen den Nationalpark vor der eigenen Haustür wurden neben den ökonomischen Bedenken also auch ästhetische Vorbehalte geäußert. Ja gelegentlich klangen in der Kritik der Nationalparkästhetik moralische Töne an. Der Baumbestand des Waldes soll – wie bereits gesagt – dem Idealbild einer kompletten Familie mit einer harmonischen Vater-Mutter-Kind-Beziehung entsprechen. Deshalb muß der Biotop äußerlich und innerlich so vernünftig organisiert sein wie ein funktionierendes Eigenheim. Vorstellungen von Sauberkeit und Ordnung gehören unverzichtbar zu einem intakten Familienhaushalt. Wer selbst in seinem Haus mit Garten nach diesem Muster lebt, muß fast zwangsläufig das Durcheinander der kreuz und quer am Boden liegenden Stämme und Äste als Chaos empfinden. Ich will die Parallele der Kulturmuster Wald und Einfamilienhaushalt nicht überstrapazieren: Aber es ent-

Abb. 2 Offene Winterlandschaft – ein frei gestellter Wald

spricht medizinischer Vorschrift und mitteleuropäischer Tradition, daß die Toten spätestens nach drei Tagen aus dem Hause herausgetragen werden. Beim Vorherrschen dieses Kulturmusters ist es nicht verwunderlich, wenn der Umweltschützerbegriff «Totholz» auf emotionale Ablehnung stößt. Die Abneigung kann sich überdies auf ein traditionelles Symbolverständnis der Malerei berufen. Nicht erst seit der Romantik drücken abgestorbene und niedergerissene Bäume und totes am Boden liegendes Holz auf Landschaftsbildern der Hochkunst das Chaos und die Zerstörung aus.

Wie soll unter solchen kulturellen Vorgaben ein schöner Wald für den Idealtyp des «durchschnittlichen» Besuchers aussehen? Der Lehrer Peter Märker lebt seit 15 Jahren am Harz. Als wir ihn um Auskunft baten, war er 57 Jahre alt.

«Der Idealwald sieht bei mir so aus: Er steht auf einem Berg, er hat Mischwald, Eiche, Buche, also Laubbäume, dann auch ruhig ein paar Fichten dazwischen. Einen reinen Nadelwald wie im Oberharz finde ich trist, tot. Also, Mischwald müßte es schon sein. Und eine Wiese dazwischen, wo am Abend ein Reh dann rauftritt. – Also, eine Wiese oder eine Lichtung, da grasen dann vielleicht auch Kühe oder ein Pferd. Ein Bach muß durchfließen oder ein Bächlein. Es müssen also mehrere Faktoren zusammenkommen. – Wenn ich auf einer Wanderung zu solch einer Landschaft komme, halte ich an. Ich geh zum Bach runter. Ich wasch mir die Hände. Oder ich bleibe einfach stehen und gucke. – Und wenn eine Bachstelze da auf einem Stein sitzt und trinkt, dann wär's also noch schöner. – Da hätte man alles zusammen.»[96]

Dieses populäre Schönheitsideal findet in der Literatur und Malerei seine Vorbilder. Vielleicht ist diese romantische Lebensgemeinschaft auch nach dem Vorbild der herkömmlichen Schulwandbilder aus dem Biologieunterricht oder der Bildtafeln des traditionellen Sachbuchs konstruiert.

Auf solchen Tafeln haben Lehrer und Schüler alles zusammen

Abb. 3 Ein typisches Schulwandbild «Tiere im Wald»

vor Augen. Viele der größeren Lebewesen und Landschaftsformen sind hier durch ein Exemplar vertreten, verschiedene Baumarten, ein Reh, ein Vogel, eine Wiese. Ein paar Haustiere komplettieren die Idylle einer lebendigen Natur. Es ist eine «frei gestellte» Kulturlandschaft, geschaffen für den offenen Blick des Wanderers. Auch Herr Märker betrachtet seinen «Idealwald» als eine Lebensgemeinschaft. Er will sich selbst als Lebewesen neben anderen im Bild bewegen oder in stiller Distanz die feierliche Stimmung genießen. – «Ich bleibe einfach stehen und gucke.» – Fast übertreibt er in seiner Waldbeschreibung das Spiel mit gängigen Symbolen, wenn er vom Händewaschen im klaren Bach erzählt. Mit dieser Handlung vollendet er die feierliche, fast religiöse Atmosphäre seiner Waldimpressionen.

Herr Märker stellt sich vor, draußen in der Natur ein Panorama nach Art eines Wohnzimmerbildes zu genießen. Diese Form des Naturgenusses entspricht der Intention der Landschaftsmaler des 19. Jahrhunderts. Deren künstlerischer Blick auf den Wald stand auch am Anfang der Waldplanung nach Prinzipien einer Forstästhetik. Der Schöpfer dieser angewandten Kulturwissenschaft, Heinrich von Salisch, hatte sein bis heute geltendes Konzept für eine schöne Waldgestaltung als Äquivalent oder Surrogat des Kunstgenusses beschrieben. Der Wald sei, wie es Salisch ausdrückte, für den modernen Menschen, dem es an Zeit zum Theater- und Museumsbesuch mangele, eine Art Gesamtkunstwerk, zugleich Gemäldegalerie und Musentempel. Denn der Naturgenuß könne den Kunstgenuß durchaus ersetzen: «Für unsere geschulten Augen und unser naturwissenschaftliches Verständnis ist die Landschaft nicht mehr ein buntes Bild geblieben, sondern sie stellt sich uns dar als ein selbstgewachsenes Kunstwerk, in welchem der Zusammenhang von Ursache und Wirkung zum Ausdruck gelangt.»[97]

Zwischen der künstlerischen Abbildung der Landschaft und der Gestaltung der landschaftlichen Flächen besteht bis heute eine lebendige Wechselbeziehung. Der Kunsthistoriker Hans Sedlmayr erinnerte sich an interdisziplinäre Studentenexkursionen, die von ihm und dem Forstwissenschaftler Köstler an der Münchner Universität veranstaltet wurden. Den Studenten von Kunstgeschichte und Forstwissenschaft sollte dabei der Blick geöffnet werden für einen weiten und ursprünglichen Kulturbegriff: «Kultur der Erde, ihrer Gewächse, ihrer Bodenkultur». Der Forstwissenschaftler versammelte bei diesen interdisziplinären Waldwanderungen seine Zuhörer «vor dem lebendigen Objekt», d. h. vor einem von ihm als typisch ausgewählten Landschaftsausschnitt. Vor diesem lebendigen «Waldbild» referierten er und sein Kollege vergleichend die Maßstäbe der Forstästhetik und der kunstgeschichtlichen Bildanalyse.[98]

Die Wahrnehmung des Forstästheten und der Landschaftsblick der Maler waren auf den Gesamteindruck einer geräumigen Landschaft gerichtet. Dieser Panoramablick war es dann auch, der in unserer Untersuchung über die alltägliche Waldästhetik die Qualität der Betrachtung bestimmte. – Es fand sich jedoch zugleich ein Gegenentwurf zu diesem Blick aufs Ganze. Auch das sorgfältige Schauen aufs Detail bleibt ein populärer Aspekt der Naturbetrachtung. Denn der Landschaftsblick der Bevölkerung ist bis heute sowohl durch die Malerei im Stile Caspar David Friedrichs geprägt wie durch den Blick aufs Kleine. Letzterer kommt in Dürers «Großem Rasenstück» vorbildlich zum Ausdruck. Diese beiden Motivtypen und eine Vielzahl aus ihnen abgeleiteter Sujets illustrieren die Kinder- und Schulbücher und dekorieren die Couchecken. Sie sind auch bevorzugte Themen von Wandkalendern.

Hier fallen – wie bereits erwähnt – geschlechtsspezifische Unterschiede ins Auge. Der distanzierte Ausblick auf die große Linie der Landschaft – der Horizontblick – ist, wie unsere Erhebung zeigt, der vorherrschende, ja fast monopolisierte Blickwinkel der Männer. Bei den von uns befragten Frauen gibt es daneben – fast

Abb. 4 Georges Seurat, Waldrand, ca. 1883

gleichberechtigt – den Blick auf die Krautschicht des Waldes, auf den Moosteppich, auf Käfer und andere Kleintiere. Dieser Unterschied der Sichtweise harmonisiert mit der frauenspezifischen Wahrnehmung des Waldes über die «feinen Sinne» des Gehörs und des Geruchs, wovon ebenfalls schon die Rede war.

Frau Annemarie Wutke arbeitet in Hamburg als Bibliothekarin. Sie «entkommt» der «Reizüberflutung» der Stadt dadurch, daß sie auf einem Waldgang die Feinstrukturen der Baumrinde, das Moospolster und die Farne betrachtet und sich in den Geruch des Waldes versenkt. –

«Den Waldrand, also genau die Grenze von den beiden, von Feld und Wald, das finde ich im allgemeinen am spannendsten. Durch den Wald gehen, das tue ich auch, um mir irgendwelche Phantasien zu machen, während ich gehe und gucke, was da wächst, und rieche, wie es da riecht. Und die Bäume, die Rinde anfasse und genau angucke. Wie ist die eine strukturiert und wie die andere. Und daß ich mir mal den Waldboden angucke und die verschiedenen Moose, die da wachsen, oder die Farne. Und dann komme ich in eine ganz andere Stimmung. Und dann, auf einmal, bin ich der Stadt entkommen.»[99]

Das Profil des Waldes – Waldrand, Wege und Bäche

Wenn Frau Wutke den Waldrand als Grenze zwischen den beiden Lebensformen Feld und Wald wahrnimmt, folgt sie einer einflußreichen literarischen Tradition. Seit dem Mittelalter bis hinein in die Literatur des ausgehenden 19. Jahrhunderts[100] ist der Waldrand Teil einer mythischen Topologie. Er fungiert hier als Metapher für eine Schwelle zwischen der geordneten Welt der Menschen und der unübersichtlichen, unzugänglichen Natur, zwischen «zahmen» Wiesen und Feldern und der Wildnis. Der hinter der Grenze liegende Wald erscheint wie das Meer, der dichte Nebel und die Wüste als Ausdruck einer menschenfeindlichen Gegenwelt. Meistens nähert sich der Blick des Betrachters vom Feld her dem dunklen Waldsaum. Seltener wird der Ausguck vom Waldrand aus ins freie Feld zum Thema der literarischen und alltäglichen Erzählungen von der Grenze zwischen Feld und Wald. Der schweifende Blick vom Wald aus ins Feld hingegen ist typisch für den Jäger, der vom Hochsitz herab in der Dämmerung das Wild auf den Feldern sucht.

Wortbilder wie «Dschungel der Großstadt» greifen die Metapher vom Wald als einer undurchdringlichen Gegenwelt auf, eines finstern Milieus, in dem sich der Bürger als Eindringling vorkommt. Die literarische Vorstellung und die künstlerische Darstellung des Waldrandes benennen nicht allein den Übergang

Abb. 5 Richard Oelze, Waldlandschaft

in eine räumliche, sondern ebenso in eine soziale Gegenwelt. Der Waldrand symbolisiert mit den Worten des antimodernen Kulturkritikers Ludwig Klages die Schwelle zwischen der Zivilisation und der geistigen «Urwelt».[101] So verworren manche der Spekulationen des 19. und 20. Jahrhunderts über Wald und Feld, über Wildnis und Zivilisation auf uns heutige wirken mögen, vor allem, wenn sie isoliert von den ästhetischen Auffassungen des Alltags referiert werden, Tatsache ist trotz allem: Dieser ästhetische Einfluß beeindruckt noch immer das Naturerlebnis heutiger Spaziergänger. Das Hineingehen in einen dichten Wald – auch dessen Verlassen – kann subjektiv als jener nachdrücklich erlebte Übergang zwischen zwei separierten Lebens- und Kulturformen wahrgenommen werden, den das Gemälde Seurats ausdrückt.

Das ist der finstere Sagenwald, ein dubioses, bedrohliches Revier, in das sich vornehmlich diejenigen Menschen zurückziehen, die etwas zu verbergen haben. In den Volkserzählungen der Märchen hingegen steht der unzugängliche Wald typischerweise auf der Seite des Helden, besonders, wenn er im Motiv der magischen Flucht als Hindernis für einen bösen Verfolger fungiert. Der Gejagte kann im Märchen nicht vom Feld her in einen Wald hineinfliehen. Dann hätte er die gefährliche und unüberwindbare Grenze genauso vor sich wie seine Verfolger. Er wirft deshalb auf der Flucht über ein Feld einen magisch besetzten Gegenstand über seine Schulter. Daraus entsteht unverzüglich ein abgrenzender Wald: «Wirf deine Bürste weg! Er tat es und zugleich erhob sich hinter ihnen ein dichter Wald, welcher dem Verfolger den ebenen Weg versperrte.»[102]

Der Waldrand der Volkserzählung ist außerdem der Ort, an dem sich vorzugsweise die Hexen aufhalten. Das Wort Hexe leitet sich von dem althochdeutschen Wort hagazussa – Zaunreiterin – ab. Dieser berittene Zaun hat mit einem herkömmlichen Gartenzaun wenig gemeinsam. Ein «lebender Zaun» aus Bäumen und Sträuchern ist gemeint, ein Grenzwald, der die Finsternis vom angrenzenden Kulturland separiert. Die Hexe «reitet» auf einem Baumstamm oder auf einem Strauch.[103]

Bis heute zeigt sich der Schwellencharakter des Waldrandes in den Vorgaben dieses Kulturmusters. Das gilt selbst für die Polizeiberichte in der Boulevardpresse. Der Wald ist darin nach wie vor ein fremder Ort: Fundort Ermordeter und das bevorzugte Rückzugsgebiet von gefährlichen Einzeltätern oder Räuberbanden. «Die Täter flohen in den Wald», so die stereotype Floskel des Polizeiberichts. Haben Räuber auf der Flucht – speziell nachts – die Waldgrenze überschritten, können sie sich in Sicherheit fühlen. Und die Polizisten dürfen sich dann darauf berufen, daß sie im dunklen nächtlichen Wald ohnehin keine realistische Chance für eine erfolgreiche Räuberjagd haben; sogar darauf, daß es nachts im Wald nicht mit rechten Dingen zugeht.[104]

Das Profil des Waldes 69

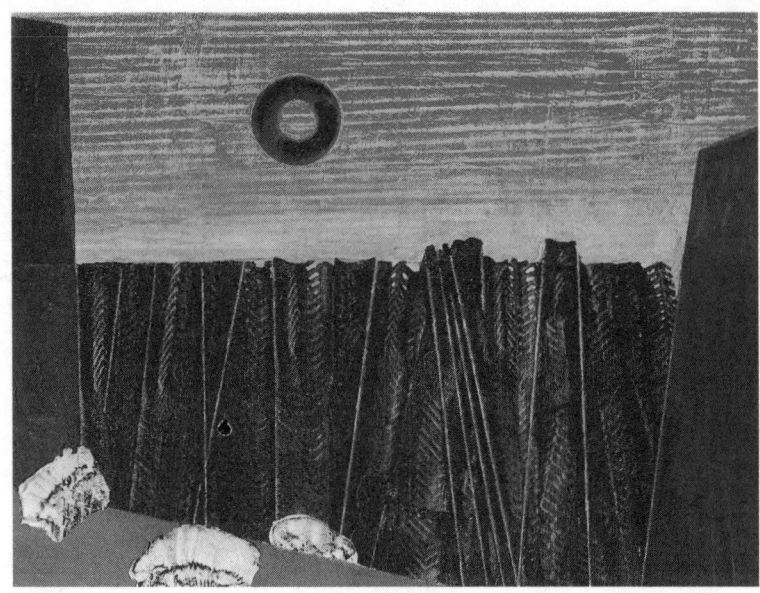

Abb. 6 Max Ernst, Grätenwald – Ein undurchdringlicher Waldrand

In welcher Weise der dichte Wald, das «Dunkel» hinter dem Saum, seine Unübersichtlichkeit und Bedrohlichkeit bis heute in den Erzählungen behalten hat, sollen einige ausgewählte Aussagen aus unserer Befragung dokumentieren. – Zunächst der passionierte Waldgänger Helmut Fachtner. Seine Beschreibung artikuliert, wie das Waldesinnere zur unübersichtlichen Masse, zu einem «Meer» wird:

«Vom Waldrand her und von der Lichtung gewinnt der Wald Profil. Er hat dann eine Persönlichkeit. Der Wald wird dann etwas Greifbares. Man kann dann sagen: Er ist der oder der Wald. Von außen, auch von der Lichtung her. Während, wenn man im Wald drin ist, dann verliert man sich in der Masse. Man erinnert sich zwar an bestimmte Stellen, wenn man häufig dort ist, aber es ist im Prinzip jeder Wald dann im Innern gleich. Da wird einem die Monotonie klar. Ein zusammenhängender Wald ist da wie das Meer. Alles, was er sieht, ist dort Wasser.»[105]

Wer eine halbe Stunde lang in einen «durchschnittlichen deutschen» Wald hineinwandert, trifft dort selten andere Menschen. Hin und wieder begegnet der Wanderer einem seiner Landsleute, aber fast nie einem Einwanderer aus südeuropäischen Ländern oder etwa aus der Türkei. Förster aus dem Harz, die wir danach fragten, waren im Laufe ihrer Dienstzeit keiner einzigen türkischen Familie auf einem Waldspaziergang begegnet. Eine Erklärung für den «menschenleeren Wald» ist dessen «Monotonie», seine Unübersichtlichkeit, sein «Massecharakter», also die Eigenschaften, die Herr Fachtner beschrieb.

Die Bedeutung des Waldrandes gewinnt im folgenden Gesprächsausschnitt fast archetypische Dimensionen. Der Informant Jörg Habel fand Stimmungen und Eindrücke aus seiner eigenen Kindheit in Deutschland ausgerechnet in einem fernen tropischen Land wieder. Er hatte sich zunächst für ein Jahr in England und danach für einige Monate in Südostasien aufgehalten. Vor allem der Aufenthalt in Malaysia klärte rückwirkend sein Verhältnis zu den Wäldern seiner Kindheit:

«Der Wald ist der heimische Wald. Und wenn ich versuche zurückzuschalten, es kommt immer das gleiche Bild. Es ist das Bild vom Eingang. Wenn das Thema Wald kommt, ist es immer dieser Punkt am Eingang. Und das zweite Bild, das ich vor mir hab, ist der Waldrand.»

Auf seiner Ostasienreise suchte Habel das Exotische. Doch unverhofft fühlte er sich «wie zu Hause»:

«Innerhalb der drei Monate in Südostasien war ich ein einziges Mal auf 'ner Insel, Penang in Malaysia. Da wollte ich mal einen Tempel besichtigen. Hinter dem Tempel war ein Wald. Da bin ich in den Wald rein, und es war ein Gefühl von wie zu Hause sein. Es ging ein kleines Wegchen hinein. Es waren sicher völ-

Abb. 7 Offene Waldlandschaft

lig andere Gewächse. Es war da auch eine ganz andere Atmosphäre. Aber es war der Wald. Es war eben deswegen Wald, weil es hineinging. Ein Wald ohne Weg wäre kein Wald gewesen.»[106]

«Ein Wald ohne Weg wäre kein Wald gewesen.» Das ist eine Aussage, die das in den Interviews vorgefundene Waldgefühl exemplarisch formuliert. Auch die Vorstellung, wie ein schöner Waldweg aussehen soll, erwies sich in den Walderzählungen unserer Informanten als einheitlich. Nach Möglichkeit soll es ein weicher Pfad mit Tannennadeln und Moos sein, ein Stück kultivierter Natur, das ab und zu den Blick auf ein wild-romantisches oder friedlich-harmonisches Waldpanorama freigibt. Die Schotterwege des modernen Wirtschaftswaldes werden vom Standpunkt populärer Waldästhetik aus unversöhnlich kritisiert.[107] Jedenfalls herrschen für Waldwege und den Waldrand weitgehend normierte Schönheitsvorstellungen vor. Der Blick ins Freie soll möglichst aus dem Halbschatten eines Weges und nicht aus unsicherer Dunkelheit kommen. Ein düsterer Waldweg kann wie im folgenden Statement das klaustrophobische Gefühl eines Tunnelerlebnisses hervorrufen:

«Ich betrachte jetzt nicht nur den Waldweg, sondern das Drumherum. Ob die Seiten flankiert sind mit Moos, was ich sehr schön finde. So eine weiche Landschaft, dieses zarte Grün, nicht das undurchdringliche Dickicht. Das typische Beispiel ist immer der Schwarzwald für mich. Das mag ich nicht. Das ist diese Dunkelheit. Und diese Dunkelheit ruft eine gewisse Unsicherheit hervor. Das vergleiche ich immer mit einem Tunnel, beispielsweise mit dem Elbtunnel. Wenn man sich in diesen Tunnel hineinbegibt. – Ja, mit der Dunkelheit, da steht der Mensch ja immer in Konflikt.»[108]

Die zentrale Bedeutung des Waldweges für das ästhetische Empfinden ergibt sich nicht zuletzt aus den Nutzungsgewohnheiten, speziell aus der Tatsache, daß nur wenige Spaziergänger die sicheren Wege verlassen. Der tiefe, «uferlose» Wald wird zu jeder Tageszeit nur selten aufgesucht. Wer sich dort bewegt, etwa als Pilzsammler, erlebt den tiefen Wald «wie das Meer», sagte unser Informant Helmut Fachtner.

Den Gegensatz zum romantischen Waldweg bildet die breite Waldstraße, der Schotterweg. Er erinnert die Spaziergänger manchmal an eine Autobahn oder an eine Panzerstraße:

«Ich selbst, ich liebe schmale Wege, die vielleicht ein bißchen überwuchert sind. Mehr so Pfade. Die breiten Wege, die wir hier im Harz haben, die man jetzt wieder verschmälern will, die mag ich nicht. Diese großen Holzabfuhrwege mag ich nicht. Ich habe früher geglaubt, daß diese breiten Holzabfuhrwege nicht nur diesem Zweck dienten, sondern auch Panzern, dem Militär, vor 1990 hier im Harz.»[109]

«Ich habe eine Vorstellung, wann ein Weg nicht schön ist. Und zwar breit ausgefahren. Da sind die Forstfahrzeuge hergefahren, stark begangen, stark befestigt. Also, wenn man so ein Gefühl hat, jetzt bin ich wirklich auf der Autobahn des Waldes.»[110] Die ästhetischen Vorstellungen und das Interesse von Waldspaziergängern befassen sich vor allem mit den Wegen und dem Waldrand. Im Vergleich dazu bleiben andere Ensembles, etwa Brücken, Bäche, Bäume, Hütten, Felsen oder Findlinge in den Interviewaussagen konturlos. Ein Ameisenhaufen am Waldweg oder ein landschaftsprägender Felsen können das Ziel eines Stundenweges und ein gesuchter Platz für eine Ruhepause sein. Aber eine über den Einzelfall hinausgehende allgemeine ästhetische Qualität – wie beim Kulturmuster Waldrand – wird diesen Ausstattungsstücken der Natur typischerweise nicht zuerkannt.

Eine Ausnahme bilden hier berühmte landschaftliche Ensembles, etwa das romantische Bodetal im Harz oder andere prominente Panoramen. Solche Ideallandschaften liegen außerhalb einer alltäglichen populären Waldästhetik. Als grandiose Ensembles sind sie seit Generationen berühmt, etwa als ein Teil der literarischen Tradition. Sie werden beschrieben, fotografiert, gemalt und systematisch für den Tourismus hergerichtet.

IV
KINDHEITSWÄLDER UND LEBENSBÄUME

«Lebensstichwort» Wald

Nach Meinung Thomas Bernhards ist das Wort «Wald» ein «Lebensstichwort» für Millionen Menschen.[111] Andere Lebensstichwörter nennt uns der Autor nicht. Vermutlich sind «Auto» und «Fußball» als Leitbegriffe in unserer Kultur von ähnlicher Identifikationskraft. Den kulturellen Leitthemen ist es eigen, daß die Identifikation der einzelnen Individuen bereits früh im Leben beginnt. So soll im deutschen Sprachraum das Wort «Auto» gegenwärtig am häufigsten das «erste Wort» im Leben eines Menschen sein, und im Alter von drei oder vier Jahren treten die meisten Jungen zum ersten Mal gegen einen Ball. Vermutlich steht hinter derartigen Prägungen und Identifikationsvorgängen der Kindheit typischerweise nicht eine einzelne Episode; statt dessen dürften es Erinnerungskomplexe, d. h. veralltäglichte Erfahrungen sein, die die individuellen Erfahrungsmuster vorprägen. Unsere Erhebung zeigt, wenn Wald ein wichtiges Lebensthema für einen Menschen geworden ist, kam es meistens früh im Leben zur Prägung, typischerweise über wiederholte, im Laufe der Zeit habitualisierte Erfahrungen. Solche Erfahrungstypen entwickeln sich bei «Spaziergängen», «Familienwanderungen», beim «Budenbauen», «Pilzesuchen» und «Picknick». Regelmäßig bilden die Familie und ihr Umfeld den Rahmen für das mentale Muster. Solche Erlebnis- und Erinnerungskomplexe sind es, die schließlich für ein Leben lang die

Liebe zum Wald bewirken. Wer auf diese Weise seine Waldliebe in der Kindheit entwickelt hat, denkt dabei typischerweise nicht an «alle Wälder». Statt dessen gilt die Zuneigung bestimmten Waldtypen, etwa den Kiefernwäldern Brandenburgs oder ganz allgemein den lichten Buchenwäldern. Auf diesem Wege entsteht ein Gefühl für das Heimatliche einer Landschaft. Dazu im folgenden drei exemplarische Erinnerungsgeschichten:

«Ich weiß nicht, wie es den anderen geht. Aber bei mir war es jedenfalls so, daß meine frühesten Kindheitserinnerungen im Wald liegen. Im Grunde genommen kommt man ja schon in den ersten Lebensjahren mit dem Wald in Berührung, zumindest mir ist das so gegangen. Und das bedeutet, daß man mit den Eltern zusammen halt im Wald ist, meistens auf einem Spaziergang oder vielleicht schon im Kinderwagen geschoben wird und dann das Zwitschern der Vögel hört und die besonderen Gerüche des Waldes aufnimmt. Das behält man in Erinnerung. Daß man darüber nachdenkt, das kommt ja eigentlich erst viel später.»[112]

Herr Brunner, der sich hier der Waldstimmung seiner Kindheit erinnerte, ist in einem Dorf in Brandenburg aufgewachsen. Sein Studium und die spätere Berufstätigkeit führten ihn nach Berlin. Die spezifischen Wälder der Kindheit prägen bis heute seine Anschauung von einem «schönen Wald»: «Als Brandenburger und Berliner finde ich die brandenburgischen Kiefernwälder besonders schön, obwohl sie vielen etwas rauh erscheinen.» – Nicht nur seine Liebe zum Wald, sondern auch sein Engagement für den Umweltschutz führt er auf die frühkindliche Erfahrung des Naturerlebnisses zurück.[113]

Ähnlich wie bei Andreas Brunner sind es auch bei der Hamburger Bibliothekarin Annemarie Wutke Erlebnisse aus der «Kinderkarre», die ein Leben mit dem Wald geprägt haben:

«Meine Mutter hat erzählt, da ich ja im April geboren bin, daß sie in dem Herbst darauf schon das erste Mal in der Kinderkarre mit mir Pilze sammeln gegangen ist. Und das hat sie über die Jahre so fortgeführt. Also, das ist sozusagen eine Familientradition zwischen ihr und mir gewesen. Und das fing an zu der Zeit, wenn die Himbeeren reif waren, und erstreckte sich dann so bis in die letzte Pilzzeit, also auf alle Fälle noch in den Oktober.»[114]

Frau Wutke ist vaterlos in einem Dorf in Schleswig-Holstein aufgewachsen und lebt seit etwa 20 Jahren in Hamburg. Von der Stadt aus kann sie nicht so oft, wie sie es eigentlich möchte, einen Wald aufsuchen. Die prägende Kraft des Walderlebnisses der Kindheit ist ihr als «Familientradition» erhalten geblieben. Inzwischen bietet der Wald für sie den wichtigsten Kontrast zum Großstadtleben. Erinnerungen an die Kindheit in der Natur bleiben, wie in diesem Falle, vor allem dann eindrucksvoll im Gedächtnis, wenn der Waldkindheit und -jugend später ein Stadtleben folgt.

Für Helmut Fachtner sind es Kinderspiele gewesen, die sein Waldbewußtsein und darüber hinaus sein berufliches Leben beeinflußt haben:

«Kindheit und Wald. Der Wald, das war mein Spielplatz. Wenn man so fünf oder sechs Jahre alt ist und auf dem Dorf groß geworden wie ich damals, da hatte der Wald die Faszination eines großen Spielplatzes. Und wenn man dann, ... das ging sicherlich bis 14 Jahre, wo ich mich daran erinnern kann. Ich habe zwei Erdhügel gegraben und drei oder vier Baumhäuser gemacht.»[115]

Aus dem Spielplatz der Kinderjahre hat sich eine andauernde Vorliebe für den Wald entwickelt. Deshalb ist auch seine Entscheidung für einen Wohn- und Arbeitsort im Harz – wie er im Interview betonte – nicht zuletzt eine Folge dieser frühen Erfahrungen. Für ein paar Jahre hatte er in einer Großstadt gelebt. Danach zog es ihn in ein Waldgebiet.

In diesen drei biographischen Skizzen wird außer der prägenden Wirkung der Kindheit auf das Waldbewußtsein ein weiteres allgemeines Muster des Naturgefühls erkennbar. Eine leidenschaftliche Naturliebe entsteht erst aus der Erfahrung des Lebens in der Stadt. Die Waldromantiker und die Aktivisten des Umweltschutzes finden sich vor allem in großstädtischen Akademikermilieus. Für gewöhnlich sind es Leute, die ihre Kindheit «waldnah» auf dem Dorf oder in der Kleinstadt verlebten und dann in der Stadt studierten. Viele von ihnen blieben später in Städten oder sie zogen nach dem Studium – etwa als Lehrer oder Apothekerin – wieder in eine ländliche Gegend. Wer im Gegensatz dazu ein Leben ohne Unterbrechung als Landwirt oder Handwerker in einer kleinen waldnahen Gemeinde wohnt, nimmt diese Umwelt typischerweise als selbstverständlich gegeben zur Kenntnis. Letzteres ist die «natürliche», die unsentimentale Form der Natur- und Walderfahrung.

In seiner Novelle «Der Waldgänger» beschreibt Stifter den nüchternen Blick der Bodenständigen und ihre Reaktionen auf eine Abwesenheit von zu Hause:

«... denn die Bewohner jener Gegend mit dem ewigen Anblicke ihrer überall herumliegenden Wälder vertraut, und von der Schönheit derselben nicht mehr ergriffen, außer wenn sie in Länder kommen, wo keine sind, wo sie dann von einem unsäglichen Heimweh befallen werden, gehen nie in den Wald, außer wenn Holz ausgeteilt oder angewiesen wird.»[116]

Die beiden folgenden «Walderinnerungen» illustrieren die Prägekraft von Kindheitserfahrungen. Dabei wird deutlich, wie bei erwachsenen Großstädtern während eines Waldbesuches jenes ursprüngliche Gefühl aus den Kindertagen zurückkehrt.

«Mein Vater war mit mir früher häufig im Wald. ... Daher habe ich auch diesen Tick, denke ich mal, daß ich später mit meinen Kindern in den Wald möchte, in die Natur möchte.»[117]

«Irgendwo werden natürlich Kindheitserinnerungen wieder wach, wenn ich in diese Wälder hineingehe. Ich gehe auch gerne hinein und vergleiche dann, ob ich wirklich den Wald so wiederfinde, wie das früher der Fall war, oder ob dort Veränderungen vorgenommen wurden. Einfach von der Natur aus oder mehr oder weniger auch vom Menschen. ... Ich erlebe eigentlich diese Dinge, die ich in der Kindheit erlebt habe, auch heute noch. Also da sehe ich keinen Unterschied gegenüber der Kindheit.»[118]

Im zweiten Statement setzt ein Mittfünfziger die eigene Lebensgeschichte zur Geschichte der Wälder in Beziehung. Das ist eine verbreitete Praktik bei Besuchen eines «Kindheitswaldes». Er blickt auf das Detail, vergleicht, ob er das vertraute Waldstück so wiederfindet wie früher, registriert die Veränderungen, die von Menschen oder einfach von der Natur selbst «vorgenommen» wurden. Der Wald wird Maßstab für die Konstanz der natürlichen Umwelt in der vergleichsweise bewegten Lebensgeschichte.

Ein verinnerlichtes Kulturmuster Wald, wie es sich in den aufgeführten Kindheitserinnerungen artikuliert, kann trotz aller ökologischen Aufklärung über die «Katastrophe» aktueller Waldschäden so tief im Bewußtsein verankert sein, daß diese Form der Waldliebe schließlich ein Eigenleben neben der Fülle der aktuellen ökologischen Informationen führt. Der sehnsuchtsvolle Blick auf die «unverfälschte Natur» des Waldes fühlte sich seit seiner Entstehung am Beginn des 19. Jahrhunderts über lange Zeit mit der «Natur» im Einklang. Der Wald bedeutete Ruhe und Schönheit, die Harmonie einer natürlichen Lebensgemeinschaft.

Es ist dieses romantische Stimmungsbild, welches bis heute das Ideal des hiesigen Waldbewußtseins prägt. Freilich läßt sich dieses Schönheitsideal individuell nur selten über die Wahrnehmung einer einzelnen Situation hinaus in «unverfälschter» Form genießen. Wo die Reflexion beginnt, dringt ein gespaltenes Bewußtsein vor. Dabei mischt sich der romantische Blick auf die Waldstimmung mit biologischem und ökologischem Wissen. Die

Kindheitswälder, eben noch in der Erzählung «naiv» genossen, werden ein paar Augenblicke später mit den Resultaten des Biologieunterrichts in Verbindung gebracht, mit der Kenntnis von Baum- und Tierarten und vor allem mit den Beobachtungen im Kontext ökologischer Zusammenhänge. Es wäre durchaus verfehlt, bei dieser Mixtur aus Fühlen und Wissen von einem gravierenden inneren Konflikt zu sprechen. Es kann für den «geschulten» Blick zum Genuß werden, außer den eigenen Kindheitserlebnissen bei einem Waldspaziergang auch die Erlebnisse des Unterrichts der Schule und des Fernsehens wiederzufinden.

Die Befürchtungen über die bedrohlichen Folgen von Umweltschäden verbinden sich auf einem Spaziergang beim einzelnen dann etwa mit dem Genuß einer spezifischen Waldstimmung (Tageszeiten, Jahreszeiten) und mit seiner Vorliebe für eine bestimmte ästhetische Qualität der Wälder. Diese beiden Bewußtseinsebenen können sich getrennt oder gemeinsam artikulieren. Ein Beispiel: Wir alle wissen, daß der Wald in jeder Jahreszeit anders aussieht. Die Laubverfärbung im Herbst hat bestimmte biochemische Ursachen. Ein Herbstwald versetzt uns aber ungeachtet unseres Wissens über die chemischen Zusammenhänge in eine «einzigartige Stimmung», die ein Gesamterlebnis ist, bei dem neben den verschiedenen Farben und Lichttönen der Geruch und die Windgeräusche des Waldes zusammenspielen. Wie es in der Aussage Werner Bolls, des älteren der beiden Informanten, erkennbar wird, vermittelt sich diese Gefühlsqualität im biographischen Gedächtnis über alle Veränderungen im bisherigen Leben hinweg. Der vierundzwanzigjährige Peter Heinze, der schon früh im Leben mit seinem Vater regelmäßig den Wald besuchte, will die bestehende Familientradition des Waldspaziergangs später in seiner eigenen Familie fortsetzen.

Hinsichtlich der ökologischen Aspekte des Waldbewußtseins konnten wir in unserer Untersuchung folgende Tendenz beobachten: Das in den achtziger Jahren noch überaus furchtsame Registrieren des «Waldsterbens», der «Storchennester» in Fichtenwipfeln, der «Angsttriebe» todkranker Bäume etc. ist heute kaum noch üblich. Das Waldbewußtsein dürfte sich jetzt wieder in eine eher traditionelle Richtung entwickeln, vermutlich durch Elemente eines kritischen Umweltbewußtseins ergänzt. Die romantische Natursehnsucht und das ästhetische Empfinden hatten vor der ökologischen Wende der letzten Jahrzehnte keine Notiz von dem – unbestreitbaren und weithin bekannten – Tatbestand nehmen wollen, daß die Wälder in Mitteleuropa nichts anderes sind als seit Jahrhunderten wirtschaftlich intensiv genutzte, systematisch angelegte Landschaftsformationen. Der ganzheitliche Blick auf eine noch ursprüngliche Natur wollte diesen forstlichen Sachverhalt ignorieren. Vor der Wende zum Umweltschutz drückte sich über Jahrhunderte hin in diesem selektiven Blick die romantische Weltflucht aus. Hier wird nun die Feststellung wichtig, daß diese sentimentale Sehnsucht und die Bilderwelt der Romantik bis heute fast ungebrochen auf die ästhetische Leitvorstellung des «durchschnittlichen» Waldbesuchers wirken. Millionen von Menschen gewinnen in unserem Land – und gewiß auch in anderen europäischen Gebieten – aus dem ästhetischen Fundus der Romantik bis heute fortwirkend die ästhetischen Maßstäbe ihres Naturverständnisses.

Vorbilder

Auf die Einstellung zum Wald und zu anderen Teilen der Natur üben Vorbilder aus der Kindheit und Jugend großen Einfluß aus: vor allem sind es die Eltern, Großeltern und Lehrer. Viele unserer Befragten hatten noch die Kriegsjahre oder die erste Nachkriegszeit des Zweiten Weltkriegs bewußt miterlebt; die Zeit, in der das Sammeln von Nahrungsmitteln und Rohstoffen, von Beeren, Pilzen und Bucheckern (für die Speiseölgewinnung) keine typische «Freizeittätigkeit» war, sondern – wie in der vorindustriellen Zeit überall in Europa – zu den Grundlagen der Nahrungsbeschaffung zählte. Die Kenntnisse von damals sind bei vielen unserer älteren Zeitgenossen immer noch vorhanden. Dazu zunächst eine Informantin des Jahrgangs 1944:

> «Ich würde sagen, so traurig, wie der Zweite Weltkrieg war, so positiv eigentlich ist das für uns Kinder gewesen, weil wir vor den Bomben aufs Land geflohen sind und auf dem Land die wichtigsten Jahre unseres Lebens verbracht haben. Wir hatten ja nicht viel Geld, und da mußte man für vieles selber sorgen. Unsere Mutter hat versucht, uns durchzubringen. Dann sind wir also los, haben erst mal Kleinholz gesammelt, um Feuer zu entfachen. ... Wir haben Bucheckern gesammelt. Wir waren richtige Sammlertypen. Bis heute bin ich das noch.»[119]

Für den Buchhändler Jörg Habel (Jahrgang 1954) war der gemeinsame Waldbesuch mit seinem Vater immer mit einer Art Wettbewerb verbunden. Der Vater, den es jeden Sonntagmorgen für ein paar Stunden in einen Wald in der Nähe von Braunschweig zog, hatte sich einen Trick ausgedacht, auch den zunächst unwilligen Sohn zu diesem wöchentlichen Ritual zu überreden. – «Die Geschichte war, man mußte Rehe sehen!» – Um dieses vom Vater vorgegebene Ziel kreisen noch heute seine Kindheitserinnerungen:

> «Ich kann mich nicht mehr an alles erinnern. Ich weiß nur noch die Highlights. Die Geschichte war, man mußte Rehe sehen. Das war das wichtigste im Wald. Das war der Anreiz. Rehe zu sehen war der Hauptgrund für den Waldgang. Es hat immer den gleichen Ablauf gehabt. Man ging so gegen 9 los und kam zurück so gegen 12 zum Mittagessen. Die Mutter war zu Hause geblieben, kochen. Und da wurde der Mutter erzählt, wie viele Rehe man gesehen hat. Das hat die Qualität des Waldspaziergangs ausgemacht, die Anzahl der gesehenen Rehe.»

Interviewerin: «Bis auf welche Anzahl seid ihr gekommen?»
Jörg Habel: «Vier. Und die Tiergeschichten, da gab es viele in den Büchern, die hat man natürlich auch mit dem Reh verbunden. Es war ja nicht nur so, daß da so ein Tier rumgewandert ist, sondern ein Reh war auch gleich ein Bambi. Und die Paul-Eipper-Geschichten [Tierschriftsteller 1891–1964]. Das war ja auch noch dahinter.»[120]

Eine Informantin des Jahrgangs 1911:
«Ich bin nicht durch die Schule, sondern durch die Eltern an den Wald herangeführt worden. Wir sind schon als Kleinkinder mit in den Wald genommen worden. Meine jüngste Schwester, die war noch im Kinderwagen. Da hat mein Vater den Wagen quer durch den Wald geschoben. Wir sind eigentlich jede Woche einmal im Wald gewesen. Und unser Vater hat uns genau gesagt, welcher Vogel da sang. Bis heute kann ich aus dieser Zeit noch eine ganze Menge Vögel unterscheiden. ... Bis heute bin ich mindestens einmal in der Woche im Hildesheimer Wald.»[121]

Eine junge Frau, 1974 geboren:
«Bei mir war es nicht der Vater, der mir den Wald erklärt hat. Nee, meine Eltern leben getrennt. Also, bei mir war es mein Opa. Mit dem bin ich ganz viel in den Wald gegangen. Mein Opa hat diese Funktion übernommen und hat mir diesen Baum und diesen Vogel erklärt.»[122]

Bei der vorbildhaften Wirkung von Lehrern auf das Naturgefühl und Naturbewußtsein ist gegenwärtig zu berücksichtigen, daß das politische Engagement der Pädagogen, welches früher heimatgeschichtliche Fragen favorisierte, inzwischen häufig die Ziele des heimatlichen Umweltschutzes bevorzugt. Der pädagogische Impetus galt im 19. und in der ersten Hälfte des 20. Jahrhunderts noch vorzugsweise der Musealisierung von Geschichte.[123] Heute findet er sein Ziel statt dessen eher in der Erhaltung, Wiederherstellung und Musealisierung von Natur, etwa in der Wiedererrichtung von Feuchtbiotopen und den Initiativen für «natürliche» Wälder, in der Umleitung von Straßen um Baumgruppen herum und in der Wiederauswilderung regional «ausgestorbener» Tierarten. Die Leidenschaft und das Engagement eines Umweltpädagogen für ein angesehenes ökologisches Ziel können die vorbildhafte Wirkung auf idealistische Jugendliche kaum verfehlen.

Hans Robert Jauß hat im Kontext seiner ästhetischen Theorie eine Typologie der Identifikationsmuster entwickelt. Sie besteht aus fünf Typen. Für mein Thema ist sein Typ der «admirativen Identifikation»[124] erklärungskräftig. Als Grundlage normbildender Bewunderung wirkt dabei ein Gefühl, das sich in freier Entscheidung über Personen vermittelt und dessen Wirkung sich nicht in den emotionalen Anmutungen eines einzelnen Erlebnisses erschöpft. Das heißt, diese Form des Lernens durch Bewunderung und Nachahmung wirkt situationsübergreifend. Sie ist ein Ergebnis von Wiederholungen und «Erfahrungsaufschichtungen»[125]. Die lebensgeschichtlichen Bindungen, die auf diesem Wege entstehen, überdauern regelhaft den «Verlust der Neuigkeit» der Erlebnisse und Informationen. Zwar bleiben im Leben nicht alle Vorbilder als Individuen in Erinnerung, doch die Tatsache, daß zur gelebten «Normalbiographie» bestimmte Schlüsselpersonen gehören, zählt zum Allgemeinwissen, gerade wenn es um das Naturereignis geht. Über emotionale Bindungen an einzelne Personen vermitteln sich auf diesem Wege viele unserer ästhetischen Maßstäbe, außerdem ein mehr oder weniger zuverlässiges Tatsachenwissen über biologische Zusammenhänge.

Vor einer Überverallgemeinerung der Bedeutung von Vorbildern ist allerdings genauso zu warnen wie vor der Suche nach einer eindeutig positiven Wirkung vorbildlicher Figuren in der Biographie. Tatsächlich können einzelne Personen, wie bei allen Erziehungsprozessen, durch ihr Beispiel gelegentlich das Gegenteil von dem bewirken, was sie eigentlich erreichen wollten. Das gilt für die Großeltern der Informantin Karin Gustavson:

«Daß ich keinen Wald mag, hängt vielleicht mit meinen Großeltern zusammen. Ich bin bei meinen Großeltern aufgewachsen. Die liebten ganz besonders den Wald in der Nähe von Lübeck, den sogenannten Kannenbruch. Ob das nun zu Ostern war – Himmelschlüsselchen pflücken oder Anemonen oder sonstwas –, es wurde ständig in diesen Kannenbruch gefahren. Ich will nicht sagen, daß ich diesen Wald haßte, aber ich war immer ein bißchen säuerlich, wenn ich in diesen Wald mußte.»[126]

Abneigung und Waldangst

Karin Gustavson war über 50 Jahre alt, als sie selbst ihre aus der Kindheit herrührende Abneigung analysierte. Die oktroyierten Spazierfahrten in immer dasselbe Waldstück wirken hier ein ganzes Leben lang abschreckend. Bei anderen unserer Informanten blieb es infolge ähnlicher Torturen bei einer zeitweiligen Aversion. Der Widerwille beschränkte sich speziell auf die Jahre vor der Ablösung von der Familie. Wie bei der Liebe zum Wald wirken auch bei dieser Einstellung mißliche Erfahrungen. Durch ritualisierte Sonntagsausflüge mit der Familie kann der Wald zur Zumutung, zum Synonym für «Langeweile» werden. Eine andere Form der Abneigung läßt sich im Gegensatz dazu vielfach auf einzelne in dramatischer Weise erschreckende Ereignisse zurückführen. Dazu nun einige Beispiele und Überlegungen.

Reizwort «Wandern»

Die Kriegs- und Nachkriegsjahre, die Zeit des Sammelns, sind für viele, die damals jung waren, bis heute in freundlicher Erinnerung geblieben. Zwar war das Leben härter und bescheidener als in den Jahren des «Wirtschaftswunders» und später, aber die Menschen fanden damals die Zeit, etwas gemeinsam zu erleben. Die Informantin Maren Lanske [127] erinnerte sich an die «wichtigsten Jahre unseres Lebens», an die Waldbesuche mit der Mutter und mit den Geschwistern. Deshalb ist sie bis heute ein «Sammlertyp» geblieben. Aussagen dieser Tendenz lassen sich verallgemeinern. Aus diesen Jahren verfügen viele der Nachkriegskinder tatsächlich über solide Waldkenntnisse, sie können Pilze, Beeren und Bäume zuverlässig unterscheiden. Die gemeinsamen Waldarbeiten mögen auch damals nicht immer konfliktfrei verlaufen sein. Aber von heute aus gesehen sind sie trotzdem als harmonische Erlebnisse in Erinnerung geblieben.

Zu den Ausnahmen zählt Hans Mühlke. Seine Eltern zwangen ihn regelmäßig zu Waldarbeiten.

«Von Kindheit an war der Wald für mich immer nur die Stelle, wo man arbeiten muß. Wo man Holz suchen muß oder Bucheckern sammeln muß oder Heidelbeeren pflücken muß. Muß, immer nur muß! – Möglicherweise hat das mein Verhältnis zum Wald geprägt. Ich war damals vielleicht 12 Jahre alt. Alles war irgendwie anstrengend, alles mit Arbeit verbunden. Ich kenne den Wald eigentlich nur als beschwerlich.» [128]

Ritualisierte Waldbesuche, gemeinsames Wandern auf «Sonntagswegen», vielleicht immer wieder exakt auf den gleichen Strecken, Rund- und Rechteckgänge, Stundenwege am Nachmittag, all das sind Rituale der Freizeit in der Natur. Wie es bei fixierten Gewohnheiten allgemein üblich ist, mögen sie auf Erwachsene stabilisierend wirken. Das Privatleben in der arbeitsfreien Zeit ist ja keineswegs eine Sphäre der Beliebigkeit. Für die

Bevölkerung in Mitteleuropa sind Spontaneität und planloses Handeln kulturell untypisch. Sportliche Aktionen, Vereinsaktivitäten, Gartenarbeit und vergleichbare Beschäftigungen geschehen jeweils zu festliegenden Zeiten. Für jüngere Kinder sind diese Rituale, weil sie Gemeinschaftserlebnisse der Familie sind, willkommen. Sind die gleichen Jungen und Mädchen erst einmal zwölf oder dreizehn Jahre alt, läßt der Spaß deutlich nach.

Eine Gruppe von vier Hamburger Gesamtschülern im Alter von dreizehn und vierzehn Jahren[129] gab im Herbst 1995 ihre Erinnerungen an eine sommerliche Harzreise mit ihren Lehrern zu Protokoll. Alles war von den Pädagogen auf die Minute «geplant». – Immer auf festen Wegen wandern. – Auf dem Brocken herrschte starker Wind, und obendrein waren dort «nur alte Menschen» zu sehen. Die Meinung in der Gruppe war einheitlich, unabhängig von der Nationalität der Eltern. Zur «pädagogischen Bevormundung» und zu den Ausflugserinnerungen einzelne kurze Statements der Teilnehmer:

Malte: «Im Harz, da gab es nur Wald. Langweilig.»

Martin: «Dann sind wir ungefähr so drei Stunden gewandert, mal kurz so eine kleine Pause, weil wir auf die Nachzügler warten mußten, und dann sind wir weitergewandert.»

Umut: «Wir sind immer nur gewandert, immer nur gewandert, den Lehrern nach.»

Anastasia: «Also, Park ist schon in Ordnung, nur Wald ist ein bißchen öde.»

«Wandern» ist ein traditionsreiches Wort für die «Zurücklegung eines Weges». Außerdem erfahren wir zur Geschichte des Wortes aus dem Grimmschen Wörterbuch, daß es «nur im deutschen und anglo-friesischen alteinheimisch» ist.[130] In der höfischen Dichtung[131] des Mittelalters erscheint der Wald primär als der Platz ritterlicher Wanderung, als eine gefährliche Szenerie und der Ort der Verlassenheit. Das mutige Durchschreiten eines Waldgebietes sollte die Menschen des Mittelalters nach diesem literarischen Topos von den Sünden der Hoffart und der Eigensucht befreien und dazu beitragen, ihre Seele zu retten. Bei einer solch düsteren Wortgeschichte ist es nicht verwunderlich, daß das Angebot einer Wanderung für junge Leute heute zu einer argen Zumutung werden kann, geradezu zu einer Form von «Erziehungsfolter».

Heutige Jugendliche bevorzugen andere Formen der Fortbewegung und andere Tätigkeiten in den Wäldern, etwa das Mountainbiking. Die Vorliebe der Lehrer mag noch aus der Zeit der verbindlichen Schulwandertage stammen. Die Wanderlust von Erwachsenen ist der Jugend heute kaum noch zu vermitteln. Ressentiments gegen die Zwangsgemeinschaft Schule und ein Gruppenkonsens über deren «ödes» Angebot dürften die Ursachen für die «Nörgelei» der Hamburger Gesamtschüler sein. Kommentare dieser Tendenz sind freilich, wenn es um «Wandern» geht, bei Stadtkindern dieser Alltagsgruppe ohnehin üblich.

Das Wort «Wandern» beschreibt für die jungen – «coolen» – Leute eine Tätigkeit der Erwachsenen, die durch Gesangvereine, Spazierstöcke und andere Details diskreditiert ist. Schließlich ist das Wort durch ein – nur noch dem Namen nach bekanntes – Phänomen, durch den deutschen «Wandervogel», für Jugendliche geradezu lächerlich geworden.[132] Die Abneigung gegen das Wandern ist heute ähnlich ausgeprägt wie gegen das Marschieren.[133] In den heute vorherrschenden Formen der Jugendkultur sind alle Traditionen «typisch deutscher» Gruppenfortbewegung in Mißkredit geraten. – Inzwischen hat die Waldromantik aber auch aus einem anderen Grunde in der Jugendkultur ihren Reiz verloren. Zwei Generationen davor war der Wald immerhin noch als Ort jugendlicher Erotik und Sexualität privilegiert. Diese Funktion erfüllen längst andere «Lebensstichwörter», speziell das Auto und die Wohnung. Sexuelle Aktivitäten von Sechzehnjährigen werden nun weitgehend von den Älteren akzeptiert und in das Familienleben integriert.

Wie die Hamburger Gesamtschüler ist der dreißigjährige Student Uwe Haller ein Kritiker des Wanderns. Seine Abgeneigtheit ist allerdings ideologiekritischer Natur. In der Jugend hatte auch er den Wald eine Zeitlang als Ort der Langeweile abgelehnt. Dabei wirkten verschiedene Urlaubsreisen mit den Eltern nach. Unterdessen genießt er ihn als «Tageswanderer». Doch stört ihn ein bestimmter Menschentyp: der Kniebundhose tragende «deutsche Wanderer». Obwohl nicht mehr viele unserer Zeitgenossen dieses Kleidungsstück nutzen, besteht er hartnäckig auf der Allgegenwart dieses kleinbürgerlichen Requisits in den deutschen Wäldern. In seiner unmißverständlich formulierten Kritik wird der Wald wieder zum Kampfplatz der Ideologien. Der Generationenkonflikt hatte sich bei den vier Hamburger Schülern spontan an der Langweiligkeit des vorgeschriebenen Wanderns entzündet. Entsprechend gelassen fiel ihre Stellungnahme aus. Bei diesem dreißigjährigen Mann zeigt sich die Aggression ungebrochen:

«Wir waren früher häufiger so mal als Kinder mit meinen Eltern in der Eifel wandern. Da ging es manchmal bergauf. Das hat mich total angestrengt. Ansonsten nix, irgendwann haben wir mal einen Feuersalamander gesehen. Ich fand diese Tageswanderungen zum Kotzen, irgendwie so ... Und es gibt im Wald wirklich so Wanderer, wenn ich die sehe, dann kriege ich die Krise. Das sind so ziemliche Tagestouristen, wo man sich fragt: Was wollen die eigentlich in den Bergen? – Ich bin ja selbst auch oft Tageswanderer oder so was. Aber die, die haben dann Kniebundhosen und was weiß ich noch alles.»[134]

Vielleicht sollte überhaupt zur Entschärfung der Generationenverhältnisse das Wort «Wandern» nach dem Muster harmonieförderlicher Sprachregelungen durch ein «modernes» Wort ersetzt werden. Die Linie der sprachlichen Entwicklung ist bereits vorgegeben. Aus dem «Waldlauf», 1908 von Carl Diem als Sportart eingeführt, ist das «Jogging» geworden. Die deutschen Waldlaufmeisterschaften fanden zwischen 1921 und 1973 jährlich für Männer, Frauen und Jugendliche statt. Seit 1974 heißt der auf Leistung und auf Wettbewerb bezogene Waldlaufsport «Cross-Country».

Als Beispiel für eine «normale» Entwicklung einer Waldbiographie soll der Hamburger Fernsehtechniker Kurt Blau aufgeführt werden. Für ihn ist der Wald heute wieder ein «Lebensstichwort». In der Jugend hatte auch er sich eine kurzfristige «Auszeit» genommen.

«Mein Vater kommt aus Ostpreußen, also ziemlich ländlich aufgewachsen. Er hat uns Kindern den Wald oder die Umwelt so vermittelt, daß wir es ziemlich gut verstehen konnten. Dadurch sind Verhaltensweisen geprägt worden. So mit 16 war dann die Phase, wo ich generell einen Familienbruch gehabt habe. Als Heranwachsender war es mir auch relativ lieb, dann erst mal mit dem Wald nichts mehr zu tun zu haben. Also, er war dann im Kopf auch relativ verdrängt. Das Gefühl ist dann erst ein bißchen später wiedergekommen, als man dann so in Urlaub gefahren ist und wieder mit den Sachen konfrontiert wurde. Das war in südlichen Ländern in der Nähe von Dünen – Kiefern und ein bißchen bewaldete Flächen.»[135]

Der Wald ist zwar nicht mehr ein privilegierter Ort der heimlichen ersten Liebe. Doch ein Platz für andere jugendliche Aktivitäten, die nicht öffentlich werden sollen, ist er bis in unsere Tage geblieben. Es finden gelegentlich nächtliche Jugendpartys mit Alkohol und anderen Drogen in den Wäldern statt. Im Umkreis der großen Städte gehören deshalb Bierdosen und «Flachmänner» zum typischen «Waldmüll». Gelegentlich lassen sich dort auch Einwegspritzen der Drogenkonsumenten finden.

Schlüsselerlebnisse – Waldangst

Es gehört zu den üblichen Mustern im Erzählen älterer Leute, daß es früher überall – auf Straßen, in Parks und schließlich auch im Wald – «sicher» gewesen sei. Wer kennt diese Formel nicht: «Damals konnte eine Frau im Wald noch allein spazierengehen.» Das bezog sich vor etwa 20 Jahren meistens auf die Ära zwischen 1933 und 1945. Heute haben nur wenige unserer Zeitgenossen diese Spanne noch tatsächlich in Erinnerung. Die «sicheren Zeiten» mußten sich schon deshalb in die Nachkriegsjahre verschieben, und bald werden es die 1960er Jahre sein. – Es ist der ehrwürdige Topos von der «guten alten Zeit», von der eigenen Jugendzeit, in der vieles schöner und besser gewesen sein soll. In solchen Haltungen drückt sich eine allgemeine Lebensangst aus. In unserer Untersuchung fand sich kaum eine «ältere» Person über 60 Jahre, die diesen historischen Vergleich nicht benutzte. Das Stereotyp hat sich so weit verfestigt, daß es bis in die Formulierung hinein – «allein spazierengehen» – immer wieder identisch zum Ausdruck kommt. Konkreter, als es dieses sprachliche Klischee nahelegt, läßt sich die «Waldangst» Erwachsener des öfteren auf tatsächliche Ereignisse in der Kindheit zurückführen. Sehr viele Frauen, aber auch eine Anzahl der Männer, konnten ein bestimmtes beängstigendes Waldereignis schildern, eine Episode, die bis in ihre Gegenwart hineinwirkt. Das typische Schreckenserlebnis der Frauen ist «der Mann hinter dem Baum». Dazu die vierzigjährige Angela Obst:

> «Ich wäre nie allein in den Wald gegangen. Wir sind immer mit mehreren gegangen. Das ist bis heute so. Ich fühle mich immer bedroht, durch Männer hauptsächlich. Da gibt es auch ein Erlebnis. Wir hatten einen sehr weiten Schulweg, eine Stunde dauerte der. Gott sei Dank waren wir auch zu mehreren. Auf halber Strecke durch diesen Wald führte ein Waldweg, und da stand dann einer. Das Auto abgestellt, kam hinter dem

Baum hervor. Das war ein älterer Herr, und der hatte seine Hose runtergezogen und seinen Penis in der Hand ... und das war vielleicht ein Moment, daß wir dorthin geguckt haben. Und dann haben wir Reißaus genommen, schreiend sind wir weggelaufen. Aber das Kennzeichen vom Auto hat sich keine gemerkt. Wahrscheinlich sind heute die Kinder cleverer.»[136] Einzelne unserer Informantinnen berichteten über ihre regelmäßigen Vorsichtsmaßnahmen beim Besuch eines Waldes. Sie achteten dann stets auf verräterische Indizien, durch die sich ein einzelner Mann – beileibe nicht, wie im Falle von Frau Obst, ein «älterer Herr» – im Wald als potentielle Bedrohung verrät:

«Wenn da einzelne Männer unterwegs sind. – Also eben durchaus nicht mit dem Pilzkorb, sondern höchstens mit 'ner Plastiktüte, wo man sich dann nicht ganz klar ist über die Gefährlichkeit. Man sammelt ja keine Pilze in Plastiktüten, jedenfalls ein richtiger Pilzsammler tut das nicht, der nimmt einen Korb mit.»[137]

Auch die Waldangst der Männer geht oft auf einzelne Erlebnisse in der Kindheit zurück. Hier ist es vor allem das Erlebnis des unerwarteten Verlassenwerdens. Dieses Ereignis, auf welches wir wiederholt in den Erhebungen stießen, ist bereits in der Literatur dargestellt worden. In Franz Werfels Erzählung «Spielhof» erinnert sich ein Dreißigjähriger an ein Schlüsselerlebnis aus seiner Kindheit. Er war zusammen mit dem Vater durch einen Wald gegangen. «Plötzlich ist der Vater nicht mehr da; im Jungholz verschwunden hat er den Knaben allein gelassen.»[138] Mit diesem Geschehen verbindet sich für den Protagonisten seitdem die traumatische Überzeugung, in der Welt verlassen zu sein. Derartige Mut- und Angstproben waren Teil der «Erziehung zum Mann». Verschiedene Männer unserer Untersuchung hatten diese Erfahrung machen müssen. Manchmal war es eine wohlüberlegte Pädagogik des Schreckens, in anderen Fällen betrachteten es die Erwachsenen als einen «Scherz». Es gehört zu den Besonderheiten dieser Episoden, daß sie grundsätzlich noch nach Jahrzehnten bis in die Einzelheiten in Erinnerung haftengeblieben sind: Zunächst wird die harmonische Atmosphäre mit dem Vater, dem Großvater oder dem älteren Bruder geschildert. Die Idylle erfährt unverhofft eine Wende. Der verantwortliche Begleiter ist verschwunden. Das dann folgende Erlebnis der Einsamkeit und Verlassenheit wirkt über das Waldbewußtsein hinaus bis heute, vielleicht auch in andere Bereiche des Lebens hinein.

«Und wir gehen dann so, jeder für sich – Pilzesammeln ist ja immer ein leichter Wettbewerb –, und mit einem Mal ist der Vater weg. Alles war ganz ruhig. Das war hart an der Zonengrenze. Und es verschwanden laufend Leute da in der Gegend. Grenzgänger, die dann ausgeraubt wurden. Da kommen einem die tollsten Gedanken. Da fing ich an zu rufen. – Nichts, still, ruhig! – Und dann kam er hinter dem Stamm vor und hat sich so halb ausgeschüttet vor Lachen.»[139]

Diesen Scherz erlaubte sich der Vater im Jahre 1946. Herr Markwort erinnert sich genau der Situation: «Nichts, still, ruhig!» – Es geschah in der Nachkriegszeit an der Zonengrenze, also an einem geschichtsträchtigen, sagenhaften Ort[140], einem Bezirk, in dem «laufend Leute verschwanden». Herr Markwort durchlebte[141] ein nahezu unerträgliches Ereignis. Erfahrungen dieser Art bleiben ein Leben lang haften.

Waldgeschichte als Lebensgeschichte

Der Wald verkörperte einst in unserer Kultur das zeitlich Unvergängliche, wie Berge und alte Gemäuer. In dieser traditionellen Form des Bewußtseins war der Wald den Menschen als Wanderern im Raum und in der Lebenszeit historisch vorgegeben. Im Vergleich dazu erschien das menschliche Dasein episodenhaft.

Viele von uns setzen auch heute noch die vergleichsweise kurze
Zeitspanne ihres Lebens abstrakt in Beziehung zu den die Generationen und Jahrhunderte übergreifenden Zeitläuften der Wälder und Bäume und konkret zu den Erfahrungen mit bestimmten
Waldgebieten,[142] die sie im Leben näher kennengelernt haben.
Die Schicksalsvergleiche menschliches Leben – Wald – Baum
sind bis heute fast unvermeidbar. Die Literatur, gerade die Unterhaltungs- und Trivialliteratur, kann sich auf dieses Klischeeangebot verlassen. Die Dichterin Friederike Kempner (1836–1904),
bekannt als der «schlesische Schwan», faßt es in unfreiwilliger
Komik in ihrem Gedicht «Das Wäldchen» in Worte:

> Ein Wäldchen sich erhebt,
> Sproßt fröhlich himmelan,
> Ob unsereins noch lebt,
> Wenn einst die Axt daran?

«Wald» und «Baum» als literarische Metaphern für die Lebensgeschichte können höchstens vom «Fluß» übertroffen werden.
Der Flußlauf symbolisiert den Wandel, der Wald die Statik. –
«Und ewig singen die Wälder.» – In diesem Punkt ist eine Veränderung des kollektiven Bewußtseins heute unverkennbar. Der
Wald als Natur wird heute durchaus als veränderbar und als Teil
der geschichtlichen Welt gesehen. Zwar wird diese Lebensform
immer noch als wesentlich dauerhafter und stabiler als das kurze
Leben der einzelnen Menschen wahrgenommen, doch von der
«Ewigkeit des Waldes» hat niemand in unserer Erhebung gesprochen. Die Gewißheit über die fortwährenden Veränderungen
der Gesellschaft und ihrer Institutionen gehört heute zum Alltag,
ebenso das Bewußtsein für die Veränderungen der Landschaft. Jeder weiß: Tag für Tag werden Tausende von Hektar Waldland an
vielen Stellen der Welt gerodet.

Seit der Industrialisierung, verstärkt durch die Zerstörungen im Zweiten Weltkrieg, den Wiederaufbau und die Entwicklungen der Jahre danach, hat sich das traditionell gegebene Verhältnis der Menschen zur städtischen und auch zur «natürlichen» Landschaft an vielen Stellen der Welt gewandelt. Inzwischen werden viele Stadtbezirke und folglich Stadtsilhouetten sowie Teile der nicht bebauten Landschaft permanent umgestaltet, vor allem durch Maßnahmen des Wohnungs- und Straßenbaus sowie der Tourismusförderung. Oft fällt es den einzelnen Menschen schwer, sich in einem früher vertrauten Gebiet zu orientieren, wenn sie nach ein paar Jahren der Abwesenheit dorthin zurückkehren. Die Auswirkungen dieses dramatischen Wandels des Verhältnisses zur räumlichen Umwelt bedeuten ein zentrales – allerdings von der Wissenschaft und von der Stadtplanung noch kaum erkanntes – lebensgeschichtliches Orientierungsproblem in unserer Kultur.

Vielleicht läßt sich das heutige Natur- und Waldverständnis im Vergleich zur eigenen Lebensgeschichte anschaulich charakterisieren, wenn zwischen einem Vergangenheits- und einem Zukunftsaspekt unterschieden wird: Der Wald verkörpert immer noch Geschichte der langen Dauer. Er ist älter, beständiger – «konservativer» – als das Leben der Menschen. Aber die Zukunft ist für beide Lebensformen offen.

Waldbewußtsein als Teil des persönlichen Geschichtsbewußtseins ist von Erfahrungen abhängig. Der Großstädter, der nur drei- oder viermal im Jahr sein Auto am Waldrand abstellt, hat ein anderes Verständnis für die Geschichtlichkeit des Waldes als ein Waldarbeiter, Förster oder Waldbesitzer. In den meisten Eigentümerfamilien gehört ihr Waldstück bereits seit Generationen zum Erbe. Deshalb ist Forstgeschichte hier ein Teil der eigenen Familiengeschichte geworden. Die Erwachsenen wissen sehr genau, in welchem Ausmaß und in welchem Jahr der Sturm zum vorerst letzten Mal den Wald niedergerissen hat. Neben diesem auf ein bestimmtes Ereignis gerichteten Aspekt auf die Geschichte vergegenwärtigen sich die Eigentümer von Wald die wirtschaftlichen Zyklen und ihre Folgen. Sie rechnen den Wald in den kurzen Epochen von Preisen und Lohnkosten und kennen aus eigener Erfahrung die Geschichte der internationalen Konjunkturen des Holzmarktes.

Über diese Ereignisgeschichte und die kurz- und mittelfristigen Zeitphasen und -sequenzen hinaus vermittelt Wald den Waldbesitzern – allein durch das Alter und die Wachstumsperioden der Bäume – die in Jahrhunderten und Generationen rechnende historische Orientierung einer longue durée[143]. Das Geschichtsbild und das kulturelle Gedächtnis auch der Besitzer eines bescheidenen Stückes Bauernwald liegen hier auf einer Linie mit den Traditionsvorstellungen des europäischen Adels. Dessen Geschichtsbewußtsein orientiert sich ebenfalls an der Familiengeschichte und ihrer Verbindung zum Grundbesitz, an Veränderungen der Bauwerke und der Waldregionen. Der Urahn, der vor 300 Jahren Eichen gepflanzt hat, lebt in diesen Erzählungen aus der Familientradition zumindest so lange weiter, bis die wertvollen Bäume der Axt zum Opfer gefallen sind. Ein Eichenwäldchen kann einen Haushalt wirtschaftlich sanieren. Wenn es zu Geld gemacht wird, preist die Familie ihren weitsichtigen Vorfahren. Ein Ausschnitt aus einem Interview mit zwei Waldbesitzern[144] soll diesen Aspekt des historischen Denkens in Kategorien der langen Dauer illustrieren.

Thea Helm: «In einem Teil hier am Bleker Berg. Da hat damals ein Vertreter für diese Waldangelegenheiten meinen Vater falsch beraten. Da wurde das Stück mit einer komischen Kiefernsorte bepflanzt. – Da habe ich nicht mitgepflanzt, es gab damals ja noch Arbeitskräfte. – Also die Tannen am oberen Ende sind jedenfalls auch noch eingegangen. Da mußte dann alles noch ein zweites Mal gepflanzt werden. Da sind dann Fichten gepflanzt worden, und die sind angegangen. Und die wurden noch einige Male durchgeforstet, noch mit billigen Arbeitskräften hier aus dem Dorf. Ja, und eines Tages, das war aber zwanzig Jahre später oder noch länger, dann gehörten die Bäume mir. Da mußte ich wieder durchforsten. Inzwischen waren aber die Stundenlöhne wesentlich höher, es war ja nach dem Zweiten Weltkrieg.

Mein erster Mann war gefallen, und ich war inzwischen mit meinem zweiten Mann in Braunschweig. Und dann haben wir uns überlegt: ‹Was soll's? Sollen wir immer weiter durchforsten lassen?› – Wir wußten, daß wir keine Kinder haben werden, deshalb haben wir uns entschlossen und haben diesen Berg mit Wald verkauft. Ich war damals so vielleicht Mitte Dreißig. Und jetzt haben wir 1995, fast vierzig Jahre ist das her oder so. Ein Wald dauert ein ganzes Menschenleben. Wer ihn gepflanzt hat, hat nichts davon, erst der Enkel. Und bei Eichen dauert es zweihundert bis dreihundert Jahre.»

Wenn die Episode des eigenen Lebens im Vergleich zur Geschichte des Waldes und der Bäume gesehen wird, können Achtung, Bewunderung, Staunen oder Neid kaum ausbleiben. Im Falle des zweiunddreißigjährigen Hamburger Revierförsters Helge Hoheisel verbergen sich diese Gefühle hinter einer nüchtern distanzierten – «konservativen» – Einstellung.[145]

«Und das ist hier meine erste Stelle als Förster und, na gut, man kann keine Prognosen über dreißig Jahre abgeben, aber in der Beziehung sind wir Förster relativ konservativ. – Also, es ist schon das Bestreben, möglichst lange auf einer Dienststelle zu sitzen, einfach weil die Zeiträume im Wald so enorm lang sind. Dreißig Jahre sind ja für den Wald gar nichts. 'ne Waldgeneration kann bis zweihundert Jahre dauern. Von daher können also an einer Eiche sieben Förster rumwirken oder viel mehr.»

Hoheisel gewinnt wie Thea Helm das Geschichtsbewußtsein aus seiner Beziehung zu Bäumen und Wald.

Die Frage, inwieweit Erfahrungen aus der Kindheit die spätere Lebensgeschichte und die Lebensplanung beeinflussen, ist auch beim Naturthema erforschenswert. Frühe Naturerfahrung prägt nicht allein die Formen des Naturerlebnisses, sondern im Zusammenhang von eigener Lebenserfahrung und Zukunftserwartung[146] noch weitere Dimensionen der Lebensgeschichte, bis hin zum Siedeln und zur Familienplanung. Es werden selbst Bereiche des politischen Bewußtseins davon beeinflußt. Etwa ein Fünftel der Aktivisten der Umweltschutzbewegung[147] führten in einer empirischen Untersuchung ihr politisches Engagement ausdrücklich auf die Tatsache zurück, daß sie auf dem Dorf aufgewachsen waren und deshalb die Natur schon früh im Leben «unmittelbar erfahren» und «beobachtet» hatten.

Lebensbäume

Am 28. August 1831, seinem 82. und letzten Geburtstag, war Goethe mit seinen beiden Enkeln unterwegs. Von der Kutsche aus wies er sie auf eine Eiche hin, mit der er seit bald 60 Jahren persönlich bekannt war. Ehrfurchtsvoll begrüßten die Reisenden den Baum. Zwei Tage später ließ sich der Dichter noch einmal allein nach Martinroda fahren, um seinen persönlichen Abschied[148] von diesem Baum und Lebensbegleiter zu nehmen. Goethes persönliche Bindung zu Bäumen reicht bis in seine früheste Kindheit zurück. Am Tage seiner Geburt hatte der Großvater einen Birnbaum[149] als «Lebensbaum» in seinen eigenen Garten gepflanzt. Solchen Schicksalsbäumen oder Lebensbäumen, die bis heute gelegentlich aus Anlaß der Geburt gepflanzt werden, lag einmal die Vorstellung einer Art Doppelgängerbeziehung zwischen Bäumen und Menschen zugrunde. Das Verhältnis zwischen der Person und seinem Alter ego war vorgegeben: «Stirbt der Baum, stirbt auch der Mensch» – und umgekehrt.[150]

Dieses quasi magische Verhältnis einer lebensgeschichtlichen

Parallele ist heute außerhalb von Esoterikgruppen kaum noch zu finden. Doch die Funktion des Baumes als Lebensbegleiter und Freund ist geblieben. Sie erlebt im Zeichen des Umweltschutzes vielleicht eine Renaissance. Ein Beispiel: Unter dem Eindruck des «Waldsterbens» begann die Hamburger Umweltbehörde 1985 mit der Anlage eines «Hochzeitswaldes», in dem der «gute Brauch», zum Hochzeitsfest oder zur Kindstaufe einen Baum zu pflanzen, revitalisiert werden sollte. – «Gerade im Hinblick auf die Probleme der umweltgestreßten Wälder.»[151] Dieser Brauch greift eine Hamburger Verordnung wieder auf, die bis in das erste Drittel des 19. Jahrhunderts gültig war und den Brautpaaren empfahl, vor der Hochzeit einen Baum zu pflanzen. Der tiefere Sinn dieser staatlichen Verordnung lag auch damals weniger in der Daseinssteigerung durch das Praktizieren eines Brauches, sondern in der hanseatisch-vernünftigen Absicht, den Baumbestand des Hamburger Waldes durch eine vom Bürger zu finanzierende Maßnahme zu vermehren. Zur heutigen Praxis des Brauches liegen präzise Anleitungen von seiten der Forstverwaltung vor: Der Baum soll möglichst am Hochzeitstag vom Brautpaar gepflanzt werden. Es sind hauptsächlich dazu Laubbäume als Solitäre vorgesehen. Dadurch sei sichergestellt, daß jedes Paar «seinen» Baum quasi als ideellen Besitz behält. Die Brautleute müssen ihr Exemplar sofort bezahlen. Die spätere Pflege obliegt dem Forstamt.[152]

Die Vermenschlichung von Bäumen ist immer noch ein Teil unserer Kultur. Daran können selbst solche bürokratischen Rituale nichts ändern. Einige unserer Informantinnen grüßen wie Goethe einzelne Bäume, die sie «persönlich kennen». Wenn sie im Interview darauf zu sprechen kamen, setzten sie als selbstverständlich voraus, sich mit dieser Form der Kommunikation völlig im Rahmen des Üblichen in unserer Gesellschaft zu bewegen. Wer sollte das merkwürdig finden? – «Pflanzen und Tiere können uns verstehen.» – Wenn Menschen mit ihrem Hund reden, bedarf das schließlich ebenfalls keiner langatmigen Rechtfertigung.

Karin Gustavson[153] «mag» den Wald nicht. Sie hat aber ein enges Verhältnis zu Bäumen. «Ich lehne den Wald ab, aber ich mag Bäume.» In Farmsen an der U-Bahn-Haltestelle – so diese Informantin – wächst ein Exemplar, von dem kein Gärtner weiß, was das für ein Baum ist. – «Es ist, glaube ich, eine Rosacea.» – Manchmal sieht sie ihn vom fahrenden Zug aus: «Ich begrüße ihn, ich begrüße ihn innerlich, ja.»

Als ein Beleg für die übliche Form heutiger Mensch-Baum-Beziehung kann folgende Erzählung genommen werden:

«Da waren Pappeln, die standen hier an der Innerste. Als ich ein Kind war, standen sie schon so, daß wir sie umfangen konnten, so zu mehreren umfassen. Und jetzt vorige Woche, oder wann, sind sie gefällt worden. Also, ich hatte da richtig so einen Schock gekriegt. Die gehörten einfach so ins Bild. Man kriegt 'ne Beziehung zu Bäumen.»[154]

Bäume genießen, wie diese wenigen Beispiele aus der Literaturgeschichte und aus dem heutigen Alltagserzählen zeigen, einen kulturellen Sonderstatus unter den pflanzlichen Lebewesen.[155] Sie verkörpern in vielen Kulturen ein wichtiges Symbol der Welt und der Menschen. Sie fungieren als Individuen in der Rolle von Parallelwesen zu einzelnen Menschen und in der Masse als Symbol für die Lebenskraft der Gemeinschaft. So sollen die Wenden geglaubt haben, wenn der Sturm viele Waldbäume entwurzelt habe, stehe ein Massensterben unmittelbar bevor.[156] Selbst nüchterne Forstwissenschaftler können sich dem kulturgeschichtlichen Gewicht und der real gegebenen Faszination, die von eindrucksvollen Bäumen ausgehen, bisweilen nur schwer entziehen. Wenn sie in ihren Veröffentlichungen über Waldbau und Landschaftsgestaltung etwas über den Umgang mit attraktiven Bäumen berichten, ist auf einmal nicht von den Holzarten und ihrer Qualität als Wirtschaftsfaktor die Rede, sondern von Baumindividuen.[157]

Es zeigt sich: Bäume sind in unserer und in anderen Kulturen tatsächlich geschichts- und schicksalsfähig. Sie leben nicht nur passiv neben der Geschichte der Menschen dahin, sondern nehmen die Veränderungen manchmal – so will es der Volksglaube – bewußt zur Kenntnis. Ja, besonders begabte Exemplare sollen sogar ein Gespür für sich ankündigende historische Entwicklungen haben. Victor Klemperer berichtet von der Barbisnauer Pappel, die während der Kriege stets dann zu blühen begann, wenn der ersehnte Friede kurz bevorstand. Sie hatte 1871 und 1918 bereits geblüht. Und dann auch im Mai 1945. «Immer wenn sie geblüht hat, ist Friede geschlossen worden.» – «Das war gestern eine wahre Völkerwanderung zur Barbisnauer Pappel hinaus.»[158]

Bäume werden von alters her anthropomorphisiert, erhalten Namen, etwa die von Berühmtheiten aus der Politik und Literatur. In anderen Kulturen[159], etwa in Indien und Japan, gab es die mythische Heirat zwischen einem Mann und einer Baumfrau. Die Märchen der Welt sind voll von mythischen Anspielungen. Bis in unsere Tage haben Bäume viel von ihrer Symbolkraft als Geschichtswesen und als Begleitfiguren in der Lebensgeschichte behalten. Der Naturphilosoph K. M. Meyer-Abich spricht davon, daß wir die Bäume in der «Gemeinschaft der Natur» als Geschwister, Vettern, Basen wahrnehmen. Menschen, die durch eine lebensgeschichtliche Krise gehen, könnten sich – so dieser Autor – durch Identifikation mit Bäumen – einer Identifikation, die sich in Träumen erfahren lasse – des natürlichen Mitseins der Lebewesen erinnern und auf dem Wege dieses Erkenntnisprozesses wieder gesunden. Meyer-Abich geht sehr weit, wenn er die holistische Selbsterfahrung des Menschen beschreibt: «... in den Dingen und Lebewesen der natürlichen Mitwelt lebt das Ganze der Natur spezifisch und individuell auf eine je besondere Weise.» – In jedem einzelnen lebe alles, was sie oder ihn gebildet hat, Vater und Mutter, die eigene kulturelle Tradition, Tiere, Bäume und Steine.[160]

Die Esoterikszene und der Esoterikmarkt, die sich zunächst – in der Tradition der alten «Volksmedizin» – auf die Heilkraft von Kräutern, Mineralien und Metallen beriefen, entdecken gerade die Heilkraft der Bäume. Die Essenzen dieser «Baummedizin» vermitteln unterschiedliche als «Enertree» bezeichnete Energien der verschiedenen Baumarten. Wer die Kraft der Hölzer richtig nutzt, soll sich dabei auf die individuelle Seele der einzelnen Arten verlassen können. – «Die Lärche lehrt uns, daß wir alles spielerisch, gemeinsam und mit Leichtigkeit schaffen, nicht durch Kampf.» – Die Heil- und Stärkungsmittel werden im Cocktail angeboten und bieten Hilfe für verschiedene Bedürfnisse und Lebensprobleme an. Für Männer ist ein «Joy Male» gedacht. Er ist von roter Farbe und enthält die Essenzen der Lärche (Mut und Lockerheit), der Tanne (Gefühle annehmen) und der Eiche (Harmonie von Körper und Geist). – «Das Feuerrot regt vor allem die unteren Zentren an», heißt es im Katalog.[161] Andere Mixturen sollen gegen Streß helfen oder von Schuldgefühlen reinigen.

Es ist fast gleichgültig, ob wir den esoterischen Spekulationen eines Naturphilosophen oder einer entsprechenden Praxis esoterischer Persönlichkeitsentwicklung glauben wollen oder nicht: Der Identifikationsdrang der Menschen mit Bäumen ist unbestreitbar. Er wird im Alltag nur noch durch die Symbolkraft von Flüssen und historisch attraktiven Bauwerken erreicht. Die Geschichte und die Zukunftserwartung alter Baumexemplare regen überall in der Welt zu Vergleichen mit dem eigenen Leben an. Die Differenz zwischen dem eigenen kurzen, vielleicht als ereignislos empfundenen Dasein und der langen Dauer dieser Lebensformen kann ein Gefühl der Sprach- und Hilflosigkeit vermitteln. Einzelne unserer Informanten gaben an, einen tausendjährigen Baum zu bewundern, zugleich aber nicht nur von seinen räumlichen Dimensionen, sondern auch von seiner Existenz als Geschichtswesen «erschlagen» zu sein. Eine Individualität wird, wie es Michel Tournier[162] betont, den einzeln oder in einer kleinen Gruppe wachsenden Prachtexemplaren – «Baumriesen» und Naturdenkmälern – zugesprochen. Sie gehören, wie im Falle des folgenden Erzählers Stefan Varnow, zu den fixierten Erinnerungsbildern. Bäume sind nicht nur mehrere Menschenleben alt. Der Mensch – genauer: der Mann – dient auch für den Stammumfang dieser «Riesen» als die angemessene Maßeinheit: Man braucht fünf Leute, um ihn zu umfassen. Oder: Er war ein «Sechs-Männer-Baum».

«Ich war damals fünf oder sechs Jahre alt. Auf einem Sonntagsspaziergang mit den Eltern sind wir zu diesem Baum, zu dieser großen Buche im Niendorfer Gehege, gegangen und haben alle versucht, sie zu umarmen. Wir haben es damals mit fünf Personen nicht geschafft, da einmal rumzulangen. Das ist eigentlich so meine persönlichste Beziehung zu Bäumen.»[163] Die Individualität eines stattlichen Baumes wird in dieser Kindheitserinnerung dadurch ausgedrückt, daß nicht einfach von «einem Baum», sondern von einem Lebewesen aus einer bestimmten Spezies, einer Buche, an einem bekannten Platz gesprochen wird. In den Baumgeschichten, die wir gesammelt haben, klingt vielfach neben der Vermenschlichung betagter Exemplare ein Aspekt von Übergeschichtlichkeit, quasi von «Ewigkeit» an. Wir wissen, daß es heute noch im Heiligen Land Bäume geben soll, die bereits 1000 Jahre alt waren, als Jesus in ihrer Nähe geboren wurde. Am Beispiel bestimmter Bäume lernen dann auch die Kinder, wie an den «Steinen der Stadt»[164], ein Gefühl für die Geschichte vor ihrer eigenen Lebensgeschichte kennen.

Adalbert Stifter hat den Beginn dieses auf die Bäume bezogenen Bewußtseinsprozesses beschrieben. Junge Leute finden sich in eine Welt versetzt, die ihnen in ihrer ganzen Komplexität vorgegeben ist. Sie haben vieles, was später einmal für sie wichtig sein wird, noch nicht als Thema entdeckt. Vor allem haben sie noch nicht den «Begriff des Altwerdens» erkannt: «... die Greise

Lebensbäume

sind schon neben ihnen vorhanden, wie es Buchen und Eichen gibt, die auf irgend einem Platze stehen, und wie der Turm da ist, der von der Kirche empor ragt.»[165]

Später regt die Lebensspanne betagter Bäume vielfach zu Spekulationen und Gedankenspielen über deren Zeugenschaft bei historischen Ereignissen aus der bekannten Geschichte an oder gar zum Phantasieren über Ereignisse, von denen nichts in den Büchern der Historiker steht. In der Uckermark wachsen zwei Eichen, über die die neunundzwanzigjährige Diplomgeographin Petra Lohmeyer berichtet.

«Das war immer so unsere Mutprobe für meine Schwester und mich, weil wir immer da raufgeklettert sind als Kinder, auf diese beiden Eichen. Ach, man munkelte übrigens, da soll schon Napoleon dran vorbeigeritten sein. Aber da oben ist immer irgendwer irgendwo vorbeigeritten, denn da fanden wohl so einige Schlachten statt.»[166]

Mit Napoleon als Partner ihrer Geschichte kann eine deutsche Eiche leben. Schwieriger ist es mit der «deutschen Geschichte», für die ebenfalls die Eichen als Zeugen und als Symbol herhalten müssen. Diese stattlichen Bäume können in ihrer Existenz durchaus das historische Bewußtsein heutiger Zeitgenossen durcheinanderbringen. Viele unserer Informanten konnten sich der historischen Faszination und der Imposanz dieser Lebensformen schwer entziehen. Aber als «Lieblingsbaum» war ihnen die Eiche dann doch zu mächtig, zu «deutschnational», vor allem historisch zu «vorbelastet».

Der Landschaftsgärtner Manfred Soll, ein ausgezeichneter Baumkenner, gibt dafür ein Beispiel. Die Eiche imponiert ihm ganz besonders. Aber der historisch begründete Zwiespalt ist für ihn fast unüberwindbar. Die Konfusion ergibt sich aus der unbestreitbaren Tatsache, daß niemand einen Baum für das verantwortlich machen kann, was die Menschen mit ihm anstellen oder in ihn hineininterpretieren. Die Eiche ist nationales Symbol, hi-

storischer Zeuge auch von beängstigenden Geschehnissen, knorrig-imposanter Teil der Landschaft, und unter Landschaftsschutz steht sie auch noch. Solch verzwickten Verhältnissen mögen Philosophen oder Dichter gerecht werden können. Für das Alltagsdenken, selbst für das reflektierte Alltagsdenken dieses Zeitzeugen, sind solche Mehrdeutigkeiten offensichtlich zu kompliziert:
«Klar, die Eiche hat diese Nazi-Assoziation, einfach weil dieser Baum hier schon früher gewachsen ist und weil man mit diesem Baum schon immer gelebt hat und weil sich schon unheimlich viele Geschichten darüber gebildet haben. Aber ich sehe nicht ein, daß die Eiche überhaupt deutsch sein soll. ... Es gibt Eichen in Skandinavien, es gibt Eichen in Frankreich, es gibt Eichen überall in Europa. Ich kenne eine Eiche da oben an der Ostseeküste in der Nähe von Kiel, die ist tierisch alt, und da haben sie vor gar nicht langer Zeit, vor 150 oder 200 Jahren, die letzte sogenannte Hexe aufgehängt an diesem Baum. Und das ist das, was ich mit deutscher Eiche verbinde. Also eher 'ne negative Geschichte. Aber ich finde die Eichen als Bäume, gerade diese Stieleiche, um die es ja geht, sehr toll. Wenn man sich so darunter stellt und hochguckt und dann staunt, in welchem Verhältnis man selber dazu ist.»[167]

Die lebensgeschichtliche Bedeutung von Bäumen kommt auch in den Herzen und Jahreszahlen an Baumstämmen zum Ausdruck. Jugendliche ritzen und schneiden diese Markierungen seit jeher vorzugsweise in Buchen ein. Weder der Botanikunterricht der Schule noch die Baumschutzverordnungen der deutschen Bundesländer konnten diesen Brauch und künstlerischen Gestaltungsdrang bisher unterbinden. Die Jugendkultur orientiert sich hier an anderen Interessen als an denen des Naturschutzes. Die Baumritzerei ist Teil desselben Generationenkonflikts und vielleicht auch eines ähnlichen Gruppenverhaltens, die in den Städten zwischen Erwachsenen und Jugendlichen durch die Graffiti der «Gangs» oder Einzelsprayer ausgetragen werden. Die Baumschnitzereien in den Wäldern dokumentieren jedenfalls ein eigenwilliges Geschichtsbewußtsein der Jugend. Sie beurkunden Liebe und Eifersucht oder setzen ein Zeichen der Erinnerung an die eigene zeitweilige Anwesenheit. Schließlich markieren die Signaturen für die, die später noch einmal zum Ort der Tat zurückkehren, Fixpunkte für die Orientierung in der eigenen Lebensgeschichte. Sie sind allemal ein Ausdruck des Wunsches, Spuren in der Geschichte zu hinterlassen.

Der Abschied des alten Goethe von «seiner» Eiche in Martinroda, der «Schock» der etwa gleichaltrigen Frau Mahlmann[168] über den Tod der Pappeln in der Landschaft ihres Lebens – «Als ich ein Kind war, standen sie schon so, vorige Woche sind sie gefällt worden» – zeigen die Qualität der Empfindungen alter Menschen gegenüber ihren «Lebensbäumen». Die Fülle der eigenen Lebenserfahrungen ist in bestimmte Bäume eingeschrieben. Dazu lassen sich genügend Beispiele in der Literatur und in den Erinnerungen betagter Zeitgenossen finden. Bäume symbolisieren das Gewohnte, das «Heimatliche» eines Lebens. Anschaulich läßt sich das am Beispiel der «Erinnerungsreisen» aufzeigen,[169] die die im Westen angesiedelten Flüchtlinge aus den ehemaligen deutschen Ostgebieten Jahrzehnte nach ihrer Vertreibung wieder für einige Tage in ihre alte Heimat zurückführen. Nach ihrer Rückkehr erzählen die betagten Reisenden, wie sie besonders vom Wachstum prägnanter Bäume beeindruckt waren, etwa an der Toreinfahrt zum elterlichen Bauernhof. Es sind die Veränderungen der vertrauten Natur, die in diesem Falle den Lauf der Geschichte veranschaulichen. Das Wachstum der Bäume symbolisiert, wie sich in den Jahrzehnten der Abwesenheit die «Heimat» verfremdet hat. Die Bäume erzählen eine Geschichte, ihre eigene und zugleich die der Menschen, mit denen sie einen Teil ihres Lebens gemeinsam überstehen.[170]

Die Liebe zu Bäumen hat einen speziellen städtischen Aspekt. Zur Stadt als Heimat gehört die Bindung an die markanten

Bäume des Ortes. Gelegentlich werden Straßen um «landschaftsrelevante» Exemplare herumgeführt. Das ist nicht so erstaunlich, wie es zunächst klingen mag. Denn eindrucksvolle Bäume gehören unverzichtbar zum architektonischen Ensemble und zur Silhouette einer Stadt.

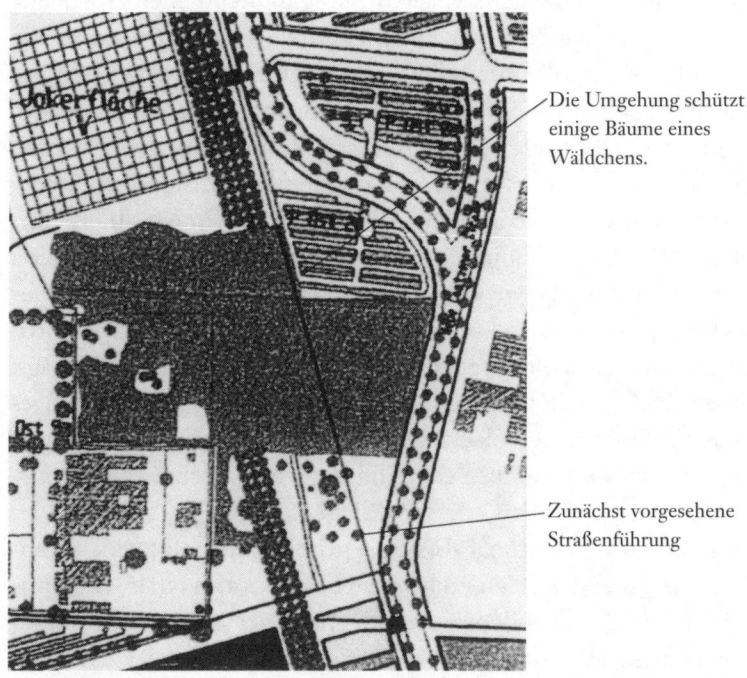

Die Umgehung schützt einige Bäume eines Wäldchens.

Zunächst vorgesehene Straßenführung

Abb. 8 «Hagenah Beule» – benannt nach einem Kommunalpolitiker in Hannover, der diese Umgehungsstraße «durchsetzte»

In Hamburg ist ein Buch[171] erschienen, das Rundgänge zu «70 hanseatischen Bäumen» vorschlägt, zu «Bäumen der Superlative», geschichtsträchtigen Bäumen, «Eichenmethusalems».

Das ist die romantische Seite des städtischen Grüns. Andererseits muß das Bepflanzen der Straßen und Parks durch die städtischen Gartenämter heute bar jeder Romantik sein. Schließlich ist die Produktion von Bäumen als «Straßenbegleitgrün» wie der Waldbau längst ein rational kalkuliertes Geschäft. Mit den Eigenschaften bestimmter Baumarten wird in den großen Baumschulen nicht anders kalkuliert als mit denen anderer Rohstoffe. – Die Platane wird nicht allein wegen ihrer Schönheit neben Hochhäusern plaziert, sondern vor allem, weil sie erfahrungsgemäß die Strahlungshitze, die durch die Spiegelung der Sonne in den riesigen Fensterwänden entsteht, mit geringeren Schäden als andere Baumarten übersteht. Die schnellwüchsige Pappel wurde nach dem Zweiten Weltkrieg bevorzugt angepflanzt. Sie ist als Stadtbaum ungeeignet, denn sie drückt mit ihren Wurzeln die Betonplatten aus der Bodenhaftung. Obendrein «beschmutzt» sie beim Blühen ihr Umfeld wie kaum eine andere Spezies. Das Alltagsbewußtsein ist hier ambivalent. Die schönen Lindenbäume werden besungen, der Schleimregen ihrer Blüten auf den Autos beklagt. Wie kleine Geschosse beschädigen herabfallende Kastanien in jedem Herbst den Autolack. Die Landschaftsarchitekten kennen diesen Zwiespalt und beziehen ihn in ihre Konzepte ein.

Sieht man von den wirtschaftlichen Interessen der Tischler und Waldbesitzer einmal ab, ist die primäre Einstellung der Menschen zu lebenden Bäumen bis heute eine sentimentale, romantische Beziehung geblieben. Sie entspricht also durchaus immer noch einem «vormodernen Typus der Naturerfahrung»[172]. Doch zum Alltagsbewußtsein eines Romantikers gehört seit den Anfängen dieser Epoche die «Erbsünde» des rationalen Denkens. Wenn die Wurzeln einer Eiche in ein Bauwerk vordringen, muß sie weichen. – Die gleichen Leute, die in Tränen ausbrechen oder eine Protestveranstaltung organisieren, wenn ein Baumdenkmal in der Nachbarschaft gefällt werden soll, erwerben ein paar Tage später im Möbelgeschäft einen Schrank gerade unter dem Gesichtspunkt seines edlen Furniers. Die Baumliebe bewegt sich hier im Rahmen der üblichen Paradoxien des Alltags.

Im Vergleich zu bestimmten «Schicksalsbäumen» – zu Individuen, mit denen einzelne Menschen Teile ihrer Lebensgeschichte oder deren Totalität verbinden – bleiben die Aussagen zu sogenannten Lieblingsbäumen, d. h. zu einer bestimmten, vom einzelnen privilegierten Baumart, sehr klischeehaft. Wir haben unsere Informanten stets nach ihrem «Lieblingsbaum» gefragt. Fast jeder hat einen Lieblingsbaum, doch sind die Begründungen dafür durch die Massenmedien und eventuell durch das Volkslied und die Literatur vorgeprägt. Die «deutsche Eiche» wird abgelehnt, die individualistische, weil allein wachsende Kastanie privilegiert. Und die Birke fungiert als Symbol von Weiblichkeit. – Wer die Birke liebt, muß fast zwangsläufig seine Vorbehalte gegen die «männliche» deutsche Eiche pflegen.

V
SAGENBILDUNG UND ZEITGESCHICHTE

Waldsagen und kollektives Gedächtnis –
Ein Rückblick in die Geschichte

Bei einem mythenüberladenen Thema wie dem «deutschen» Wald liegt es nahe, ein «kollektives Gedächtnis» vorauszusetzen, in dem dieses Kulturmuster «aufbewahrt» ist.[173] Das «kollektive Gedächtnis» ist eine Konstruktion der Wissenschaft, die zur Verwirrung führen kann. Jüngst zeigten die Diskussionen über das typisch Deutsche an der deutschen Geschichte wieder die Ideologiehaltigkeit dieser Vorstellung eines Gruppen- oder gar eines Nationengeistes und eines darauf bezogenen Nationengedächtnisses. Empirisch gesehen besteht kein Zweifel: Nur einzelne Menschen verfügen über ein Bewußtsein, und folglich verfügen nur Individuen über ein Gedächtnis. Erfahrungsgesättigte Begriffe wie «Familien-» oder «Gruppengedächtnis» veranschaulichen uns andererseits, daß Erinnern und Vergessen stets eine soziale Dimension haben. «Das Ich ist nie eine Insel»[174]. – Wir werden in eine Gesellschaft hineingeboren, lernen deren Normen, Gewohnheiten, Genüsse und Tabus kennen, auch die Geschichte wird uns sozial vermittelt. Die Entwicklung des Gedächtnisses vollzieht sich in mündlichen Kommunikationsprozessen zwischen Individuen verschiedener Generationen; heute zusätzlich in den Kommunikations- und Rezeptionsprozessen zwischen den Autoren der Massenmedien – Fernsehen, Buch, Zeitschrift – und ihren Konsumenten.

Um zum «kollektiven Natur- und Waldverständnis» in unserer Kultur eine Aussage zu machen, ist ein Rückblick in die Geschichte nötig. Die Geschichte des Zusammenlebens der Menschen mit dem Wald, die in der Steinzeit mit dessen Rodung und Nutzung als Weideland, vielleicht tatsächlich mit seiner Meidung als beängstigender Aufenthaltsort von Dämonen beginnt, ist wie alle Lebenserfahrungen und «Umweltschilderungen»[175] in Sagen und Mythen erhalten geblieben. Solche Erzählungen über Gesehenes oder Gehörtes sind in einzelnen Gebieten immer wieder neu entstanden und immer wieder in Vergessenheit geraten. Erst gegen Ende des 19. Jahrhunderts setzt in Deutschland ein Interesse an diesen alten Geschichten und ein systematisches Sammeln der traditionellen Volkserzählungen ein. Was damals aufgezeichnet wurde, mag in seinem Inhalt gelegentlich in das Mittelalter und vielleicht sogar noch in die Zeit davor zurückreichen; besonders wenn der Wald in diesen Geschichten als eine dämonische, beängstigende Welt erscheint. Konkrete Aussagen über die Verhältnisse in historisch «ursprünglichen» Zeiten lassen sich Texten der Volkserzählungen jedoch keineswegs entnehmen.

Der Volkskundler Matthias Zender, ein nüchterner, jeglicher wissenschaftlichen Mythenbildung abgeneigter Forscher, hat im Rheinland im ersten Drittel dieses Jahrhunderts etwa 400 Informanten nach ihnen bekannten Sagen gefragt und zusätzlich ältere regionale Sammlungen herangezogen. Seine Fragestellung betraf die historische Zuverlässigkeit mündlicher Traditionen. Wie viele Erzählforscher rechnete er damit, daß im Erzählen zwischen den Generationen die Enkel und die Großeltern «natürliche Alliierte»[176] sind. Siebzigjährige finden ihre aufmerksamen Zuhörer bis heute gerade unter den Fünfzehn- oder Zwanzigjährigen. – Wenn die Enkel ihre persönlichen Erfahrungen und das gehörte Großelternwissen wiederum 50 Jahre später ihren eigenen Enkeln weitergeben, können die so tradierten historischen Erfahrungen vier Generationen überspannen, einen Zeitraum von etwa 100 Jahren. Das dürften im mündlichen Erzählen und im «kollektiven Gedächtnis» in europäischen Gesellschaften die längsten Traditionslinien sein, die sich zuverlässig aus kommunizierten Erfahrungen rekonstruieren lassen. Ältere historische Verhältnisse vermitteln sich als Fakten ausschließlich auf dem Weg der Schriftlichkeit. Allerdings kann alte Geschichte – wie ich im folgenden skizzieren will – den Waldsagen gelegentlich in verschlüsselter Form entnommen werden.

Die älteste authentische «Waldliteratur» findet sich in den Volksrechten aus der Zeit der Merowinger und Karolinger [177], also seit Beginn des 6. Jahrhunderts. Diese Aufzeichnungen beziehen sich teils auf germanisches Gewohnheitsrecht, teils entstammen sie den Rechtsauffassungen in den römischen Provinzen. In einzelnen Aspekten sind sie bereits eine Reaktion der Herrschaft auf die wirtschaftlich abträglichen Waldschäden durch Überweidung, Rodung oder Brand. Wo alles in seiner natürlichen Ordnung ist, bedarf es keiner Verbote und Vorschriften.

Auch jüngere Rechtsvorschriften, die Weistümer des Mittelalters, gelten primär dem Schutz des Waldes als Wirtschaftsraum, zunehmend aber auch seinem Schutz als Jagdgebiet für die Herrschenden. Die unbehinderte Nutzung des Waldes, die prinzipiell noch im frühen Mittelalter für alle Volksschichten bestanden hatte, wurde durch diese Vorschriften immer weiter eingeschränkt. Zuerst wurde der Bevölkerung das Recht auf die freie Jagd genommen.[178] Seit der Zeit der Karolinger war das Wild nicht mehr herrenlos, sondern Besitz des Adels. Ihm allein stand die Jagd zu. Wer diese Regelung ignorierte, hatte mit drastischen Strafen zu rechnen.

Diese Entwicklung hatte für die bäuerliche Bevölkerung sehr weitgehende Folgen, denn das adelige Jagdmonopol bedeutete in der Praxis ein Vorrecht des Wildes vor den bäuerlichen Wald- und Weidetieren, den Rindern, Schweinen und Pferden. Der Wald war durch die über Jahrhunderte praktizierten bäuerlichen

Nutzungsarten sowie durch das Schlagen von Bau- und Brennholz und das Sammeln des Laubes als Stallstreu in einen erbärmlichen Zustand geraten, gegen den sich der heutige Waldzustand geradezu idyllisch ausnimmt. Der Konflikt zwischen den Jagdinteressen des Adels und den Nutzungsinteressen der Bauern war programmiert: Die Herrschaft benötigte einen dichten, unzugänglichen Wald als Domizil für das jagdbare Hochwild. Den Bauern war an einem lichtreichen, offenen Wald[179] mit ausreichend Grasbewuchs als Futter für ihre Weidetiere gelegen. Bereits im Mittelalter stellte sich der «deutsche Wald» infolge intensiver Weidenutzung weithin als Buschwald dar, von Lichtungen und Weideflächen durchsetzt. In solchen Wäldern fand das Wild wenig Nahrung und Schutz. Außerdem ließen die Hirten, die dort tags und gelegentlich auch bei Nacht das Vieh des Dorfes beaufsichtigten und bewachten, das Jagdwild nicht zur Ruhe kommen.

Die in den Gesetzessammlungen aufgeführten Strafen gegen alle Formen des Waldfrevels lösen noch heute Unbehagen und Verwunderung aus. Wilddieberei – um mit einem gravierenden Delikt zu beginnen – sollte mit der Todesstrafe geahndet werden. Auf das Fällen von fruchttragenden Bäumen, besonders von Eichen, standen geradezu sagenhafte Strafen. Wer einem edlen Baum das Haupt, d. h. die Krone abschlug, hatte nach dem Prinzip der «spiegelnden Strafen»[180] damit zu rechnen, daß auch ihm der Kopf abgeschlagen wurde. Diese angedrohte Maßnahme ist allein vor dem Hintergrund der kultischen Identifizierung von Mensch und Baum erklärlich. Höchst merkwürdig-kreativ klingt die Strafmaßnahme, die man sich für das Schälen einer Eiche ausgedacht hatte. Der Täter sollte getötet, seine ausgeweideten Därme, um den Stamm gebunden, zur «Wiederbekleidung des Baumes» verwendet werden. Forsthistoriker vermuten, daß hinter diesen Rechtsauffassungen noch Vorstellungen aus der vorchristlichen Germanenzeit standen, die im sozialen Gedächtnis –

in mündlicher Tradition – überlebt hatten. Der Schaden sei schließlich einer Eiche, also einem kultisch verehrten Wesen, zugefügt worden.

Bis ins 18. Jahrhundert finden sich Strafandrohungen dieses drakonischen Charakters gelegentlich in regionalen Rechtssatzungen. Ob sie je vollstreckt wurden, steht dahin. Vermutlich wurde die Analogie Mensch–Baum, die diesem Denken zugrunde lag, hier eher symbolisch verstanden. Die Verbote fungierten jedenfalls als frühe «Baumschutzverordnungen». Ihre Funktion ist nicht zuletzt auch in der Warnung vor der Schädigung herrschaftlichen Eigentums zu sehen; denn solitär in der Feldmark stehende markante Bäume gehörten für lange Zeit nach den Rechtsauffassungen zum Besitz des adeligen Landesherrn. Sie waren Symbol für dessen Herrschaft. Und sie dienten als Orientierungspunkte in der Landschaft, nicht zuletzt für strategische Zwecke. Das unbefugte Fällen eines solchen Markbaumes bedeutete noch in der Neuzeit einen Angriff auf den Machtbereich des Fürsten.

Was ich hier vorgetragen habe, läßt sich nur aus waldhistorischen Quellen rekonstruieren. Von den Lebensbedingungen, die zu all diesen angedrohten Strafmaßnahmen geführt hatten, ist nichts überliefert. Auch nichts darüber, wie die Bevölkerung auf die Verbote und Drohungen reagierte. Bereits nach vier oder fünf Generationen können selbst soziale Konflikte solch unversöhnlichen Charakters in der Erinnerung und im Erzählen so weit «verfremdet» sein, daß sich in einem Prozeß der Dämonisierung die historischen Hintergründe der Geschichte in die Welt der magischen Figuren verflüchtigten.

Der Prozeß der Dämonisierung ist für Jagd- und Holzkonflikte des ausgehenden 18. Jahrhunderts zuverlässig zu rekonstruieren. In den Volkssagen sind aus den hartherzigen Förstern oder Jägern, die im Auftrag ihres Herrn ihren Dienst versahen, bereits 100 Jahre später dämonische Gestalten geworden. Es lassen sich zwei Typen der Waldsage finden, in denen unterschiedliche Reaktionsweisen auf diese Konflikte überliefert sind, eine sozial angepaßte Version und eine sozialkritische. Die sozial angepaßte Version ist das Ergebnis der Erziehungsbemühungen des Pfarrhauses und der Schule. Sie handelt von gespenstischen Förstern oder Jägern – am grünen Rock erkennbar –, die den Waldfrevlern, speziell den Holzdieben, bei Nacht im Wald auflauern. Diese Hüter des Waldes sind Manifestationen des schlechten Gewissens. Die didaktische Absicht der Erzählungen besteht darin, Holzdiebe abzuschrecken.

Dieser herrschaftskonforme Erzählungstyp konnte auf der Basis der historischen Entwicklungen keine Monopolstellung erreichen, denn die Holzdiebe litten in ihrer Mehrheit keineswegs unter einem schlechten Gewissen. Wurden doch die Einschränkungen der Rechte der Bevölkerung an der Nutzung des Waldes von den Bauern noch im 19. Jahrhundert nur höchst widerwillig befolgt. Unerlaubter Holzeinschlag galt unter ihnen von alters her als Rechtens. Die Förstereien aus einem sauerländischen Forstbezirk mußten allein im 1. Quartal des Jahres 1837 114 Holzdiebstähle registrieren.[181] Wilhelm Heinrich Riehl beschreibt in seiner «Bürgerlichen Gesellschaft» die rückwärtsgewandte Utopie der Bauern zur Zeit der 1848er Revolution:

«Die goldene Zeit lag in der Phantasie des Bauern in jenen Zuständen, wo jeder Gemeindebürger noch so viel Holz unentgeltlich aus dem Gemeindewalde bekam, daß er neben freiem Brand auch noch einen Anteil verkaufen konnte; wo die Gemeindenutzungen so einträglich waren, daß statt der Erhebung von Gemeindesteuern im Ablauf des Jahres vielmehr noch ein Stück bar Geld an jeden Gemeindebürger verteilt wurde.»[182]

Zweifellos mußte es infolge dieser überlieferten bäuerlichen Waldsicht zu einer anderen sagenhaften Version der Figur des Jägers und Waldhüters kommen als in der offiziellen des Pfarrhauses. Und zwar zu einer sozialkritischen, in der sich, wenn nicht aktiver Widerstand, so doch immerhin verbaler Widerspruch artikulierte. Darin war es der Jäger, der von Gott gestraft wurde, und nicht der Dieb. Der Jäger wurde als «wilder» Jäger zur ewigen Ruhelosigkeit verdammt. Diese Version knüpft inhaltlich an die Sagentradition vom «wilden Heer» an, also an einen Erzähltypus, der möglicherweise bereits vor dem christlichen Mittelalter in Europa zirkulierte. Im 18. Jahrhundert[183] war noch der zu Pferde jagende Adelige zum wilden Nachtjäger geworden, zu jenem Geistwesen, das an der Spitze seines Heeres ruhelos bis ans Ende der Tage durch die Lüfte fahren muß. Im 19. Jahrhundert kam es zu einer Weiterentwicklung. Jetzt übernahm der Förster, der im Dienste eines adeligen Landeigners strikt nach dessen Vorschrift das Jagdrecht und die Polizeigewalt ausgeübt hatte, die Rolle dieser schaurigen und tragischen Gestalt des Sagenwaldes.

In beiden Versionen ist die beruhigende Funktion der Waldsagen für die bäuerliche Bevölkerung offenkundig. Die hartherzigen Förster und Adeligen hatten keinen irdischen Richter zu fürchten, schließlich waren sie formal im Recht. Denn sie quälten das Volk mit legalen Mitteln. Doch nach dem vorzeitigen Tod der Peiniger und ihrer magischen Strafe war die Welt nun wieder für den «kleinen Mann» in Ordnung.

Als Fazit der beiden Sagenversionen, der didaktischen und der sozialkritischen, bleibt festzuhalten: Historische Verhältnisse der Vergangenheit wurden in beiden Versionen – authentischer gewiß in der sozialkritischen – in das bereits seit Jahrhunderten vorhandene Personal der Sagen integriert. Am Anfang solcher Geschichten stand der Konflikt. Die sagenhafte Erzählung vermittelte ihn in den Formen einer stereotypen traditionellen Bilderwelt. Die wechselvolle Geschichte, das Einerlei und die Katastrophen des täglichen Lebens auf den Dörfern werden in solchen Erzählversionen enthistorisiert, stillgelegt. Dieses Resultat eines Vermittlungsprozesses vermittelt nichts über früher ausgetragene existentielle Konflikte um die Nutzung des Waldes. Aus einem «kollektiven Gedächtnis» ist buchstäblich nichts Konkretes darüber zu erfahren. Tatsächlich verarbeitet die Sage in dieser Weise historisch gründlich erforschte Sozialbeziehungen aus neuerer Zeit, aus dem 18. und frühen 19. Jahrhundert. Bei Vorstellungen einer «Waldmagie», die auf älterer Überlieferung basieren, bleibt die Ursprungsfrage vollends unbeantwortbar: Der Förster wird im 19. Jahrhundert zum wilden Jäger. Aus welcher historischen Zeit die Figuren der wilden Jagd ursprünglich überkommen sind, ist wissenschaftlich ungeklärt.

Hinter den Erzählungen über den wilden Jäger steht die formenbildende Kraft von Milieus und von Gruppen, etwa von Dorfgemeinschaften und Familien. Diese Tendenz des Erzählens wirkt bis in unsere Gegenwart hinein weiter. Bei entsprechend «sagenhaften» Ereignissen können auch heute noch «Waldsagen» entstehen. Solche Geschichten sagten damals und sagen auch heute etwas über den «Geist» der Zeit aus, in der sie entstanden sind und erzählt werden. Deshalb können sie, wie ich nun illustrieren will, zu einer Quelle der Zeitgeschichte werden.

Waldgeschichte als Zeitgeschichte der Nachkriegszeit

Zeitgeschichte untersucht die Epoche der «Mitlebenden», also die Geschichte von zwei bis drei Generationen zusammenlebender Menschen. Viel weiter zurück reichen die unzuverlässigen Wege der mündlichen Tradition nicht. Wie ich sagte, verliert die Erzählung als Medium von Geschichte ihre ohnehin geringe inhaltliche Zuverlässigkeit, wenn Augen- und «Ohrenzeugen»[184] eines Ereignisses oder einer Epoche nicht mehr leben. Nach dem Ende dieser Vermittlerpersonen beginnt unaufhaltsam die «alte Geschichte». Für unsere Gegenwart heißt das: Die Epoche der

Weimarer Republik wird gerade zur «alten Geschichte», für die Epoche des Nationalsozialismus ist dieser Zeitpunkt nicht mehr fern.

In deutlicher Erinnerung sind bis heute noch die Kriegs- und Nachkriegsjahre des Zweiten Weltkriegs geblieben. Damals hatte der Wald, wie in den Notzeiten nach dem Ersten Weltkrieg[185], wieder für einige Jahre eine Bedeutung als Wirtschaftsfaktor, auch in den Familien ohne Waldbesitz und Waldberuf. Es war die Zeit des Pilze- und Beerensammelns. Im Mittelpunkt des Denkens und Wirtschaftens stand die materielle und soziale Sicherung der Familie. Diese Institution war zum stabilisierenden Faktor der Gesellschaft geworden.[186] Sie erreichte diesen Einfluß, obwohl viele Familien in den Kriegs- und Nachkriegszeiten Angehörige und Besitz verloren hatten und obwohl eine große Zahl der Männer durch den Krieg und die Kriegsgefangenschaft[187] für lange Zeit abwesend war. Der Rückzug aus der Öffentlichkeit in die Familie ließ sich in den 1940er und 1950er Jahren auch in anderen westlichen Ländern feststellen. Er erreichte aber in Deutschland seine besondere gesellschaftliche Kraft, weil hier die politischen Institutionen, Parteien und Verbände durch den Nationalsozialismus für lange Zeit diskreditiert waren. Jedenfalls bot die Familie in der Zeit des Wiederaufbaus, der wirtschaftlichen Not und der sozialen Diskriminierung einen emotionalen Halt. Wenn unsere Informantin Frau Lanske[188] sich der Jahre erinnert, als die Mutter – eine Kriegerwitwe – durch die Arbeit im Wald versuchte, die Familie allein «durchzubringen», ist der Stolz über diese Jahre eines intensiven Familienlebens unüberhörbar. Der Wald ist ihr von damals her als ein Ort des harmonischen Zusammenseins in Erinnerung geblieben.

Die auffallende Waldliebe der ersten Nachkriegsjahre hat über diesen Familienaspekt des harmonischen Gemeinschaftserlebnisses hinaus ihre gesellschaftlichen Ursachen. Wie der Rückzug in die Familie war vermutlich auch der Rückzug in die Natur eine

Reaktion auf die allgemeine soziale Desorientierung. Die Familie hatte sich als das Refugium einer dem öffentlichen Leben «skeptisch» gegenüberstehenden Gesellschaft bewährt.[189] «Keine Experimente» lautete das politische Schlagwort jener Jahre. Doch der Wunsch nach etwas «Freiheit» außerhalb des engen Lebens in den überfüllten Wohnungen war geblieben. Dieses Bedürfnis ließ sich durch den Aufenthalt in der Natur – vor allem in der traditionsreichen Gegenwelt des Waldes – ausleben.

Die allgemeine wirtschaftliche Notlage kam hinzu. Ein Waldspaziergang war kostenlos zu haben. Der obligatorische Wandertag der Schulen wurde überall als eine Art Urlaubsersatz praktiziert, der letzte Sonntag im April jährlich als «Tag des Baumes» mit gemeinschaftlichen Pflanzaktionen begangen. Infolge der wirtschaftlichen und sozialen Verhältnisse wuchsen dem privaten und dem organisierten Aufenthalt in der Natur bis in die späten 1950er Jahre – bis der Massentourismus ins Ausland einsetzte – gesellschaftliche Funktionen zu, die sie später nicht mehr erreichten. Es ist denn auch kein Zufall, daß Förster zu werden in den 1950er Jahren der Traumberuf der männlichen Jugend war. Die Heimat- und Försterfilme, die uns heute anrührend naiv vorkommen, wurden in der Bevölkerung ernst genommen. In diesen Jahren bedurfte der Wald zudem der besonderen Fürsorge und Pflege. Viele der Wälder waren in der Besatzungszeit, speziell in der britischen Zone, zum wirtschaftlichen Nutzen der Besatzungsmacht abgeholzt worden. Es ist erstaunlich, daß später über diese «Wiedergutmachungsleistung» kaum noch jemand ein Wort verloren hat. Die vergleichbaren Maßnahmen der Industriedemontage durch die sowjetische Besatzungsmacht hingegen blieben ein Standardthema der Presse in der Bundesrepublik noch über das Jahr 1989 hinaus. Außer den Besatzungsmächten beteiligte sich auch die deutsche Bevölkerung an der Abholzung der Wälder. Die Wilderei war bis in die frühen 1950er Jahre verbreitet. Der dadurch entstandene volkswirtschaftliche Schaden blieb allerdings unerheblich. Hingegen entwickelte sich der Holzdiebstahl zum gravierenden wirtschaftlichen Problem. Im Umkreis der großen Städte hatte die Bevölkerung in den Jahren 1945 bis 1947 ganze Regionen entwaldet, denn besonders in den harten Wintern der Jahre 1946 und 1947 mangelte es überall an Heizmaterial. Wegen eines Kohlediebstahls und wegen «wilden» Holzeinschlags konnte niemand auf seiten der Täter ein Schuldgefühl erwarten. Schließlich ging es hier ja ganz handfest um das Überleben der Familie.

Die Selbstverständlichkeit, mit der sich die Bevölkerung in der Not wieder der Ressourcen des Waldes bediente, erinnert an die Selbstverständlichkeit des Holzdiebstahls und der Wilderei im 18. und 19. Jahrhundert. In Hamburg, wo sich der Selbsteinschlag von Brennholz besonders dramatisch entwickelte, fielen ganze Revierbereiche der Axt zum Opfer. – «Kleinere Waldstücke verschwanden in wenigen Stunden.»[190] Der Autor einer Hamburger Forstgeschichte gibt an, daß zwischen 1945 und 1947 ca. 50 000 Festmeter aus den Forstbezirken der Hansestadt gestohlen wurden.

Als eine Reaktion auf die Waldschäden der Nachkriegsjahre wurde im Jahre 1947 die «Schutzgemeinschaft Deutscher Wald» gegründet. Ihr wichtigstes Ziel war die Wiederaufforstung der reduzierten Wälder. Besonders die Jugend sollte durch «Waldeinsätze», «Waldläuferbriefe» und durch den Aufenthalt in «Waldheimen» zur Naturliebe und zur «Waldkennerschaft» geführt werden.[191] Diese «Schutzgemeinschaft», die bis heute mit großem öffentlichem Erfolg arbeitet, entwickelte bereits ein ökologisches Programm, als sonst kaum jemand gründlich über die Bedeutung des Waldes als Erholungsraum für die Bevölkerung und als natürliche Ressource für die Reinigung der Luft und des Wassers nachdachte. Elemente eines Arbeitsdienstes waren den Gruppen zunächst nicht fremd. In einer Schrift der 1958 gegründeten «Deutschen Waldjugend» hieß es noch 1964: «Gebt ihnen

Abb. 9 50 Jahre Schutzgemeinschaft Deutscher Wald

Spaten und Pflanzen in die Hände und laßt die Waldluft in die Schulstuben, so überwindet Eure Erziehung den Materialismus dieser Zeit.»[192]

«Nur für Kundige zugehbar» – Bunkerwälder

Viele Wälder, besonders in der Nähe der Städte, enthalten bis heute Zeugnisse der Geschichte der Kriegszeit und der Nazijahre. Es finden sich Granatsplitter in Baumstämmen und Bombentrichter aus dem Zweiten Weltkrieg. Wie mittelalterliche Anlagen fügen sich Reste von Bunkern und Schützengräben heute in die Landschaften ein. Während der Kriegsjahre verbargen sich in vielen Wäldern Munitionsfabriken, Bunker und Lager für Kriegsgefangene, für Zwangsarbeiter und politische Häftlinge. Längst sind die gesprengten oder verfallenen Mauern von Sträuchern und Moos überwuchert. Im Umfeld einzelner dieser «Bunkerwälder» und ehemaligen Arbeitslager hat sich eine eigene Erzähltradition entwickelt. Diese folgt den von mir dargestellten traditionellen Mustern der Enthistorisierung von Geschichte in der mündlichen Erzähltradition. Teilweise verflüchtigen sich die historischen Verhältnisse im Deutschland der Kriegs- und Nachkriegsjahre schon so weit ins Sagenhafte, daß es schwierig wird, überhaupt herauszufinden, von welcher historischen Zeit und von welchem Krieg in den Erzählgeschichten gerade die Rede ist. Dazu ein Beispiel: In einem Wald in der Gegend der hessischen Stadt Wetzlar gibt es ein Revier, das in der Bevölkerung «Totermannsseite» heißt. Dort soll nach einem Krieg ein toter Soldat gelegen haben. – Niemand weiß, nach welchem Krieg das gewesen sein soll. – Ein sechzigjähriger Einwohner erzählt:

«Ich weiß nicht, wie alt die Bezeichnung ist, ‹Totermannsseite›. Die stammt aus irgend so einem Krieg, entweder nach 70/71 oder nach 60/66 oder aus einem späteren Krieg. Also, nach irgend so einem Krieg soll man dort einen toten Ausländer gefunden haben, einen toten Soldaten. Seit dieser Zeit heißt das Revier die Totermannsseite. Da hat der Mann wohl irgendwo gelegen, denke ich mir.»[193]

Das Geschehen und die sagenhafte Ortsbezeichnung bleiben auf die mündliche Tradition beschränkt. Von konkreten historischen Anlässen für die Anwesenheit fremder Soldaten in diesem Wald ist nichts aus den Schriften der Historiker überliefert. Eine «Totermannsseite» findet sich bisher in keiner offiziellen Flurkarte der Gegend.

In den Geschichten über die «Bunkerwälder» der Nazijahre ist in ähnlich unbestimmter Weise von der Flucht Gefangener die Rede oder von der Herkunft einzelner Knochen-, Munitions- und Waffenfunde, außerdem von zwielichtigen Gestalten, die nach dem Kriege in diesen Höhlen gelebt haben sollen und von dort aus ihre Raubzüge unternahmen. Etwas Unheimliches haftet seit jeher den Höhlen und Hügeln im Walde an. Felshöhlen sind in der Sage traditionelle Plätze der Unterirdischen – «Zwergenlöcher». In kaum einem Sagenbuch fehlen sie. – Die Betonhöhlen und die Bunkerreste übten in den Nachkriegsjahren wegen der geheimnisvollen Erzählungen und wegen der Unheimlichkeit des dunklen, feuchten Raumes nicht zuletzt auch wegen der darin vermuteten Munitionsdepots auf Jugendliche ihre Faszination aus. Heute sollen Kampfsportgruppen und «rechte Wehrverbände» gerade dort ihre paramilitärischen Übungen abhalten. Jedenfalls wird das über die Höhlen im Hamburger Umland erzählt. Die Förster, die wir danach fragten, wissen darüber nichts. Die zerfallenen Anlagen sind geheimnisvoll geblieben, Rückzugsgebiete der Jugend. Herr Habel erinnert sich an früher. Damals waren sie «nur für Kundige zugehbar».

«Eine Attraktion an einem der Waldränder waren noch die Bunker. 1943/44 hatte die deutsche Wehrmacht noch auf die Schnelle einen Flugplatz gebaut und da Bunker angelegt, und die waren damals unverändert. Das heißt, da waren keine Zäune rum, sondern man konnte tatsächlich in diese modrigen Dinger runtersteigen. Und das war eine Attraktion. Natürlich auch mit Angst verbunden. Man hatte ganz real Angst, daß dort noch Minen lagen, die dann auch tatsächlich gefunden worden sind. Aber das war die größte Attraktion. – Wenn ich als Kind die Wahl hatte, wohin gehen wir heute, wäre ich sofort auf die Bunker gekommen. Das beste war, sie waren kaum zu finden. Aus drei Meter Entfernung und ohne es zu wissen, würdest du den Bunker nicht erkennen. Der Bunker ist nur dadurch zu sehen, daß irgendwo ein Loch ist, wo man reinsteigen kann. Durch die zwanzig Jahre, die dann ins Land gegangen waren, war alles mit Gestrüpp bewachsen, also nur für Kundige zugehbar.»[194]

Die Geschichte der Waldbunker erreicht gerade eine neue Dimension. Nun sollen die Höhlen im Zeichen des Naturschutzes zu Winterquartieren für Fledermäuse ausgebaut werden. Dazu ist

Abb. 10 Bunkerrest in einem Wald bei Hamburg

es nach Auffassung des Naturschutzbundes erforderlich, die Einflugschlitze getrennt von den Einstiegsstellen der Menschen zu errichten. Die Fledermaus-Experten empfehlen, den «Einflug mit einer angedübelten Gehwegplatte aus Beton» gegen den «zu erwartenden Vandalismus» zu sichern.[195] «Vandalismus», so nennen heute die Umweltschützer den zu erwartenden Widerstand aus der Jugend gegen die Zweckentfremdung eines ihrer Rückzugsgebiete. Doch als Bewohner geheimnisumwitterter, sagenhafter Höhlen eignen sich die sagenumwobenen Fledermäuse allemal.

Hitlerbäume

Für eine substantielle Renovierung der Wälder, die Annäherung an das Ideal des «Naturwaldes», fehlte den Nationalsozialisten in den zwölf Jahren ihrer Herrschaft die Zeit. Waldgeschichte folgt stets dem Prinzip der «langen Dauer». Eine 1933 gepflanzte Schonung war 1945 noch längst kein «richtiger» Wald geworden. Wenn der englische Kulturhistoriker Simon Schama hervorhebt, es sei schmerzlich, anerkennen zu müssen, daß das barbarischste Regime der modernen Geschichte den Wäldern eine größere Fürsorge entgegengebracht habe als jede andere Regierung in Deutschland und in anderen Ländern,[196] kann er bei Licht besehen nur deren Planungsentwürfe meinen. In den Konzepten, etwa in den Bauanleitungen für die Reichsautobahn, kommt tatsächlich ein ökologisches Programm zum Ausdruck. Erst wenn die Bodendecke «gesichert und verarbeitet» ist, dürfe der Wald geschlagen werden, heißt es etwa in einer zeitgenössischen Schrift. Was dabei an Reisig anfällt, darf unter keinen Umständen verbrannt werden. «Feuer im Wald bedeutet immer Verlust wertvollen Volksgutes.»[197] Die Maßnahmen folgten dem übergeordneten ästhetischen Ziel, den Reisenden einen freien Blick vom

Auto aus auf eine allseits geordnete Waldlandschaft zu ermöglichen.

Tatsächlich waren der Wald und die Bepflanzung der Landschaft mit Bäumen von Anfang an in das Konzept nationalsozialistischer politischer Symbolik einbezogen. Der Enthusiasmus der ersten Hitlerjahre trieb dabei eigenartige Blüten, die für uns Heutige allenfalls noch als Dokument einer unfreiwilligen Komik zu ertragen sind. Das Theaterhafte des Systems erreichte schon kurz nach der «Machtergreifung» einen ersten Höhepunkt. Der «deutsche Hitlerfrühling» mit dem «Tag von Potsdam» und der festlichen Eröffnung des Reichstages am Frühlingsanfang, dem 21. März 1933, war tatsächlich «ein meisterhafter Theatercoup».[198] In der Potsdamer Garnisonkirche am Grabe Friedrichs des Großen «segnete» der Repräsentant des alten Deutschlands, der Reichspräsident Hindenburg, in Hitler den Repräsentanten des «neuen Deutschlands». Ein paar Tage an der Macht, wurde Hitler in Tausenden von Gemeinden zum Ehrenbürger ernannt. Zum feierlichen Ritual in den Gemeinden gehörte das Pflanzen von «Hitlereichen» und «Hitlerlinden». In einzelnen Waldgebieten wurden bereits im «Hitlerfrühling» 1933 sogenannte Hakenkreuzwälder, also Aufforstungen in Form eines Hakenkreuzes, angelegt.

In den Eingriffen in die Landschaft durch die Nationalsozialisten drückte sich tatsächlich ein revolutionärer Impetus aus. Von Anfang an hatten die Maßnahmen das Ziel, den überzeitlichen Charakter des politischen Wandels durch eine Veränderung der Natur zu dokumentieren. Dabei bediente sich das System einer bereits vorhandenen Symbolik. Die «Hitlerbäume» – um zunächst über sie zu reden – waren keine Erfindung von Tradition[199], sondern setzten wie die gelegentlich gepflanzten «Wiedervereinigungsbäume» der Jahre nach 1989 die Tradition der Luther-, Tilly-, Kaiser-, Bismarck-, Reformations- und Friedensbäume fort.

Die Wahl von Eichen und Linden ist botanisch plausibel; außerdem bewegt sie sich im Bereich des Herkömmlichen. Die Nationalsozialisten privilegierten für ihre Monumentalbauten den Granit[200] als Maßstab für das Unveränderliche in der Geschichte und für den Ewigkeitscharakter ihres Systems. Um der Vorstellung vom «Tausendjährigen Reich» Ausdruck zu verleihen, wählten sie nun auch die beständigsten unter den einheimischen Baumarten, die «deutsche Eiche», und die als Gerichtsbaum der Germanen mit einer besonderen mythischen Würde ausgezeichnete Linde. Neben der optisch vergleichsweise unattraktiven Eibe können in Europa nur Eichen und Linden gelegentlich ein Alter von tausend Jahren erreichen.

Darüber hinaus konnten die Setzlinge an die Tradition der Lebens- und Geburtsbäume anknüpfen.[201] Der Optimismus und der naive Glaube an einen positiven Wendepunkt der Geschichte, dem eine lange – womöglich tatsächlich tausendjährige Blütezeit – folgen sollte, kam in diesen Baumaktionen, vor allem in der Provinz, anschaulich zum Ausdruck. Die Hitlerbäume haben ihren Doppelgänger offenbar unbeschadet überlebt. Vom rituellen Fällen einer Hitlereiche ist mir nichts bekannt. Ähnlich wie bei den Adolf-Hitler-Straßen und -Plätzen bedurfte es allein der Beseitigung oder des Auswechselns eines Emailleschildes. Wer weiß heute noch, daß er selbst oder seine Mutter in einer Hitler-Straße geboren wurde oder eine Zeitlang unter einer Hitlerlinde gespielt hat?

Hakenkreuzwälder

Die beiden folgenden Fotos zeigen einen Teil der Geschichte eines Hakenkreuzwaldes im Bereich der hessischen Gemeinde Asterode. Dort waren bis in die 1960er Jahre ein Hakenkreuz und die Jahreszahl 1933 vom Flugzeug aus mühelos zu erkennen. Solche Waldhakenkreuze und Hakenkreuzwälder hat es auch an einigen anderen Stellen im Deutschen Reich gegeben.

Wegen dieser Bepflanzungen haben wir in unserer Untersuchung Kontakte zu den zuständigen Landwirtschaftsministerien und zu Vermessungsämtern in allen deutschen Bundesländern aufgenommen. Einzelne der obersten Forstbehörden meldeten Fehlanzeige. Andere wollten nicht ausschließen, daß in ihrem heutigen Zuständigkeitsbereich früher derartige Bepflanzungen vorhanden waren. Sie seien allerdings vermutlich nach dem Zweiten Weltkrieg auf dem schnellsten Wege beseitigt worden.

Ohne ein historisches Vorbild sind auch die Hakenkreuzwälder nicht. So gab es in Sachsen in einigen Staatsforstrevieren sogenannte Wettin-Pflanzungen, mit denen das regierende sächsische Herrscherhaus, die Wettiner, verewigt werden sollte. Das geschah etwa durch die Bepflanzung eines Areals mit Bäumen, deren deutsche Artnamen mit den Buchstaben W-E-T-T-I-N begannen, etwa mit Weißtannen, Eichen, Traubenkirschen etc. Äußerer Anlaß der Wettin-Wälder war die achthundertjährige kontinuierliche Regierungszeit des Hauses Wettin im Jahre 1889. Aus gleichem Anlaß wurden feierliche Jagdgottesdienste abgehalten und Gedenksteine und -säulen gesetzt. Diese Feiern und Pflanzaktionen waren nicht zuletzt eine sächsische Reaktion auf die Reichsgründung, den preußisch-deutschen Kaiserkult und den Bismarckkult in der Zeit des Wilhelminismus.

Im Erzgebirge fand sich außerdem eine Bepflanzung mit den Buchstaben ADvS (Alfons Diener von Schönberg) und der Jahreszahl 1929. Sie erinnerte an die Pfaffroder Herrschaft von Schönberg, die dort ein Musterrevier für Privatforsten unterhielt. Von den Forstbehörden der DDR sind diese Symbole des Feudalismus, wie auch die meisten Symbole des «Faschismus», unverzüglich entfernt worden.[202]

Vermutlich hat es politisch motivierte Figurenpflanzungen auch in England gegeben. So sollen unmittelbar nach der

Abb. 11 Hakenkreuzwald 1965

Schlacht von Waterloo in der Nähe des Seebades Brighton zwei Wäldchen angelegt worden sein, eines in Form eines napoleonischen Dreispitzes, das andere in der Form des Stiefels des Feldherrn Wellington. Diese Symbole sollen in ihren Umrissen vom Erdboden aus nicht zu erkennen gewesen sein. Wie es heißt, waren sie mit Blick auf die Zukunft der Ballonfahrt angelegt worden.[203]

Nach dem Zweiten Weltkrieg hatte sich die Neigung, politische Symbole in den Wald zu pflanzen – jedenfalls in Deutschland –, erschöpft. In Hessen ist es immerhin zu «Freundschaftspflanzungen» von amerikanischen und deutschen Pfadfindern gekommen. Einige hundert Douglasien aus den Rocky Mountains wurden 1963 in der Gegend von Wiesbaden zur Besiegelung der deutsch-amerikanischen Pfadfinderfreundschaft gepflanzt.

Abb. 12 Hakenkreuzwald 1967

Zum Ritual gehörte eine Feierstunde, bei der auch ein Gedenkstein aufgestellt wurde.[204] Diese Pflanzungen blieben ein unauffälliges Symbol. Wer sie betreten wollte, erfuhr die Bedeutung erst durch den Gedenkstein. Vom Flugzeug aus konnten sie niemanden beeindrucken.

Die Hakenkreuzwälder, die in ihren Resten teilweise noch bis in die Gegenwart vom Flugzeug aus undeutlich zu lokalisieren sind, können als exemplarisch für einen Umgang der deutschen Bevölkerung mit ihrer Geschichte genommen werden. Zunächst weil diese Bepflanzungen ältere Formen der politisch motivierten Landschaftsgestaltung aufgriffen, wie sie sich – etwa in Parks oder in Felsformationen – finden lassen.[205] In ihrer Ästhetik waren sie konventionell. Konventionell waren sie aber auch in anderer Hinsicht: Denn auch die Form der späteren mündlichen «Bearbeitung» der Geschichte dieser Symbole entspricht vielfach den überlieferten Formen der Erzähltradition. Wo einmal «Hakenkreuz-Waldlandschaften» wuchsen, manchmal sogar an Stellen, wo der Wald nur oberflächlich betrachtet ein Baum-Hakenkreuz aufweist, kommt es zur Entwicklung politischer Sagen.

Dafür sollen einige Beispiele aus Hessen aufgeführt werden. Zunächst zurück zum abgebildeten Asteroder Hakenkreuzwald, einem Platz im Regierungsbezirk Kassel. Das Schicksal dieser Bepflanzung ist durch Luftaufnahmen staatlicher «Befliegungen» aus den Jahren 1965, 1967 und 1974 minutiös dokumentiert. Diese «nationalsozialistische Landschaft» war nicht nur aus der Vogelschau zu erkennen. Auch in der Gegend des Ortes wußte jeder Erwachsene, daß am «Ziegenberg» das Waldhakenkreuz und die Jahreszahl 1933 zu sehen waren. – Es handelte sich dabei um eine Bepflanzung von Lärchen in Fichten. Besonders eindrucksvoll hob sich das Symbol wegen der Nadelverfärbung der Lärchen in den Herbst- und Frühjahrsmonaten von den dunkleren Farbtönen der Fichten ab. Das Zeichen dürfte etwa eine Seitenlänge von 100 Metern aufgewiesen haben. Der Asteroder Landwirt Ferdinand Mohner erinnerte sich genau, daß alle Erwachsenen am Ort über die beiden im Staatswald angelegten politischen Bepflanzungen informiert waren. Wer das Zeichen sehen wollte, brauchte sich nur auf einen nahe gelegenen Berg zu begeben. Dann bekam er einen Gesamteindruck von dem «eigentlich ganz schön aussehenden» Symbol. Die Jahreszahl 1933 war allerdings nicht vom Erdboden, sondern nur vom Flugzeug aus zu erkennen. Das Asteroder Hakenkreuz und die Jahreszahl waren eindeutig auf die Zukunft des nationalsozialistischen Regimes gerichtet. Zu dessen Zukunftsentwürfen gehörten die Entwicklung und der Ausbau eines Passagierflugwesens.

Das Interesse an der Geschichte dieser Pflanzaktion ist heute am Ort gering:

«Die Älteren in meinem Alter, sechzig Jahre und älter, die wissen das. Die Initiative ist damals von unserem Förster ausgegangen. Die Jüngeren haben kein Interesse daran. Meine Buben, die sind nun auch schon vierzig. Denen hab ich davon erzählt, was damals da war, aber die nehmen keine Notiz davon.»[206]

Ob die Initiative zur Pflanzaktion, wie Herr Mohner mitteilt, vom örtlichen Revierförster ausging oder, wie ein dazu befragter höherer Forstbeamter in Kenntnis der deutschen Forstbürokratie vermutet, auf Veranlassung eines leitenden Forstbeamten, läßt sich nicht mehr ermitteln. Jener pensionierte Ministerialbeamte des Hessischen Innen-, Landwirtschafts- und Forstministeriums weiß, daß fast alle Forstbeamten Hessens, wie überall im Reich, Mitglieder der NSDAP waren.

In der folgenden Beurteilung des Waldhakenkreuzes durch diesen Informanten mischen sich die beiden Ebenen Forstpolitik und Forstbiologie. Dr. Arnold Heumann argumentiert zunächst in traditioneller Weise historisch. Gegen niemanden, der damals an den Anpflanzungen beteiligt war, möchte er vom heutigen Stand des Bewußtseins aus einen politischen Vorwurf erheben. Unnachsichtig muß er aber den forstlichen Aspekt der ganzen Pflanzaktion kritisieren.

«Es könnte so gewesen sein, daß ein Förster oder ein Forstmeister von sich aus dahintersteht. Begeisterte Leute, die man nicht verurteilen kann. Viel wahrscheinlicher ist aber, daß vom Gau aus, vom Gauleiter aus, 'ne Rundverfügung an die Forstämter ergangen ist und dann die Waldarbeiter das gemacht haben. Da hat der Förster nach dem Pythagoras zunächst die rechten Winkel ausrechnen müssen. Das ist nicht so einfach draußen, wenn sie das nötige Vermessungsgerät nicht haben. Und dann haben sie in der Mitte irgendwie was abgebrannt, und dann haben sie das Hakenkreuz vermessen und haben auf die Linie der Vermessung zunächst mal Lärchen gepflanzt, und zwar ältere Lärchen, und das übrige dann mit Fichte ausgepflanzt.

Aber das Ganze ist eine Fehlbestockung sondergleichen: Fichte in Lärche ist widersinnig, weil die Lärche viel zu empfindlich ist und in diesem humidfeuchten Fichtenklima erstickt wird und Krebs kriegt. Es kann, sagen wir mal, 1935 passiert sein, und ich habe das zur Kenntnis genommen im Jahr 65/66. Das ist dreißig Jahre her. Ich bin mit dem eigenen Wagen mit meiner Frau hingefahren, nicht mit dem Dienstwagen. Von unten sah das niemand, aber ich habe das ausgemacht, wo das ist, und den Fall an Forstbeamte delegiert.»

Es war dieser Ministerialbeamte, der 1966 nach einem Ortstermin auf dem Dienstweg das zuständige Forstamt beauftragte, das Hakenkreuz und die benachbarte Jahreszahl (vgl. Abb. S. 131) abzuholzen. Unverhofft hatte ihn der Minister rufen lassen und ihm eine Fotografie der Bepflanzung präsentiert mit dem Hinweis, Flugpassagiere der Fluglinie Frankfurt–London hätten immer wieder den Eindruck gehabt, im «falschen Film» zu sitzen: «Wenn sie diese Landschaft sehen, denken sie, wir wären irre und sie wären noch über dem nationalsozialistischen Deutschland.»

Der promovierte Forsthistoriker ist ein gebildeter Mann mit dem Blick über das Ganze der Forstgeschichte. Die Hakenkreuzwälder in Hessen und anderswo sieht er «in Anbetracht der riesigen Wald- und Forsthistorie als ein kleines, mickriges Ding».[207]

Eine politische Sage –
Das größte Hakenkreuz der Welt

Am Kellerskopf, einem Berg nahe der hessischen Gemeinde Wiesbaden-Naurod, ist das «größte Hakenkreuz der Welt» am Hang[208] zu sehen. Die Ortschronik aus dem Jahre 1996 berichtet voller Stolz über diesen Rekord. Jeder könne das Zeichen in seinen imponierenden Ausmaßen erkennen. Es weise nach Osten – in Richtung Berlin. Der Gemeindechronist führt weiterhin aus, er habe erzählen gehört, es sei damals auf Veranlassung eines Revierförsters, eines «begeisterten Nazis», angelegt worden. Allerdings sei die Bevölkerung des Dorfes erst nach dem Krieg auf das Ergebnis der Aktion aufmerksam geworden, weil das Waldstück andauernd durch «alle möglichen Maschinen der alliierten Luftwaffe» überflogen wurde. Ein prominenter Ortseinwohner wollte wissen: «Die fotografieren alle das meistgefilmte Motiv im kaputten Deutschland: das ‹größte Hakenkreuz der Welt›.» Später hätten Forstarbeiter mit Säge und Axt die Baumformationen beseitigt und die Geschichte des Ortes wieder in Ordnung gebracht. In der Chronik heißt es: «Damit war der Umerziehung aller Deutschen Genüge getan.»

Glaubt man den Erzählungen, ragt der Ort Naurod nicht allein durch dieses Zeugnis aus der Geschichte der Region hervor. Hitler persönlich soll eine Zeitlang fast ein Nauroder Bürger gewesen sein. Eine junge Frau, etwa 35 Jahre alt, ist vor acht Jahren in den Ort zugezogen. Vom größten Hakenkreuz der Welt hat sie immer wieder einmal etwas gehört, denn es ist ein Thema des Geschichtsunterrichts ihrer beiden Kinder:

«Auf jeden Fall wird von diesem Hakenkreuz erzählt und davon, daß der Hitler hier in der Nähe ein Haus hatte und hier in der Gegend teilweise gelebt hat.»

Das Nauroder Hakenkreuz ist ein sagenhaftes Phänomen, denn es existiert tatsächlich nur in den Köpfen der Nauroder. In der Realität geht es ursprünglich auf eine Wegkreuzung zurück, auf Wege, die seit einiger Zeit nicht mehr genutzt werden. Von dieser Formation gibt es zwei Arten von Luftaufnahmen: Ein Infrarotbild vom 28. 7. 1978, welches Auskunft über das Alter und den Gesundheitszustand der Bäume dieses Waldstücks geben soll, und eine der üblichen Luftaufnahmen amtlicher Überfliegungen. Letztere weist tatsächlich eine Kreuzformation von Bäumen im Kellerskopf auf. Das Foto läßt außerdem hakenähnliche Baumlinien erkennen, welche allerdings entgegen den «Vorschriften»

Abb. 13 «Das größte Hakenkreuz der Welt»

für Hakenkreuze teils in verkehrter Richtung stehen. Dem Infrarotbild ist zu entnehmen, daß nach 1945 dort keine größeren Baumbestände zur Beseitigung von Teilen eines Waldes gefällt worden sind, wie das von Teilen der Bevölkerung behauptet wird.

Schließlich weist eine Untersuchung der Bepflanzung am Ort nach, daß das Kreuz aus Fichten besteht, die in einen Buchenwald integriert sind. Allerdings ist der gesamte Baumbestand erheblich älter als das nationalsozialistische Regime. Das Betriebswerk[209] von 1951 weist am Kellerskopf «standortlich richtig in zwei frischen Mulden» einen neunundachtzigjährigen und einen vierundachtzigjährigen Fichtenbestand aus. Die «Fichte» – so heißt es weiter – habe in allen Laubholzbeständen ihre Stätte gefunden. Als Dauermischung und als wertvolle Zeitmischung werde sie «an den kalten Hängen des Kellerskopfes eingebracht». Die «Mulden», von denen die Rede ist, sind die vermeintlichen Haken des Kreuzes.

Dieses «größte Hakenkreuz der Welt» ist zweifelsfrei ein reines Phantasiegebilde aus der Nachkriegszeit. Und es ist ein ausgezeichnetes Beispiel für die Mythisierung regionaler Zeitgeschichte, d. h. für die Entstehung einer politischen Sage.

Zunächst einmal müssen sagenhafte Erzählungen rund um den Kellerskopf der unübersehbaren Tatsache Rechnung tragen, daß das sogenannte Hakenkreuz keines ist, weil schließlich die Haken verkehrt herum an die Arme des Kreuzes gewachsen sind. Auch für dieses Phänomen gibt es in der örtlichen Erzählkultur eine plausibel klingende, dem Ort gut zu Gesicht stehende Hypothese: Es habe in Naurod damals ein paar widerständige Waldarbeiter gegeben, die durch den «Fehler» beim Bepflanzen – zwar nicht offen, aber im Ergebnis gleichwohl überzeugend – gegen die Anlage eines Hakenkreuzwaldes protestieren wollten.

Im Ort wohnt bereits seit seiner Kindheit ein pensionierter Mitarbeiter des Wiesbadener Staatsarchivs. Ein Archivbeamter unterscheidet von Berufs wegen sorgfältig zwischen mündlicher Tradition und historischen Fakten. Er hat bisher nicht gegen die populäre mythisierende Erzählversion protestiert, statt dessen läßt er die Leute reden:

«Vom Nauroder Hakenkreuz wird erst in den letzten fünfzehn Jahren intensiv gesprochen. ... Es hängt wohl auch mit der Bevölkerungsentwicklung zusammen. Zwischen 1965 und 1975 ist hier viel gebaut worden. Es sind viele Menschen von auswärts zugezogen, und denen ist das Kreuz dann sehr intensiv aufgefallen. Das sind vielleicht zwanzig Jahre. ... Vorher ist da nicht darüber gesprochen worden. Es sprechen meistens die Menschen davon, die vor etwa zwanzig Jahren hierhergekommen sind.»[210]

Ein anderer Ortseinwohner war im Jungvolk der Hitlerjugend. Es besteht für ihn kein Zweifel: Damals wären die Leute im Dorf auf dieses drei Fußballfelder große Stück «Landschaftskunst» stolz gewesen. Aber niemand habe davon etwas gewußt. Die These von der Entdeckung eines nationalsozialistischen Symbols durch Zugezogene erhält dadurch Gewicht, daß auch der Autor der Ortschronik des Jahres 1996, in der vom «größten Hakenkreuz der Welt» die Rede ist, im Jahre 1945 zugezogen, ein «Hergelaufener» ist, wie er selbst in seiner Chronik feststellt.

Dem Waldhakenkreuz von Asterode lag eine unbestreitbare historische Tatsache zugrunde. Diese Pflanzung war detailgetreu und planmäßig von Forstarbeitern angelegt worden. Die deutlich lesbare Jahreszahl dokumentiert den geschichtlichen Ursprung zweifelsfrei. Um das Asteroder Waldmotiv ist wie überall, wo Landschaften «geheimnisvolle», mythische, religiöse, magische Formen aufweisen, eine Erzähltradition entstanden. Erzählungen dieses Genres erklären die Ursprünge sonderbarer Phänomene und schreiben sie, das ist die übliche Lösung der traditionellen Erklärungssage, einzelnen Dämonen oder historischen Figuren zu: einem Mörder, dem Teufel oder wie hier – einem Nazi. Das Hakenkreuz von Naurod ist ebenfalls eine historische Tatsache. Allerdings liegt der Akzent in diesem Fall allein auf dem historischen Bewußtsein der Bevölkerung.

Die Muster des Erzählens und der Geschichtsdeutung stehen beim «größten Hakenkreuz der Welt» ganz in der Tradition der Erklärungs- und Ursprungssage. Auffallende Gegebenheiten der natürlichen Umwelt, vor allem der Landschaft verlangen nach einer Erklärung. Diese kommt unter dem Eindruck der kulturellen Vorstellungen einer Epoche zustande. Jede historische Zeit hat ihre spezifische Erzählkultur. Populär ist dazu das Beispiel der «Roßtrappe» im Harz. Eine zufällig, ohne menschliches Zutun entstandene Oberflächenprägung in einem Felsen wurde sagenhaft als Fußabdruck eines Riesenpferdes erklärt.

Für gewöhnlich kommt es an verschiedenen Stellen zu ähnlichen Geschichten. – Sagen «wandern». – Eine populäre Geschichte mit Erklärungs- und Unterhaltungswert wird aus einer Gegend in ein Dorf getragen. Bald wird sie hier – als «Wandersage» – zur Erklärung eines vergleichbaren rätselhaften Phänomens der Gegend genutzt. An vielen Stellen in der Welt liegen z. B. Felsen in der Landschaft, die vor langer Zeit einmal von Riesen als Wurfgeschoß genutzt oder als «Steinchen» aus den Schuhen geschüttelt wurden.

Neben ihrer manifestierten Funktion, auffallende Naturphänomene plausibel zu erklären, lag in vormodernen Zeiten die latente Funktion solcher Regionalsagen darin, den Stolz auf die eigene Heimat – «regionale Identität» – zu stabilisieren. Ein Dorf, das einen sagenhaften Kaiser im Berg hinter dem Dorf «wohnen» hatte, war etwas Besonderes. Der große Mann hatte ausgerechnet ihren kleinen Ort als Domizil gewählt. Dafür ist der Kaiser Barbarossa ein Beispiel. Daß er in der Tiefe des Kyffhäusers «wohnen» und von dort einmal wiedererscheinen soll, um das Reich zu einen, ist nur eine neben anderen populären Versionen.[211] Sie ist vor allem durch die Staufer-Romantik des 19. Jahrhunderts in Deutschland monopolisiert worden. Barbarossa hatte vor dieser Wende zur Nation an vielen Stellen in einem imposanten Berg «gelebt». Er läßt sich im Elsaß, in der Rheinpfalz, in Kärnten, im Harz, in Sachsen nachweisen.

Wahrscheinlich hat der Einfluß gelehrter Traditionen seit dem 16. Jahrhundert an der Verbreitung des Barbarossa-Motivs und der entsprechenden Wandersage mitgewirkt. Fahrende Scholaren und Studenten erzählten vom Aufenthalt des Kaisers in einem Berg, den sie selbst auf ihrer Wanderung gesehen hatten. Danach wollten die Zuhörer ebenfalls auf einen mächtigen Herrscher in ihrem eigenen Berg stolz sein. Das Barbarossa-Motiv war «gewandert».

Dieses Bedürfnis nach der Repräsentanz eines Herrschers im eigenen Erfahrungsraum wurde getragen vom Stolz auf eine glorreiche Geschichte. Die große Welt hatte das eigene Dorf erreicht. Deshalb konnten sich die Einwohner mindestens als Randfiguren eines wesentlichen historischen Geschehens wahrnehmen. Ob die Leute früher im Kollektiv oder wenigstens mehrheitlich solche Erzählgeschichten wirklich geglaubt haben, ist umstritten. Vermutlich war vor allem der Unterhaltungswert einer Geschichte bei diesem Selektions- und Identifikationsvorgang wichtig. Langweilige, alltägliche Motive wandern nicht. Sie geraten statt dessen rasch in Vergessenheit.

Heute zählen imaginierte «Waldhakenkreuze» zu den modernen Wandersagen. Nicht nur in Naurod haben die Einwohner auf vergleichbare Weise Hakenkreuze in ihren Wäldern aufgespürt. So findet sich beispielsweise bei Aßlar, einem Ort in der Nähe von Wetzlar, ein weiteres vermutlich fiktionales Waldhakenkreuz. Auch dieses sei, wie uns eine dreißigjährige Informantin erzählte, auf Veranlassung Hitlers damals gepflanzt worden:

«Aber es ist halt alles sehr, sehr lange her. Es ist halt irgendwo im Gedächtnis haftengeblieben, weil es ein Teil der Vergangenheit ist. Nun, das wurde halt damals gepflanzt, auf Veranlassung von Hitler hin. Meine Großmutter hat mir sehr viele Geschichten erzählt. Das wird inzwischen so achtzehn bis neunzehn Jahre hersein. Und da kam das wohl auch vor, die Geschichte mit dem Hakenkreuz.»

Der Tatsache dieser ausgedachten Waldhakenkreuze liegt ein verallgemeinerbarer Identifikationsvorgang zugrunde. Im 18. und 19. Jahrhundert wollte ein Ort oder eine Region an der glorreichen Geschichte des Landes partizipieren. In vielen Bergen saß ein Fürst, durch viele Gegenden war ein Kaiser geritten. Heute sucht in Deutschland fast jeder nach den Spuren des Nationalsozialismus, einer Epoche des Schreckens, die sich inzwischen ins Mythische zu verflüchtigen beginnt. Pädagogisch motivierte Gedenktage, Sonntagsreden von Politikern, Filme fördern die Mythenbildungen, der sie von ihren Intentionen her entgegenwirken wollen.

Die Zeit des Nationalsozialismus ist zum Angelpunkt der deutschen Vergangenheit geworden. Spuren aus dieser Zeit lassen sich im «Land der Täter» überall finden. Ja, sie können – wie in Naurod – vielleicht «von allein» entstehen. Die Funktion der wandernden Händler und Scholaren für den Traditionsprozeß derartiger Sagen wird heute von der Schule, von einer Volksaufklärungsliteratur und von den Massenmedien wahrgenommen.

Das Nauroder Waldhakenkreuz «hängt mit der Bevölkerungsentwicklung» zusammen. Es entstand erst in den Köpfen, als viele Leute von auswärts zuzogen. Hinsichtlich der regionalen nationalsozialistischen Vergangenheit besteht für Teile der Bevölkerung fast eine Pflicht zur Spurensuche, zur Entdeckung und Proklamation, zur allgemeinen Entrüstung und schließlich zur feierlich-rituellen Distanzierung. Das ist die eine Seite der kommunalen Diskussion. Auf der anderen Seite des Milieus artikulieren sich gegenteilige Motive: Beschwichtigung, Leugnung etc. Die dabei teilweise zutage tretende Leidenschaft ist ohne einen kollektiven Drang zur Dämonisierung der eigenen familiären und regionalen Geschichte kaum hinreichend zu verstehen.

In diesem Zusammenhang hat der Philosoph Hans Blumenberg in einer nachgelassenen Bemerkung von einem «Schuldmythos»[212] gesprochen. – «Wir bringen es fertig, die Vergangenheit nicht durch Vergessen zu erledigen, sondern durch Erweckung.» – Dadurch seien wir – so will es unser Geschichtsmythos – «ausgezeichnet als die, die nicht verdrängen, die ihre Trauerarbeit leisten».

Im Falle des Hakenkreuzes von Naurod kommt hinzu, daß es

eine «Entdeckung» der später Zugezogenen ist, vor allem der Flüchtlinge aus dem Osten. Diese Zugezogenen haben in Naurod nichts zu «bewältigen». Dieses Problem – so es eines ist – können nur die Altansässigen haben. Wir wissen, wie konfliktreich der Kulturkontakt zwischen Einheimischen und den Flüchtlingen, der heute im Begriff «Integration» konserviert ist, in der Realität der Nachkriegszeit sein konnte. Deshalb ist es nicht zuviel gesagt, daß den «Neubürgern» eine «Schuld» der Einheimischen nicht ungelegen ist.

Psychologische Erklärungsangebote, wie die von mir vorgetragenen, können soziale und kulturelle Entwicklungen einer Gesellschaft nur in einzelnen Aspekten ausleuchten, keineswegs aber umfassend erklären. Ein Bedürfnis zur Identifikation mit dem Negativen in der eigenen Geschichte ist aber zweifellos eine Voraussetzung der politischen Sagen von den fiktionalen Hakenkreuzwäldern. Durch die Teilhabe an einem Mythos des Bösen bekennt sich ein Ort in einem Akt der «Vergangenheitsbewältigung» zu seiner Geschichte. Dieser heutige Identifikationsvorgang ist offenbar – nun mit umgekehrten Vorzeichen – eine späte Reaktion auf den begeistert praktizierten «Hitler-Mythos» der 1930er Jahre, von dem der britische Historiker Ian Kershaw sprach.[213]

Die Erzählung vom Ursprung des imaginären politischen Waldsymbols in Aßlar ist inzwischen eine «sehr, sehr» alte Geschichte, die sich bereits im Modus der Großelternerzählung sukzessiv im historischen Horizont zu verlieren beginnt. Der Vorgang verläuft beide Male fast identisch: Hitler hat das Hakenkreuz in Aßlar persönlich veranlaßt, «in der Nähe» von Naurod soll er sich eine Zeitlang leibhaftig aufgehalten haben. Der Teufel der früheren Sagen zeigt sich heute – in einer Welt, in der das Personal der biblischen Tradition zunehmend verblaßt – in Gestalt der gigantischen Schreckensfigur dieses Jahrhunderts. Vor 200 Jahren konnte die Bevölkerung stolz auf ihren ehrwürdigen König im Berg oder auf einen Ortsheiligen sein. Heute können die Dorfbewohner ihren Ort dann besonders aus der Masse der anderen Dörfer und Kleinstädte herausheben, wenn sich in der eigenen Nachbarschaft das Negative der Geschichte in eindrucksvoller Weise manifestiert. Anläßlich des geplanten Berliner Mahnmals für die gemordeten Juden Europas hat der Architekt Salomon Korn gefordert, dort ein Nationaldenkmal der Deutschen zu schaffen, das der Bevölkerung die Chance gibt, sich ausdrücklich mit dem negativen Teil der eigenen Nationalgeschichte zu identifizieren. Es komme darauf an, in einem Akt «kritischer Distanz» und «negativer Identifizierung sich mit den dunklen Seiten der eigenen Gesellschaft» zu identifizieren.[214] Vielleicht ist die Suche der Bevölkerung nach «Hakenkreuzwäldern» im eigenen Lebensbereich ein erklärungskräftiges Indiz dafür, daß dieses Identifikationsmotiv bereits seine kulturelle Dynamik entwickelt hat.

Der Nauroder Ortschronik ist zu entnehmen: Wir haben nicht – wie andere Orte – irgend so ein Hakenkreuz am Berg, sondern «das größte Hakenkreuz der Welt». Ein böser Förster hat es anlegen lassen. Den Förstern haftete bereits in der traditionellen Welt der Sage das Image des Bösen an. Damals verwehrten sie im Dienst des Adels der Bevölkerung das Jagd- und Holzrecht. Sie selbst betreiben die Jagd aber exzessiv. Jetzt sind sie in der modernen Waldsage wiederum die Schurken im Stück. – «Naurod hatte einst einen Förster, der ein begeisterter Nazi war», heißt es in der Ortschronik. Dieser im Chronikstil altertümelnde Satz aus dem Jahre 1996 trifft den traditionellen Sagenton in reiner Form.

In der Hakenkreuzsage von Naurod sind noch weitere populäre politische Motive der deutschen Nachkriegskultur enthalten. Das mutmaßliche Hakenkreuz weise nach Osten, es zeige dahin, wo die finsteren Mächte ihren traditionellen Ort in der mythischen Topografie der deutschen Geschichte, speziell der Nachkriegsgeschichte, haben. Ein anderes zentrales Motiv, das Motiv des Widerstandes gegen das nationalsozialistische System, fehlt ebenfalls in dieser populären Erzählversion nicht. In Naurod waren es Waldarbeiter, Männer aus dem Volke, die – vielleicht aus einer insgeheim praktizierten sozialistischen Widerstandtradition heraus – einen «Haken» verkehrt dem Kreuz angefügt haben sollen. Im Widerstandsmotiv kommt das mythenbildende Prinzip des Dualismus, der gemeinsamen Existenz und des Widerstreits des Guten mit dem Bösen zum Ausdruck. Dergestalt artikuliert sich vor allem aber das Bedürfnis, daß das Negative der Geschichte nicht das einzige Identifikationsangebot bleiben möge.

Die Bedeutung dieser modernen Waldsagen als Quelle einer regional- und zeitgeschichtlichen Mentalitätsforschung liegt auf der Hand. Zur allgemeinen Bedeutung politischer Sagen- und Mythenbildung, zu ihrer inhaltlichen und formalen Orientierung, zu den Traditionswegen und schließlich zu ihrer Erklärungskraft für das Verständnis historischer Bewußtseinsprozesse der Gegenwart bedarf es weiterer wissenschaftlicher Untersuchungen.

Bei der modernen Sagenbildung und natürlich auch bei der mündlichen Tradition über die tatsächlich an vielen Stellen in Deutschland vorhandenen Hakenkreuzwälder ist der Einfluß des Geschichtsunterrichts und der an vielen Stellen institutionalisierten regionalen «Geschichtswerkstätten» zu berücksichtigen. Letztere sind heute die Zentren einer modernen Heimatkunde. Der Einfluß der Massenmedien kommt beim Entstehungsprozeß dieser modernen Volkserzählungen hinzu.

Dafür abschließend ein letztes Beispiel: Das regionale Fernsehmagazin «Hessenschau» berichtete am 29. 3. 1988 über eine Waldbepflanzung in Form von SS-Runen bei Jesberg im hessischen Schwalm-Eder-Kreis. Das Symbol soll nicht in der Zeit des «Dritten Reiches», sondern erst in den 1950er Jahren dort angepflanzt und sehr schnell wieder beseitigt worden sein. Jedenfalls war 1988 nichts Aussagekräftiges zu erkennen. Eine Anzahl alter Frauen und Männer wurde von Reportern nach der Herkunft und

Beseitigung der ominösen Zeichen gefragt. Sie gaben Auskunft, unsicher, ausweichend, ablehnend. Die Ängstlichkeit und sprachliche Ungeschicklichkeit der einfachen Leute vor der Kamera genügten den «kritischen» Journalisten vollauf als das heimliche Eingeständnis einer Mitwisserschaft, wenn nicht gar der Mittäterschaft. Die Fernsehsendung schließt in gedämpfter journalistischer Tonlage genretypisch mit der antiken, für die Gegenwartsbewältigung unverzichtbaren mythischen Formel: «Wehret den Anfängen.»

Das Ergebnis dieser journalistischen SS-Runen-Recherche soll hier als die moderne Form der Publikation einer Sage stehenbleiben, also in jener narrativen Gemengelage des «kollektiven Gedächtnisses», zu der das Gerücht, der Zweifel und das frohgemute Für-wahr-Halten gehören. Die Förster des Schwalm-Eder-Kreises wissen es genau: Diesen SS-Wald haben Journalisten erfunden.

Im Wald, da sind die Räuber – Mord- und Grenzwälder

Grenzwälder

In den Wäldern an der deutsch-deutschen Grenze hat sich in den ersten Nachkriegsjahren und wiederum nach der Grenzöffnung 1989 eine Anzahl spektakulärer Morde zugetragen. In gesellschaftlichen Umbruchs- und Krisenzeiten, im Krieg und in Perioden wirtschaftlicher Not werden Wälder zum Handlungsraum des politischen Widerstandes und zum Rückzugsgebiet für halblegale und kriminelle Aktivitäten. Nach dem Ersten Weltkrieg machten im Umkreis der Großstädte Gruppen von Jugendlichen und Arbeitslosen die Wälder unsicher.[215] Während des Zweiten

Weltkriegs diente der Wald im Osten vielfach dem Rückzug der Widerstandsgruppen, die gegen die deutschen Aggressoren kämpften. In Polen formierten sich damals bewaffnete Kämpfer unter der Leitung einheimischer Forstbeamter, die kurz zuvor von der deutschen Besatzungsmacht aus dem Dienst entfernt worden waren.[216] Die Überfälle der polnischen Partisanen richteten sich vorzugsweise gegen die polnischen Kollaborateure in den Forstämtern und gegen Waldarbeiterkolonnen. Bei 455 Aktionen gegen die deutschen Besatzer und ihre Helfer wurden 18 Todesfälle auf seiten der Forstbehörde registriert.

Als der Zweite Weltkrieg zu Ende war, wurden die Wälder in Deutschland vor allem in den Gebieten nahe der damaligen Zonengrenze zu gefährlichen Orten. Bevor die «Staatsgrenze» der DDR mit Schießbefehl, Stacheldraht und Selbstschußanlagen fast unüberwindbar wurde, war sie bereits ein Mythos der europäischen Geschichte. Das von Churchill geprägte Wort «Eiserner Vorhang» wurde zur Metapher, wie früher das kulturelle Bild vom «Ende der Welt». Eine ähnliche semantische Atmosphäre verbreitete das Wort «Niemandsland» als Bezeichnung für den Streifen, welcher die zwei einander feindlichen Weltbereiche trennte. Von westlicher Seite, vom Diesseits aus gesehen, begann hinter dem Streifen das «Reich des Bösen». Die Anhänger der DDR-Politik sahen den Westen wohl ähnlich. Die Propaganda benötigt stets klare Fronten und Weltbilder. Schon deshalb haben auch die modernen Volkserzählungen über die Wälder an der politischen Grenze, die in diesem Kapitel im Mittelpunkt stehen, unverkennbar dualistische Wirklichkeitsbilder zur Voraussetzung. Denn in ihnen lebt die propagandistisch aufgeheizte Atmosphäre jener Jahre weiter. Menschen, die in den Schablonen der Mythen und Ideologien zu Hause sind, wünschen sich stets eine Welt, in der Gut und Böse hermetisch geschieden sind.

Bei den Grenzwäldern und «Grenzmorden» ist eine kulturhistorische Reminiszenz notwendig. Grenzen – nicht nur Landesgrenzen – sind von der Tradition her stets gefährliche mythische Orte. Als Trennungslinien zwischen Eigentums- und Machtbereichen[217] wurden sie in der Volkserzählung typischerweise in sagenhafter Form bearbeitet. Der traditionelle Grenzfrevler war der habgierige Bauer, der einen Grenzstein bei seinem Feld versetzt hatte, um seinen Eigentumsbereich widerrechtlich zu erweitern. Der Grenzsteinverrücker soll sich den Sagen zufolge noch Jahrhunderte nach seinem Tod als abschreckendes Beispiel am Tatort aufhalten und bisweilen den Vorübergehenden bei Nacht erscheinen. Auch politische Grenzen können in vergleichbarer Weise zu Schauerorten werden. Bis heute sind in den ehemaligen Grenzregionen zwischen «Osten und Westen» die Verhältnisse der Nachkriegszeit, als der «Vorhang» noch nicht endgültig dicht war, in Erinnerungserzählungen lebendig. Es sind Geschichten, in denen überall in Grenzwäldern und an Grenzflüssen Gefahren lauern. Dabei ist der Mord an der Tagesordnung.

Zu den Ost-West-Grenzgeschichten der ersten Nachkriegsjahre gehört ein festliegendes Stereotypeninventar. Leitfiguren der östlichen Seite sind der russische Soldat und die DDR-Volkspolizisten, die «Vopos». «Die Russen» sind in dieser Erzählkultur vergleichsweise harmlose Leute. Sie haben es meistens nur auf Fahrräder und Uhren abgesehen. Beim direkten Kontakt lassen sie mit sich reden. Wer sie «richtig» behandelt, kann sie mühelos übers Ohr hauen: beim illegalen Grenzgang am leichtesten mit einem gefälschten Dokument mit vielen offiziell aussehenden Stempeln.[218]

Der Russe bleibt in diesen Grenzgeschichten trotz aller Stereotypie ein Wesen mit menschlichen Zügen. Eine ganz und gar finstere Figur hingegen ist der «Vopo». Er fungiert als die Inkarnation des kommunistischen Regimes: finster, maskenhaft-unzugänglich und hartherzig. Eine Individualität wird beim Vopo nicht einmal ansatzweise erkennbar. Die Wächter in den Konzentrationslagern des nationalsozialistischen Systems sind in den nach der Befreiung der Inhaftierten erhobenen Lagerberichten aus einem ähnlichen Holz. Hier ist eine Gleichartigkeit der Stereotype erkennbar, die sich vielleicht unter dem Einfluß von Filmen aus Deutschland, Amerika und England verfestigt hat.

Etwa 20 Jahre lang, bis zum Fall der Mauer, hatte der DDR-Grenzer infolge der «Entspannungspolitik» im westdeutschen Erzählrepertoire bereits viel von seiner stereotypen Unmenschlichkeit der ersten Jahre verloren. Trotz aller in der westlichen Öffentlichkeit beschworenen Absurdität war die deutsch-deutsche Grenze für die Anwohner mit der Zeit alltäglich geworden. Beständig wuchs die Zahl der Menschen, die keine Erinnerung mehr an die Zeit vor ihrer Existenz hatten. Die Grenzbevölkerung nahm «endgültig» zur Kenntnis, daß ihre Wälder an bestimmten Stellen «zugenagelt» waren. Viele vermuteten, daß die eigenen Behörden einzelne besonders breite Waldwege in ihrer Gegend nicht primär aus wirtschaftlichen, sondern aus strategischen Gründen angelegt hatten. Auch solche Vermutungen und Gerüchte gehörten zum Alltag der Erzählungen über die Grenzwälder.

Grenzmorde

Die Grenzmorde nach 1945 und 1990 erinnern in der Art ihrer Ausführung an die Morde in den Waldsagen früherer Jahrhunderte. Entsprechend sind die Reaktionen der Bevölkerung. Wenn Geschichten von Massenmördern und unaufgeklärten Todesfällen in einer Gegend zirkulieren, werden die dortigen Wälder eine Zeitlang – sogar bei Tage – gemieden.

Zwei Volkskundler sammelten in den 1980er Jahren «Grenzgeschichten», Berichte aus dem deutschen Niemandsland[219]. Dabei mußten sie im Harz zwangsläufig auf die Figur des Frauenmörders Rudolf Pleil und seiner Kumpane stoßen. Pleils Missetaten werden in den Waldgebieten des Südharzes, in der Gegend von Bad Sachsa, Wieda, Zorge, Braunlage bis heute erzählt. Mehr als 40 Morde gestand Pleil vor der Staatsanwaltschaft. Er tat es nicht frei von Eitelkeit und Stolz auf seine eigene Monstrosität. Immerhin konnten ihm neun Tötungsdelikte zweifelsfrei nachgewiesen werden. Pleils Fall ist die Geschichte eines «Schleppers», der mit zwei «Mitarbeitern», einem Arbeiter und einem Fleischer, gegen Geld oder Naturalien seine Dienste vornehmlich jungen Frauen anbot. Eine Anzahl von ihnen wurde im Grenzgebiet von ihm sexuell mißbraucht und getötet. Die Kumpane bemächtigten sich des Eigentums der Opfer. Das räuberische Wirken dieses Grenztäters wird in den heutigen Erinnerungsgeschichten mit bestimmten Höhlen im Wald in Verbindung gebracht. Dorthin soll er die jungen Frauen geschleppt haben. Viele in der Gegend sprechen, wenn sie mit einer anderen Person gemeinsam eine solche Höhle passieren, noch heute von den Mordgeschichten, deren zeitlicher Horizont sich – wie bei den Hakenkreuz- und Bunkerwäldern – allerdings bereits aufzulösen beginnt. – «Das muß auch nach dem Krieg gewesen sein.» – Der Waldkenner Gerhard Klassen erzählt:

«52 bin ich geboren. Ich kenne die Geschichte nur von meinem Elternhaus her. Damals hat man erfahren, daß eine Grenze gezogen werden sollte. Es gab einen regen Verkehr zwischen Walkenried und Ellrich durch den Tunnel durch. Immer nur nachts sind sie dort gelaufen. Und dann war ja mal eine Zeitlang unten im Ellricher Tunnel so ein Frauenmörder im Gang, das muß auch nach dem Krieg gewesen sein, der die Frauen in diesem Tunnelsystem überfallen hat und dann in die Nebenhöhle dort geschleppt hat.... Er soll die Frauen praktisch dann in diese Höhle gezerrt haben.»[220]

In der Figur des Massenmörders Pleil drückt sich das Chaos der Nachkriegsgesellschaft exemplarisch aus. Die halboffene Grenze war damals in der Realität und ist heute in den Erinnerungen eine finstere, von «üblen Gestalten» belebte Waldszenerie. Nach der Undurchlässigkeit der Grenzen begann, wie ich sagte, für die Bevölkerung recht schnell die Phase der Gewöhnung und Normalisierung. Hin und wieder stand in der Zeitung, daß auf der anderen Seite der Grenze wieder einmal DDR-Flüchtlinge von den «Grenzorganen» verletzt oder erschossen worden seien. Kaum einer hatte die Schüsse aber selbst gehört. Sie lösten Wut aus, aber kaum Angst um das eigene Leben. Denn sie ereigneten sich ja jenseits der Demarkationslinie.

Auch die Verhältnisse nach der Grenzöffnung sind schnell alltäglich geworden. Selbst im Osten wird bereits zehn Jahre danach über den «Eisernen Vorhang» wie über eine weit zurückliegende Epoche gesprochen. Wenn wir mit Grenzanwohnern in Thüringen über die Jahre vor 1989/90 geredet haben, hieß es regelmäßig in stereotyper Form über diesen wesentlichen Teil der eigenen Geschichte: «Das war noch zu DDR-Zeiten.» Die bald nach der Öffnung an vielen Stellen in Deutschland entstandenen Grenzmuseen sind ein Indiz für die Musealisierung dieser Epoche im «kollektiven Gedächtnis». Darin erscheinen die 40 Jahre der deutschen Teilung inzwischen fast als Niemandsland der Erinnerung.

Seit der Grenzöffnung haben sich in den Waldrevieren des Harzes, wo der Massenmörder Rudolf Pleil nach dem Kriege sein Unwesen trieb, neue aufsehenerregende Morde zugetragen. Das hat, wie bei den Verbrechen in der Nachkriegszeit, wieder zu Erzählgeschichten geführt, die auf das Motivangebot der Sagenwelt zurückgreifen. Beim neuen, noch immer unbekannten «Südharzmörder» kann der Eindruck entstehen, dem Mann – niemand spricht von einer Frau – hätten bei der Planung seiner Missetaten alte Mordsagen und Geistermythen als Anleitung gedient, all die Geschichten von dämonischen Gestalten oder ermordeten Menschen, die «kopflos» an bestimmten Wegen oder Plätzen herumschleichen.[221]

Vier Männer sind im Südharz in der Gegend von Walkenried/Bad Sachsa ermordet worden. Die Taten konnten bis jetzt nicht aufgeklärt werden. Von der Bevölkerung werden die Verbrechen in Verbindung mit der Grenzöffnung gebracht. Die ersten drei Taten am Beginn der 1990er Jahre galten älteren Männern. Sie dürften auf einen einzigen Täter zurückzuführen sein. Jedenfalls ist die Tatwaffe, eine Pistole des Kalibers 7,65, identisch. Bei diesen drei Opfern handelte es sich um einheimische Männer im Alter zwischen 50 und 80 Jahren. Die Ursachen der Verbrechen sind rätselhaft, deren Ausführung merkwürdig. In jedem Fall soll der Mörder versucht haben, nach der Tat den Kopf von der Leiche abzutrennen. Einmal ist es ihm gelungen. Das Haupt eines der vier Opfer fehlt bis heute. In der Bevölkerung wird gerüchteweise vermutet, der Mörder habe möglicherweise aus den ersten Nachkriegsjahren, aus der Zeit vor der Grenzschließung her, noch eine offene Rechnung mit seinen Opfern gehabt, vielleicht aus gemeinsamer Soldatenzeit, vielleicht aus der Zeit der Schlepperbanden nach dem Kriege.

Der vierte Mord fällt aus dem Rahmen, denn er galt einem jungen Mann aus Berlin, einem Dreiundzwanzigjährigen, der sich zusammen mit einem dreißigjährigen Freund als Tourist in der Gegend von Walkenried auf einem Waldparkplatz aufgehalten hatte. Der Ältere wurde ebenfalls durch Schüsse verletzt. Er konnte den Täter trotzdem exakt beschreiben. Deshalb sind nun überall in den Harzorten «Phantombilder» präsent. Außerdem berichteten die Zeitungen dort und in ganz Norddeutschland ausführlich über den Fall. Nun wissen wir, dieses menschliche «Phantom» fügt sich nahtlos ins Personalinventar der Sage. Der Täter soll ein «kleiner Mann» von unter 1,75 m Größe gewesen sein. Er kam aus dem dunklen nächtlichen Wald und soll auffallend «ungepflegt» ausgesehen haben. Auf dem Kopf trug der Waldmensch eine «Russenmütze» mit Kunstpelzbesatz. Auch sein Gang wirkte koboldhaft, «auffällig wackelig». Auf das Phan-

Die Mordkommission bittet um Mithilfe bei der Aufklärung dieses Verbrechens:
- Wer kennt die abgebildete Person?
- Wer hat in der Nähe des Tatortes (Waldparkplatz an der Bahnstrecke Walkenried-Ellrich, Höhe "Itelteich") verdächtige Wahrnehmungen gemacht?
- Wer kann sonst sachdienliche Angaben machen?

Abb. 14 Ein «Harzmörder»

tomfoto hin meldeten sich zahlreiche Leute, die den Abgebildeten gesehen haben wollten. Die Regionalzeitung faßte deren Mitteilungen zusammen und äußerte eine Vermutung, die einen konkreten Täter vollends zum Waldschrat macht: «Der bislang unbekannte Mann» streune möglicherweise «schon seit einigen Jahren in den Wäldern im Raum Walkenried umher».

Ein Harzer Informant ordnete bereits Mitte 1995 die ersten drei Mordfälle in den Katalog der Waldsagen ein.

«Dieser Wald im Harz ist ein historischer Wald. Der hat gerade in diesem Jahrhundert viele abenteuerliche Phasen erlebt. Sehr häufig findet man in den Wäldern Bunker, Munitionslagerstätten, und man hat nach dem Kriege ja hier regelrecht schwarze Grenzgänge gefunden. Es hat Mörder hier gegeben, seit jeher. Ich habe zu Hause einen Schädel, der hier im Ravensberger Wald gefunden wurde. Der also 1930 ausgegraben wurde. Die Spuren zeigen, daß der Mensch wohl durch einen Kopfschuß getötet wurde. Der muß damals so zwischen 10 und

80 Jahren im Boden gewesen sein. Der könnte von 1850 bis 1920 stammen.»

Von diesem Kopf, den eine Straßenbaukolonne ausgegraben hat, muß er fast zwangsläufig den Bogen zur neuesten Leiche ohne Kopf und zu den anderen Waldmorden und den neu entstandenen Waldsagen schlagen.

«Hier wurden ja viele Leute gemordet. Allein in der Zeit, wo ich jetzt hier bin, wurden im Wald drei Leute getötet. Vermutlich alle von ein und demselben Mann getötet. Einer auf der Strecke zwischen Walkenried und Wieda auf dem Parkplatz, bei dem ich schon oft vorbeigewandert bin, ein zweiter im Wald um Neuhof und der dritte auf dem Weg von Bad Sachsa nach Steina. Bei allen dreien wurde versucht, den Kopf zu entfernen. Nur bei einem ist es auch gelungen, der auf dem Weg nach Steina getötet worden ist. Das hat natürlich für sehr viel Aufruhr gesorgt, und ich habe von allen Seiten Warnungen bekommen, überhaupt den Wald noch zu betreten, was mir natürlich nicht im Traum einfällt. Dafür müßte schon jeden Tag einer umgebracht werden.»

Interviewer: «Welche Ursachen könnten die Morde haben?»
Helmut Fachtner: «Die vermutet man im Kriege. Irgendeine Sache. Zwei der Leute waren gemeinsam in einer Kompanie. Vielleicht das. Die begannen ja nach der Grenzöffnung. Die sahen aus wie eine Rache, und nach dem Krieg hat es einen Massenmörder gegeben. Das ist ein Metzger gewesen. Es könnte sein, daß er damit etwas zu tun hat. Ich vermute, daß die Leute hier in der Gegend einfach nicht an einer umfangreichen Aufklärung interessiert sind, um nicht soviel Staub aufzuwirbeln. Außerdem vermutet man, daß der Täter gar kein so Unbekannter ist, der das getan hat. Daß das schon aufsehenerregend wäre, wenn das herauskäme, wer es ist. Man vermutet nämlich, daß das kein wenig angesehener Bürger von Bad Sachsa ist. Das sagt man. Ich habe nichts weiter gehört. Nur das.»[222]

Sensationsgeschichten und Gerüchte sind ein fruchtbarer Nährboden für die Entstehung von Sagen. Der jüngere der beiden Kumpane des Massenmörders Pleil war nur an zwei der Morde beteiligt. Dieser Mann war tatsächlich Fleischer von Beruf, d. h., er gehörte einem Beruf an, den manch «geborener» Gewalttäter bevorzugt. In vielen der Erzählungen ist der Metzger nun zur Hauptperson geworden.[223] Wer denkt bei Massenmord nicht an den «Menschenschlachter» Haarmann in Hannover oder an andere Mörder-Fleischer.

Der Wald bleibt ein gefährlicher Ort. Es gibt im europäischen Raum kaum eine größere Waldregion ohne ihren historischen Mörder. Nach den neuen «Südharzmorden» reduzierten sich dort in den Fremdenverkehrsorten die Touristenzahlen dramatisch. Eine Zeitlang waren die Wälder nahezu «menschenleer». Waldarbeiter begegneten an manchen Tagen nicht einem einzigen Wanderer. Der Waldarbeiter Gerhard Klassen beschrieb die Atmosphäre nach den Waldmorden des Jahres 1996 folgendermaßen:

«Daß das an diesen Morden liegt, daß der Waldbesuch nicht mehr intensiv ist, kann man sich vorstellen. Wenn man diese Sachen nun hört, also mit gemischten Gefühlen geht man dann schon morgens zur Arbeit, auch als Profi wie ich. Ich sogar besonders, weil ich meistens allein arbeite. Wenn ich Bestände auszeichne, bin ich ganz allein unterwegs. Heute morgen bin ich schon um sechs Uhr im Bestand gewesen und habe den ganzen Tag niemanden zu Gesicht bekommen, der mich mal gegrüßt hat. Das sind auch sonst Ecken, da geht keiner gern hin. Aber nun muß man sich das schon überlegen.»[224]

Ähnlich der Lehrer Peter Märker. Er ist als Förstersohn seit seiner Kindheit ein passionierter Waldgänger:

«Ich habe ansonsten im Wald keine Angst gehabt. Nun ist es anders, nachdem hier oben nun ein Mann gefunden worden ist, dem man den Kopf abgeschnitten hatte. Ich habe ein halbes

Jahr gezögert, überhaupt noch in den Wald zu gehen. Dabei war der Wald für mich seit meiner Kindheit die Spielwiese. War für mich der Abenteuerspielplatz.»[225]
Ob die neuen Harzmorde tatsächlich in irgendeinem unmittelbaren Zusammenhang zur Grenzöffnung stehen, ist zweitrangig. Worauf es ankommt, ist die Tatsache, daß die chaotische Situation der Nachkriegsjahre und die sagenhaften Geschichten, die damals in der Nähe der Waldgebiete des Harzes zirkulierten, so eindrücklich im Gedächtnis der Familien und Gruppen haftengeblieben sind, daß sie unverzüglich wieder als Muster zur Erklärung von beängstigenden Entwicklungen in den Umbruchszeiten der jüngsten Vergangenheit reaktiviert werden konnten.

«Panzerknacker» – Eine Zeitungssage

Der Wald kann in Zeiten des politischen oder wirtschaftlichen Umbruchs unversehens wieder die Qualität eines Rückzugsgebietes für Kriminelle bekommen. Das ist eine Tradition, die Schiller 1781 bei seinen «Räubern» bereits als «altbekannt» voraussetzen konnte. Jeder, der heute wissen will, wie eine Unterhaltung zwischen Räubern in ihrem sicheren Waldversteck abläuft, kann es dort im 2. Akt nachlesen: «Ich hab mich während des Durcheinanders in die Stephanskirche geschlichen und die Borten vom Altartuch abgetrennt.» – «Ich und Bügel haben einen Kaufladen geplündert und bringen Zeug für unser fünfzig mit.»
Ende 1995 berichteten überall in Deutschland Zeitungen[226], Magazine und Fernsehsendungen über rumänische «Panzerknackerbanden», die im Gebiet der ehemaligen Grenze zur DDR ihr Unwesen trieben. Im Regierungsbezirk Kassel sollen sie in sechs Monaten bereits etwa 1000 Straftaten begangen haben. Allein in der 6000-Seelen-Gemeinde Wildeck wurden mehr als 100 Delikte gezählt, Überfälle auf Geschäfte und Poststellen, Haus-

und Autoeinbrüche. Wie die Polizeistellen vermuteten, sickerten die Räuber immer wieder illegal über die polnische Grenze ein. In Deutschland angekommen, stahlen sie sich unverzüglich ein unauffälliges Auto der unteren Mittelklasse. Luxuslimousinen waren also vor ihnen sicher, denn das Auto sollte ja keineswegs als Verkaufsobjekt dienen. – «Im Zielgebiet eingetroffen, suchen die Diebe, die in Gruppen von fünf bis mehr als zehn Täter agieren, einen Unterschlupf im Wald.» Im dichten Gehölz Rumäniens seien sie aufgewachsen und jedem Mitteleuropäer in der Wildnis der Natur überlegen. Sogar bei Nacht könnten sie sich in einem fremden Wald zurechtfinden. Verlassene Lagerplätze mit Feuerstellen zeugten an vielen Stellen in den hessischen Wäldern von der zeitweisen Anwesenheit der Banden.

Die Zeitungsberichte über die Räuber aus Südeuropa, die im deutschen Wald kampierten und von dort ihre Spritztouren unternahmen, nutzten gern die formalen Vorgaben der traditionellen «Räuberpistole». – Der Wald wurde wieder zum fremden, gefährlichen Ort. Deshalb ließ sich in manchen hessischen Wäldern eine Zeitlang fast kein Wanderer mehr sehen. Auch tagsüber war es dort gefährlich. Die Polizei richtete eine Sonderkommission «Karpaten» ein: «Diese Kriminalität hat eine neue Qualität. Die Leute sind absolut rücksichtslos gegen andere und sich selbst.»

Als das Boulevardblatt «Hamburger Morgenpost» die Stimmung in einer hessischen Waldgemeinde schilderte, spielte die Autorin das Potential der Waldsage in geradezu klassischer Manier aus: «Manchmal, wenn es dunkelt, sehen die Dörfler an fernen Waldrändern ein Feuer lodern. Da bleiben sie lieber zu Hause.»

Wenn jemand keine Angst vor dem nächtlichen Wald hat, kann es sich nur um ein Exemplar eines fremden, wilden Menschenschlages handeln. Fast alle Zeitungen, die über die Banden berichteten, hoben hervor, daß sich die Rumänen zu einer Tageszeit im Wald aufhielten, zu der ein rechtschaffener Mitteleuropäer längst zu Hause ist. Es bleibt im Zeitungsbericht nicht bei den finsteren Mächten und höllischen Dämonen, die fernab im Wald ihre Herdstelle pflegen. Eine Ortseinwohnerin teilte der Redakteurin eine fatale Beobachtung mit. Nachts hatten «die Rumänen» bei einem Fischzug nicht die Angel benutzt, sondern das Wasser aus einem Teich abgelassen. Am nächsten Tag fand sich am Ufer ein Haufen abgenagter Gräten. «Die Rumänen» mußten die Fische wohl roh gegessen haben.

Die Zeitungen verweisen auch in diesem Zusammenhang wieder auf einen Anstieg der Gewaltkriminalität. Handelt es sich doch um fremde Eindringlinge aus einer Weltregion, aus der noch allerhand Unheil zu erwarten ist.

Findeisen alias Fabeyer – Ein Räuberroman

Im Jahre 1972 erschien der Roman «Einladung an alle» von Dieter Wellershoff[227]. Der Autor schildert dort die Geschichte eines Einbrechers und Gewalttäters, des «Waldmenschen» Bruno Findeisen, der im Osnabrücker Raum im Jahre 1965 von einer Sonderkommission der Polizei gesucht wurde. Der von Wellershoff veröffentlichte Steckbrief[228] ähnelt dem des erwähnten Südharzmörders aus dem Jahr 1996. Auch Findeisen ist ein «kleiner», vom Schicksal mehrfach benachteiligter Mann. Bei einer Größe von ebenfalls 1,75 m ist er mit einem Sprachfehler und einer Gesichtsnarbe ausgestattet, außerdem psychisch gehemmt. Auch er trägt eine merkwürdige Kopfbedeckung – eine «grüne Skimütze (wie sie Förster tragen)». Immer wieder versteckt Wellershoffs Figur die Beute seiner Raubzüge im Wald. Bald wurde Findeisen zum Schrecken der Region, so daß viele ihrer Bewohner der «Einladung» folgten und sich an der Räuberjagd beteiligten.

Die Erzählung Wellershoffs spielt in den ruhigen bundesrepublikanischen Zeiten der 1960er Jahre. Doch klingen in der Figur Findeisens und in den Reaktionen der Öffentlichkeit noch Elemente der Unsicherheit aus den Nachkriegsjahren an. 1926 geboren, war Findeisen aus der deutschen Wehrmacht desertiert, hatte kurze Zeit im Konzentrationslager und im Gefängnis eingesessen und nach seiner Entlassung Waren für den Handel auf dem Schwarzmarkt der Nachkriegsmonate gestohlen. Als es ihm im Westen zu gefährlich wurde, hatte er sich für einige Wochen über die Grenze in die DDR abgesetzt. – Ein exemplarisches Schicksal, das in westdeutscher Nachkriegsliteratur fast zwangsläufig zu einem zeitweiligen Untertauchen führen muß, in den Dschungel der Großstadt oder in die Finsternis des Waldes.

Wellershoff, ein Vertreter des «realistischen Romans», hebt in einem Prolog in eigener Sache das Allgemeingültige der Handlung und das Zeittypische seines Protagonisten hervor. Das Werk sei eine Fiktion. – «Übereinstimmungen mit der Wirklichkeit sind deshalb ebensowenig zufällig wie Nichtübereinstimmungen.» In einem 1974 geführten Interview ergänzt er, er habe an einem konkreten Beispiel das Verhältnis von Gesellschaft und Außenseitertum aufzeigen wollen.[229]

Dieser deutsche Waldräuber der Nachkriegszeit hat Wellershoffs literarischer Vorbemerkung zum Trotz tatsächlich im Osnabrücker Raum in den 1960er Jahren sein Unwesen getrieben. Der Schriftsteller hat die Übereinstimmung seiner Figur mit einem damals lebenden «Waldmenschen» im Jahre 1974 denn auch bestätigt. Bruno Fabeyer, so der wirkliche Name des Räubers, ist für die Bewohner der Region eine sagenhafte Gestalt geblieben, eine Schreckensfigur, die das dortige Waldbewußtsein bis heute nachhaltig prägt. Nach der Verbüßung einer siebenjährigen Sicherungsverwahrung wieder auf freiem Fuß, war Fabeyer 1965 bald erneut straffällig geworden. Zunächst hatte er eine Reihe von Einbrüchen begangen und am 24. Februar 1966[230] einen Polizeibeamten mit seinem Kleinkalibergewehr – einer Waffe mit abgesägtem Lauf – erschossen. An den Tod des Polizeiobermeisters Heinrich Brüggemann erinnert heute ein Gedenkstein.

Nach einer Suchaktion der Polizei von rund 400 Tagen, die hauptsächlich in Wäldern stattfand, wurde Fabeyer Ende Februar 1967 gefangen.[231]

Der Fall Fabeyer, über den in allen Medien laufend ausführlich berichtet wurde, wurde in seiner Öffentlichkeitswirkung später nur noch von der Jagd auf die Baader-Meinhof-Bande übertroffen. Über diesen Räuber, Mörder und «Waldmenschen» haben wir in der Osnabrücker Gegend eine Anzahl von Zeitzeugen befragt. Einige davon erinnerten sich, wie es ihnen in ihrer Schulzeit ausgangs der 1960er Jahre kaum möglich war, ohne ein Schauergefühl an einem Waldstück vorbeizugehen. Dabei saß Bruno Fabeyer damals längst hinter Schloß und Riegel. In anderen Fällen ist außer den Schreckenstaten vor allem die an Hysterie grenzende Resonanz des Falles in den Medien in Erinnerung geblieben sowie die fortwährenden Polizeieinsätze mit Hubschraubern und Straßensperren. Die Jagd auf Fabeyer entwickelte sich «bundesweit». Fast täglich erschienen in den verschiedenen Bundesländern neue Zeitungsmeldungen: «Fabeyer im Maisfeld?», «Bruno Fabeyer bettelt in Hessen. Bürgermeister hatte Mitleid mit ihm.»

Schon die Jahre bevor Wellershoff 1972 seinen Roman veröffentlichte, war der «Waldmensch» zu einer sagenhaften Figur geworden. Die lokale Zeitung persiflierte «Fabeln», die während der Jagdsaison auf Fabeyer in der Boulevardpresse und wohl auch in der Bevölkerung grassierten. Darin wurde er zum «Naturburschen» und «Killer» stilisiert: «‹Die dunklen Tannen am großen Moor liegen im fahlen Licht der ersten Sonnenstrahlen. Es ist die kalte Stille eines Märzmorgens. Da raschelt es im dichten Unterholz. Schemenhaft ist eine Gestalt zu erkennen: ein scheues Reh, ein herumstreunender Hund?› Oh, nein, es ist ein Mörder, Einbrecher und Zuchthäusler. Er, der plötzlich wie vom Erdboden verschwunden zu sein scheint, macht weiter Schlagzeilen.»[232]

Abb. 15 Erinnerung an das Opfer Bruno Fabeyers

Als Wellershoff fünf Jahre danach seinen Roman veröffentlichte, war die Atmosphäre dieser Erzählgeschichten noch lebendig. Unser Informant Andreas Laßmann erinnerte sich des Falles Fabeyer genau: des Waldverbots durch seine Eltern, der Jagdstimmung in der Region und der Nachwirkungen der Mörderjagd in seiner Familie und im Dorf.

Interviewer: «Kannst du dich eigentlich an Fabeyer erinnern?»
Andreas Laßmann: «Sicher, Bruno Fabeyer, das weiß ich noch genau, wie überall Hubschrauber rumkreisten und Polizeiwagen und was weiß ich. Da war ja der Bär los hier in der Gegend.»
Interviewer: «Wo war der denn hier in der Gegend?»
Andreas Laßmann: «Das weiß ich nicht genau. Irgendwie hier in der Gegend lief der rum. Ich hab irgendwann mal meine Tante besucht in der Nähe von Kloster Oesede. Da sind wir hingefahren mit dem Auto. Und da sind wir in so eine Polizeikontrolle reingekommen. Als Kind fand ich das natürlich super. Überall kreisten Hubschrauber, und die waren da am Suchen. Ich kann mich gut an den Fabeyer erinnern. Der hat es ziemlich lange im Wald ausgehalten. Das war vielleicht gefährlich. Ich hatte ein Verbot, in den Wald zu gehen. Also ich weiß, daß ich am schwarzen Weg langgegangen bin, und da waren immer so Gräben zum Wald hin, voll mit Laub. Und ich hab immer gedacht, daß er da unter dem Laub liegt.»[233]

Fabeyer, im November 1967 als Mörder zu lebenslanger Haft verurteilt, wurde im April 1987 entlassen. Vier Jahre vor seiner Entlassung war ihm bereits für zwei Tage die Flucht aus der Strafanstalt in Celle gelungen. Es zog ihn wieder ins Osnabrücker Land. Auch diese kurze Rückkehr in die Heimat hat sich, wie vorher die Jagdversion Wellershoffs, literarisch niedergeschlagen. Diesmal war es ein Journalist, der über diese zwei Tage der «Freiheit» eine zeitspezifische Kurzgeschichte im Stil einer neuen Räuberromantik verfaßte.[234] Darin zieht es den «Waldmenschen» aus dem

Kerker in die freien Wälder im Osnabrücker Raum. Doch als er dort angekommen ist, vergeht ihm sofort die Lust an dieser Freiheit. Ist doch in der Zwischenzeit die Landschaft «modernisiert» worden. Überall stößt der Geflohene auf Möbelmärkte, Supermärkte und Gewerbeparks. Ganze Orte sind inzwischen zubetoniert worden. Und was ist aus dem Wald geworden, in dem er sich vor 16 Jahren so erfolgreich vor seinen Häschern verbergen konnte? – «Kahlgeschlagen, mit Straßen überzogen und mit Einfamilienhäusern zugebaut.» Entnervt fragt sich der in der Journalistenversion zeittypisch zum «Aussteiger» verharmloste Mörder: «Wer baut solche Straßen? Wer läßt es zu, daß hier ein Weg abgeschnitten wird? Daß ein Verlierer auch noch seine Erinnerung verliert?» Zufällig finden und identifizieren ein paar Polizeibeamte den Flüchtigen: «Sie sind doch der Waldmensch?» – Jetzt ist er froh, aus dieser Horrorlandschaft in sein vertrautes Celler Gefängnis zurückkehren zu können. Fazit: Was waren das für glückliche Zeiten, als sich ein Räuber noch im dichten Wald verstecken konnte!

Im Falle des Bruno Fabeyer hatte sich – von Wellershoff gefördert – bereits nach 20 Jahren jener merkwürdige Prozeß des Erzählens, Besingens und der literarischen Bearbeitung vollendet, der zur Romantisierung der Waldräuber gehört und schließlich zu ihrer endgültigen Folklorisierung führen kann. Am Ende entsteht in solchen Erzählungen unwiderruflich ein Räuberbild wie das des Robin Hood[235] oder des «Fürsten der Wälder», des bayerischen Hiasl (Mathias Klostermayr, 1736–1771). Letzterer befehligte eine Wildererbande und stand beim Volk hoch in Ehren. Es war die Ehre des Wildschützen, eines freien, familienlosen Mannes, der sich sein Recht auf die Jagd nicht nehmen ließ, der den Wald als sein vertrautes Revier betrachtete, wo er unter der einzigen Gefahr lebte, von einem «feigen hinterhältigen Jäger»[236] erschossen zu werden. Ein berühmter Wildschütz wie der Hiasl galt schon zu Lebzeiten als unverwundbar, gefeit gegen die Kugeln der Jäger. Mit solchen tolldreisten Außenseitern wollten sich die braven Bauern identifizieren, denn die Wildschützen nahmen sich heraus, wozu ihnen, die der Obrigkeit gehorchen mußten oder wollten, der Mut fehlte.

Die «Hiasl-Lieder» besingen einen Fürsten, der sich sein Recht nimmt und die Bauern schützt. – «Das Wild auf weiter Erde ist freies Eigentum», heißt es im bekanntesten der Lieder, aus dem ich zwei Strophen aufführen will:

> I bin der Fürst der Wälder, und koana is mir gleich,
> so weit der Himmel blau is, so weit geht a mei Reich.
>
> Drum tua i d' Felder schützn mit meine tapfren Leut,
> und wo i a nur hikimm, o Gott, da is a Freud!

Wie im zweiten Vers besungen, hielt der Hiasl mit seinen Kumpanen das Wild kurz, welches den Bauern die Felder verwüstete.

Die Parallelen zwischen dem Hiasl und Bruno Fabeyer sind unverkennbar. Schnell war – ähnlich wie in der modernen «Aussteiger-Geschichte» – bei dem Hiasl in Vergessenheit geraten, daß er 1770 bei einem Überfall auf ein Gasthaus zwei Polizeimänner getötet hatte. 1771 wurde der Hiasl nach einer mehrjährigen Verfolgung durch die Polizei und das Militär wegen Wilddieberei, Mord, Raub etc. in Dillingen hingerichtet. Am Beispiel dieser historischen Figur wird der alte Gegensatz Jäger – Bauer offenkundig. Als der Hiasl öffentlich gefoltert und hingerichtet wurde, jubelten die Jäger und trauerten die Bauern.[237]

Seit den 1840er Jahren werden über den «bayerischen Hiasl» nicht nur Wildschützenlieder gesungen, sondern verschiedene Volksstücke im Laientheater aufgeführt. Inzwischen wurde ihm in Kissing, im bayerischen Schwaben, seinem Geburtsort, ein Denkmal gesetzt.

Baader-Meinhof-Geschichten

Eine Informantin berichtete, wie sie zufällig während eines Kurzurlaubs in einem Waldstück in der Nähe von Bremen in eine Polizeiaktion geriet, die der Suche nach den Mitgliedern der Baader-Meinhof-Gruppe galt. Sie erinnert sich an Hubschrauber im Tiefflug, «Bullenautos», Ausweiskontrollen. – «Also, da hat sich meine ganze Stimmung, mir ein Walderlebnis zu verschaffen, in nichts aufgelöst.» – Zur Atmosphäre, die während der Suchaktion herrschte, fällt ihr ein: «Ja, und wie ich da alleine rumgegangen bin, mit dem Rucksack, ich kam mir vor wie Aussatz. Die Leute haben mich angeguckt, als ob ich dazugehöre.»[238]

Die «Baader-Meinhof-Geschichten», zu denen diese Erinnerung gehört, sind ein Schlüsselereignis der bundesdeutschen Nachkriegsepoche. Die Terroristenjagd überschritt nationale Grenzen, bezog Autobahnen und Flughäfen ein. Für den zur zweiten Generation gehörenden «Chefterroristen» Christian Klar endete sie in einem Waldstück bei Hamburg. Immerhin hatte das «Schicksal» den prominenten Terroristen im berühmten Sachsenwald, dem kaiserlichen Geschenk an den Reichskanzler Bismarck, ereilt.

An dieses bewegende Geschehen am 16. November 1982, kurz nach 13 Uhr, erinnert sich der im Umkreis des Sachsenwaldes tätige Förster Albert Friese[239]. Bevor die Beamten des Bundeskriminalamtes Klar festnahmen, hatte er sein Fahrrad neben einer Telefonzelle abgestellt und es in realistischer Einschätzung der Kleinkriminalität im Hamburger Umland sorgfältig abgeschlossen. Der Terrorist hatte sich dann, als Jogger getarnt, zu einem Waffendepot im Wald begeben. Eine Gartenschaufel, ein Fernglas, eine Wanderkarte sowie ein durchgeladener «Colt Commander» gehörten zu seiner Ausrüstung.[240] Die große politische Geschichte der deutschen Nachkriegszeit erreichte in dieser Maskerade ein schleswig-holsteinisches Forstrevier:

Albert Friese: «Der Christian Klar ist ja hier geschnappt worden. ... Das sind natürlich so Sachen. Man hat hier die Baader-Meinhof-Geschichten. Das ging hier auch rum, als sie den Christian Klar geschnappt haben. Wann war das denn noch, als sie den geschnappt haben, am Bahnhof? Der hatte doch ein Lager hier im Sachsenwald, da bei Friedrichsruh. Da hatten die irgendwo ein Depot. Diese Baader-Meinhofs haben immer Sprengstoffdepots gemacht, in ganz Deutschland. Der Polizei, dem Bundeskriminalamt, war wohl ein Brief in die Hände gefallen, das war eine Wegbeschreibung zu einem solchen Lager. Da hatten sie handschriftlich geschrieben: ‹Ende 57›. Das war der Polizei in die Hände gefallen. Die wußten genau, wer das geschrieben hat, irgendein Frauenzimmer aus Wiesbaden oder so. Das war die Verschlüsselung: ‹Ende 57›. Und da stand: ‹Dann geht es zum Wanderwegschild am Briefkasten vorbei in den Wald hinein und immer weiter geradeaus und dann kommt ein Fichtenbestand – wie 'ne schwarze Wand.› So war das beschrieben: ‹wie 'ne schwarze Wand›. Und da haben die Polizisten gesagt: ‹Was heißt Ende 57? Das Ende einer Straßenbahn, das Ende einer Buslinie, das Ende einer Postleitzahl?› – Und hier hatten wir damals die alte Postleitzahl 57. Und dann hat die Polizei Forstleute und heimatkundlich beflissene Leute gesucht. – ‹Nun helft uns mal mit.› – Da war ich dabei. Den Wanderweg haben wir gefunden. Wir haben gerufen: ‹Wir sind richtig! Wir sind richtig!› Aber die schwarze Wand kam nicht! Alles war erst mal ein Fehlschlag.»[241]
Förster Friese erzählt hier eine persönliche Erinnerungsgeschichte, ein Memorat, das alle Chancen hat, später einmal zur veritablen «politischen Sage» zu werden, zur Geschichte vom großen «Räuber» Christian Klar im Sachsenwald. Das Geschehen verliert sich bereits hinter dem historischen Horizont. Der Forstbeamte fragt sich: «Wann war denn das noch ...?» Die Atmosphäre konkreter Angst und medial erzeugter Hysterie ist dem

heutigen Alltagsbewußtsein kaum noch durch mündliches Erzählen zu vermitteln. Dafür liegt dieser politische Ausnahmezustand, die Zeit der Fahndungsplakate und der Suche nach dem «harten Kern der Gruppe» zu lange zurück. In 50 Jahren, wenn die Augen- und Ohrenzeugen der 1970er Jahre nichts mehr erzählen können, werden die Bewohner der Gegend die Ereignisse der «alten Geschichte»[242] vielleicht zur «richtigen Sage» geformt haben. Die Requisiten dieser Förster-Erzählung stimmen heute bereits weithin mit dem Zubehör der Sagen-Tradition überein: Die Waffendepots erinnern an vergrabene Schätze, die seit jeher ein Thema der Sagenwälder sind. Außerdem führen geheimnisvolle Wege in den Wald hinein. Dramaturgisch geschickt baut der Erzähler Friese die «schwarze Wand» und die Zahlenmystik in seinen Erinnerungsbericht ein. Doch am Ende siegt die Wahrheit über die Formvorgabe der Sage. Das Ganze ist zunächst ein Fehlschlag. – «Aber die schwarze Wand kam nicht!»

Was bleibt von Tschernobyl?

Der Reaktorunfall von Tschernobyl am 26. April 1986 ist ein Ereignis, das in seinen Folgen für das Waldbewußtsein der nord- und mitteleuropäischen Bevölkerung in der Geschichte beispiellos ist. Mehr als die Hälfte unserer Befragten haben von sich aus über die mutmaßlichen Folgen der Ereignisse fernab in der Ukraine gesprochen. «Vor Tschernobyl und danach» datiert eine Epochenschwelle im Waldbewußtsein. Am Anfang stand eine panische Reaktion. Die radioaktiv verseuchten Wälder wurden gemieden. Bereits ein paar Jahre nach Tschernobyl war jedoch auch diese Bewußtseinsgrenze in unseren Alltag integriert. Die Abläufe und Folgen solcher Veralltäglichungsprozesse liegen auf der Hand: Wenn ein erschreckender Tatbestand dieses kulturelle Stadium erreicht hat, nivellieren sich extreme Gefühle, z. B. das Angstgefühl. Nach und nach reduzieren sich die Erinnerungen auf wenige Aspekte. Panik – eine spontane Reaktionsweise – läßt sich im «kollektiven Gedächtnis» nicht konservieren. – Der Soziologe Ulrich Beck schuf kurz nach Tschernobyl den Begriff «Risikogesellschaft»[243]. «Tschernobyl», dieser symbolische Ort, bedeute durch die «gefährliche atomare Verseuchung das Ende all unserer hochgezüchteten Distanzierungsmöglichkeiten» und das «Eingeständnis der Auswegslosigkeit für ganze Regionen, Länder, Erdteile». Allein die semantischen Möglichkeiten, die das rasch eingeführte Wort «Restrisiko» anboten, hätten dem Soziologen eine Warnung vor allzu selbstsicherem Alarmismus sein können.

Für das Waldbewußtsein in Deutschland dürfte die Einschätzung Becks, bezogen auf den Sommer des Jahres 1986, vollauf zutreffen. Bereits im folgenden Frühjahr begann indes der Prozeß der Entspannung. – Was ist heute von den Schreckensnachrichten über die bis in die Ewigkeit fortwährende Verseuchung der Wälder «handlungsrelevant» geblieben? – Ich gebe die Antwort aus Sicht der Nutzer des Waldes, ohne jeden Sarkasmus: Geblieben ist vor allem die Angst vor einer Leberschädigung beim Verzehr des Maronenpilzes. Wenn es in Gesprächen um Tschernobyl und den darauf bezogenen Zustand des Waldes geht, ist fast immer von Beeren und Pilzen als Nahrungsmitteln die Rede. Die Marone, ein schmackhafter Röhrenpilz, erreicht dabei geradezu metaphorische Qualität. Wissenschaftliche Untersuchungen hatten unmittelbar nach dem Reaktorunfall ergeben, daß es dieser Speisepilz ist, der das auf den Waldboden niedergegangene radioaktive Cäsium mehr als alle anderen Pilzarten zu speichern vermag. Nach diesem rasch veröffentlichten Befund stand fest, daß Maronen auf unabsehbare Zeit als Speisepilze sorgfältig gemieden werden müssen. Vermutlich haben viele unserer Zeitgenossen zum ersten Mal in ihrem Leben von dieser Pilzart im Zusammenhang mit dem Ortsnamen Tschernobyl gehört.

Anna Dahlin und Helga Maß leben beide in einem Hamburger Altenheim. Sie wissen über die verhängnisvolle Wirkung des Maronenpilzes Bescheid: «Wir haben in der Göhrde immer die Maronen gesammelt. Das war schön. Aber seit Tschernobyl macht man das nicht mehr.»[244]

Das Atomunglück hat die Alltagssprache um einige Begriffe bereichert.[245] Durch das Fernsehen und die Tagespresse sind Fachbegriffe (Cäsium), neue Maßeinheiten (Becquerel) und Beschwichtigungsformeln vom Typ «Entsorgung» und «Restrisiko» in den deutschen Wortschatz eingegangen. Die Marone ist das letzte «echte» Risiko geblieben. Schon bald nach der Katastrophe nahmen die Pilzsammler streng nach wissenschaftlich empfohlenen Richtlinien ihr Hobby wieder auf. Dabei zeigte sich über den konkreten Fall hinaus die allgemeine Wissenschaftsgläubigkeit der Bevölkerung. Niemand konnte die Gefahren, die von Tschernobyl ausgingen, sinnlich wahrnehmen. Alle waren auf die Aussage von Experten angewiesen und glaubten ihnen. Als andere Experten zu entwarnen begannen, war das nicht anders.

Zunächst wurde Entwarnung für die Lamellenpilze, etwa für den Waldchampignon gegeben, dann begannen die Pilzsammler nach und nach wieder verschiedene Röhrenpilze einzusammeln, etwa den Steinpilz und die Rotkappe. Diese Pilze bedeuten bis heute ein typisches «Restrisiko», denn auch sie enthalten – wenn auch in geringerer Menge als die Marone – das mysteriöse Cäsium.

«Hier wachsen Maronen, Steinpilze, Birkenpilze. Steinpilze und Birkenpilze, die sammele ich schon wieder, aber Maronen natürlich nicht, wegen Tschernobyl, weil die so einen unwahrscheinlich hohen Cäsiumgehalt haben.»[246]

Auch Kurt Blau lebt mit dem «Restrisiko». Er sammelt und ißt «verstrahlte» Pilze. Allerdings nur ein- oder zweimal im Jahr mit schlechtem Gewissen.

«Die ersten Jahre nach Tschernobyl hat es einen Einschnitt gegeben. Das liegt ja jetzt zehn oder zwölf Jahre zurück – 87 oder 86. Also, die ersten zwei, drei Jahre habe ich keine Pilze mehr gegessen, auch keine Pfifferlinge, nur gezüchtete Champignons vom Markt. Aber heute, obwohl man denkt, daß die verstrahlt sind, wenn man das ein-, zweimal im Jahr macht, ist es mir auch relativ egal. Aber den Geschmack muß ich einfach haben.»[247]

Die Veralltäglichung der Folgen von Tschernobyl ist ihm in exemplarischer Weise gelungen. Aber es drängt sich auch eine Parallele aus einem anderen Erfahrungsbereich auf: Wenn Herr Blau über seinen Pilzgenuß spricht, erinnert das an Aussagen von Leuten, die «figurbewußt» feste Diätvorschriften befolgen, aber ein paarmal im Jahr meinen, «sündigen» zu dürfen.

In unserer Befragung hat es nur zwei oder drei Informanten gegeben, die konkrete Vermutungen über gesundheitliche Schäden anstellten, über Auffälligkeiten sprachen, die sie infolge von Pilzgenuß nach Tschernobyl bei anderen «beobachtet» hatten. – Unbelehrbare unter den Pilzsammlern sollen diesen Beobachtungen zufolge eine Zeitlang «beständig krank» gewesen sein. – Nervös, abgeschlagen, fiebrig.

Tschernobyl bedeutete 1986 zunächst eine Zeitenwende, eine Revolution des Waldbewußtseins. Wie bei allen Revolutionen davor trug auch hier der Gewöhnungs- und Veralltäglichungsprozeß den Sieg davon. Revolutionäre Ereignisse vom Ausmaß dieses Unfalls geraten, wie es auch das Beispiel des Untergangs der Titanic zeigt, heutzutage nicht völlig in Vergessenheit.

VI
DIE GEGENWART DER VERGANGENHEIT – MODERNES UND VORMODERNES WALDBEWUSSTSEIN

Ästhetische Naturvorstellungen und die Gefühle, mit denen wir uns in einer Landschaft bewegen, sind für den einzelnen subjektiv gegeben. Sie sind darüber hinaus ein Ergebnis und Bestandteil unserer Kultur, d. h., sie unterliegen dem Wandel in der Geschichte. Hinsichtlich eines Naturgefühls in der Gegenwart vertritt eine kritische Ästhetiktheorie die Auffassung, es sei ein bis heute fortwirkendes romantisches Relikt, wenn die «Natur», etwa als Landschaft, durch das Subjekt ganzheitlich erfahren wird. Wenn der einzelne in der Betrachtung einer schönen Landschaft «aufgehe», dann praktiziere er ein «nostalgisches Ritual»[248]. Dieses überall an den Touristenplätzen, etwa in Gebirgslandschaften, präsentierte Gefühl dokumentiere ein «unnötiges falsches Bewußtsein». «Richtiges Bewußtsein», das sich auf dem ästhetischen Niveau der Moderne bewegt, genieße hingegen nicht spontan die Ganzheit einer Landschaft, sondern überschaue diese zunächst in kritischer Distanz und nehme sie dabei als Ergebnis eines historischen Prozesses wahr. Zum entsprechenden Bewußtseinsprozeß gehöre es, auf der Grundlage erlernter naturwissenschaftlicher und künstlerisch ästhetischer Vorgaben zunächst eine Landschaft in ihre spezifischen Einzelheiten zu gliedern, sie dabei als Produkt menschlicher Gestaltungsabsichten und ästhetischer Sehgewohnheiten zu erkennen und sie schließlich unter dieser Voraussetzung mit geschärftem Bewußtsein aufs neue als eine

Einheit wahrzunehmen. Ein Sonnenuntergang sieht für diesen kritisch-ästhetischen Intellektuellenblick gewöhnlich wie eine Kitschpostkarte aus.[249] Martin Seel – ich habe ihn hier in skizzenhafter Form referiert – räumt immerhin ein, daß es den «vormodernen Typus» ganzheitlich naiver Naturerfahrung auch in unserer Gegenwart noch immer gebe, gewissermaßen als ein kulturelles Restphänomen.

Über den Einfluß solch «vormoderner» Ansichten der Bevölkerung sowie über zeitspezifische Formen des Waldbewußtseins, die eine Wiederbelebung alter Mythen zur Voraussetzung haben, spreche ich in diesem Kapitel. Es handelt vom Erlebnis der Stille, der Tages- und der Jahreszeiten, von der Angst vor Tieren und vor Menschen im Wald. Ein Exkurs gilt der magischen Vorstellungswelt und den Mythenrekonstruktionen der «neuen Heiden». Der Wald bietet in deren Weltbildern die Bühne für altertümliche Rituale und Glaubensformen.

Mythische Landschaften

Sagen- und Märchenwälder

Das Waldbewußtsein der «Normalbevölkerung» ist bis in die Gegenwart hinein vermutlich nicht weniger von der Volksliteratur, von Sagen und Märchen, beeinflußt als von der Hochliteratur. Für viele Erwachsene kann der Wald seine mythische Qualität immer wieder aufs neue entwickeln. Vielleicht hat hier der Schulunterricht in den besonders impressiven Lebensphasen der Grundschuljahre seine Folgen. Märchen und andere Volkserzählungen sind zudem ein wesentlicher Teil des Kinderprogramms im Fernsehen. Der Hinweis auf das Nachwirken früher Erfahrungen ist unverzichtbar. Denn Liebe oder Abneigung zum Wald und zu anderen Teilen der Natur gehen in der Regel auf Eindrücke während der Kinderjahre zurück.

Der Darstellung des Waldes in den Sammlungen der älteren Volksliteratur des 19. Jahrhunderts lagen noch eigene Erfahrungen in der Welt der Bauern und Waldarbeiter zugrunde. In einem Milieu, in dem Sagen und Märchen Teil des alltäglichen Erzählens waren, konnte der Wald nicht romantisch verfremdet werden. Die Fuhrleute, Bauern, Jäger, Handwerker, die Holzsammler und Hütejungen tauschten Geschichten und Erfahrungen aus ihrem eigenen Leben aus. Sie sprachen über lustige und ärgerliche Sachen und manchmal auch über merkwürdige Ereignisse, für die sie keine plausible Erklärung fanden. Damals reisten Akademiker zuweilen in die Dörfer, um diese Erzählungen aufzuzeichnen, oder der Ortspfarrer und ein Dorflehrer ließen sich die Geschichten für ihre Sammlungen erzählen. Was auf diesem Wege schließlich davon in die Sagen- und Märchenbücher einging, war von Wissenschaftlern, Schul- und Kirchenmännern für ein bürgerliches Lesepublikum redaktionell überarbeitet worden. Dabei blieben zeitgemäße literarische Verfremdungen – Romantisierungen – nicht aus. Köhler, Jäger und Pilzsammlerinnen eignen sich vortrefflich als romantische Figuren. Aber natürlich hatten solche Leute aus dem «Volke» selbst keine romantischen Ambitionen. Dieser unromantisch-realistische Hintergrund einer bäuerlichen und handwerklichen Bevölkerung ging in den publizierten Sagensammlungen später leider meistens verloren.

Was ein Köhler oder ein Jäger erzählte, hatte er selbst gesehen, gehört oder von anderen Leuten aus der Gegend übernommen. Hörte ein Holzknecht an einem Waldweg zur Mittagszeit eine Peitsche knallen, ohne daß ein Fuhrmann zu sehen war, bekam er es mit der Angst zu tun. Im Gasthaus fragte später vielleicht noch einer am Tisch, ob der Krach nicht möglicherweise von zwei im Wind zusammengestoßenen Ästen verursacht worden sei. Aber daß es im Wald an gewissen Stellen unheimlich zugehen konnte, daß Wälder von Geistern belebt waren, von Waldleuten und tier- oder menschenähnlichen Dämonen, wurde in der vorindustriellen Welt nicht grundsätzlich in Frage gestellt. In bestimmten Bäumen sollten sich menschenähnliche Wesen aufhalten. Markante Plätze waren seit Generationen dafür bekannt, der Aufenthaltsort schwarzer Höllenhunde oder der Manifestationsplatz von historischen oder sagenhaften Mördern, Selbstmördern oder Ermordeten zu sein.

Abb. 16 «Mythische Landschaft» – Der Wald der Sagen

Der Volkskundler Leopold Schmidt berichtet, wie in Niederösterreich noch um 1900 die Kinder an ausgewiesenen traditionellen Stellen ein kleines «Beerenopfer» für den Herrn des Waldes oder für Wald- und Moosgeister niedergelegt haben sollen.[250] Die Anwesenheit von Räuberbanden in Wäldern war damals – wie teilweise auch heute wieder – ausgemachte Sache. Tatsache ist: Trotz aller vom Zeitkolorit gefärbten Gestaltungsabsichten der Editoren sprechen aus den Sagen und Märchen weithin die

Welt- und Wirklichkeitsbilder der Bevölkerung in der vorindustriellen Gesellschaft. In dieser Welt waren Wälder eigenständige numinose Bezirke, worin sich der Mensch als ein Eindringling bewegte. Wenn der Sagenforscher Will-Erich Peuckert vom Wald im Bewußtsein der vorindustriellen Zeit sprach, zählte er ihn unter die «mythischen Landschaften».[251]

Zwar wird heute niemand außerhalb eingeschworener esoterischer Zirkel behaupten, daß der Wald von «leibhaftigen» Spukgestalten belebt ist. Aber die Stille eines mittäglichen Waldes kann immer noch als «unheimlich» empfunden werden und beim «Wanderer» ein Gefühl hervorrufen, er werde von irgendwoher aus dem Dickicht heraus beobachtet: «Manchmal hört der Wanderer, wenn er in dem oberen Erzgebirge durch die einsamen Wälder und Felder geht, immer etwas, teils im Gebüsch, teils im Korn, neben sich hergehen, gerade wie wenn ein großes Tier, eine alte Kuh das Getreide niedertritt; gleichwohl sieht er nichts, und man schreibt auch diesen Ton dem wilden Heere zu.»[252] Das ist ein fast 100 Jahre alter Textausschnitt. Inzwischen hat das «wilde Heer» keinen Platz im heutigen Bewußtsein mehr, aber das numinose Gefühl, das diese Sage schildert, kann sich immer noch für den «einsamen Wanderer» einstellen. Wer kennt nicht das Gefühl der Beklommenheit, wenn sich von vorn oder von hinten her auf dem sonst menschenleeren Waldweg ein anderer «einsamer Wanderer» nähert.

Interviewer: «Welchen Eindruck ruft das hervor, wenn du allein im Wald bist und hinter dir geht ein anderer Wanderer?»
Werner Boll: «Also, da kommt bei mir das Gefühl auf, was will dieser Mensch überhaupt, der mich verfolgt, der mir auf den Fersen ist? Ich würde mich wahrscheinlich immer wieder umdrehen, um herauszubekommen, was das für ein Mensch ist. Will der überhaupt was, eine Auskunft, oder will er mir vielleicht an den Kragen gehen? Von vorne, also das wäre für mich weniger bedrückend oder weniger beängstigend. Weil der

Punkt immer größer wird und sich allmählich zu einer Gestalt entwickelt.»[253]

Der Informant formuliert hier in fast archetypischer Weise die Entwicklung des Angstgefühls, das sich nach und nach reduziert, wenn der «Punkt», der von vorn kommt, seine menschliche Gestalt annimmt. Wer sich dem einsamen Wanderer auf seinem Weg von hinten nähert, bleibt eine Gefahr. Ein mutmaßlicher «Verfolger» auf den Fersen kann unterschiedliche Reaktionen hervorrufen. Der vor ihm Gehende beschleunigt die Schritte, er verläßt den Weg oder er verlangsamt bewußt seine Geschwindigkeit. Auch die Tatsache, daß bei solchen Begegnungen in der Einsamkeit das Grüßen von beiden Seiten manchmal auffallend freundlich oder besonders forsch ausfällt, hatten einige unserer Informanten beobachtet.

Es handelt sich hier zweifellos um die Situationen, aus denen sich früher die sagenhaften Waldgeschichten entwickelten: Ein anderer Mensch nähert sich. Man fühlt sich verfolgt oder bedroht. – Plötzlich ist die Gestalt irgendwohin verschwunden.

Sage und Märchen sind Gattungen der Volkserzählung, die in ihrer strikten Abgrenzung auf sorgfältigen Definitionen der frühen Volkserzählforschung seit den Brüdern Grimm beruhen.[254] Das Märchen ist ein Phantasieprodukt, eine Form der Erzählung, die dem Publikum vornehmlich zum Zwecke der Unterhaltung angeboten wurde. Kein Erwachsener erwartete, daß Märchen tatsächlich geschehene Ereignisse wiedergaben. Auch heute kennen wir im alltäglichen Erzählen eine Atmosphäre, zu der es gehört, die Wahrheitsfrage von seiten der Beteiligten zugunsten des Unterhaltungswertes einer Story zurückzustellen. Wie das Märchen gab auch die Sage «objektiv» betrachtet nicht die Wahrheit wieder. Aber die Erzähler und ihre Zuhörer glaubten an den Wirklichkeitsgehalt der Geschichten. Diese Sagenwelt der vorindustriellen Zeit war im allgemeinen beängstigender oder tragischer Natur. Manchen der Erzählungen, die wir heute in den Sagenbüchern lesen, dürften reale «Grenzsituationen»[255] zugrunde liegen, erlebte Ereignisse, die schon während des Geschehens als außerhalb der Alltagsordnung stehend «gefühlt, erfahren, gedacht» wurden.[256] Das heißt, diese Geschehnisse wurden unabhängig von ihrer tatsächlichen Ursache bereits als «sagenhaft» erfahren. Die heikle Situation einer Begegnung zwischen einander Unbekannten oder das plötzliche «Verschwinden» eines eben noch klar wahrgenommenen menschlichen Wesens sind zwei harmlose Beispiele.

Es ginge zu weit, wenn ich behaupten würde, die vorherrschende Form des Walderlebnisses sei heute noch vom Gefühl der unbestimmten Angst, also von einem vormodernen «sagenhaften» Typus der Realitätswahrnehmung geprägt, der Wald immer noch primär eine mythische Landschaft. Allein die Tatsache, daß Wälder eine Fülle praktischer Erfahrungen und Tätigkeiten anbieten, neben der Arbeit das Erlebnis des Wanderns, der Liebe, des Sports etc., würde solch eine Behauptung lächerlich erscheinen lassen. Sie trifft auch für Schulkinder nur noch eingeschränkt zu, denn die herkömmlichen Sagengestalten – die Zwerge und «wilden Männer», vor allem aber die Hexen – erfüllen längst in den Märchenparks der Urlaubsgebiete überall ihre Aufgabe innerhalb der Tourismusindustrie.[257] Solch eine drastische Parodie soll ein «Dämon» erst einmal «lebend» überstehen.

Für alle «sagenhaften» Erlebnisse zweifelhafter oder ambivalenter Qualität finden sich zudem spätestens seit dem 19. Jahrhundert rationale Erklärungen. Die Rede ist von Tiergeräuschen und von Nebelbildung, von Halluzinationen infolge von Müdigkeit oder übermäßigem Alkoholkonsum. – Dazu ein Beispiel aus Sachsen: Dort trieb im Erzgebirge ein Wald- und Mordgeist sein Unwesen. Nachts, wenn die Wanderer nach einem Wirtshausbesuch nach Hause gingen, hetzte er sie aufeinander. Das führte immer wieder zu Zank und Schlägerei, zu Verletzten und «Halbtoten».[258] – Wenn solch ein «Mordgeist» als Ursache von wechselseitiger Gewalt im Spiel war, verhalf er im Milieu des Dorfes den Streithähnen zu mildernden Umständen.

Bereits zu jener Zeit bezogen die Geschichten von besonderen Ereignissen in der mythischen Welt ihren speziellen Reiz aus der Gratwanderung zwischen Glauben und Zweifel. Deshalb behauptete auch damals nur selten jemand: «Dort an der Wegkreuzung geschehen merkwürdige Dinge», sondern statt dessen wohl eher: «Die Leute sagen, dort sollen merkwürdige Dinge geschehen sein.» Worauf es mir trotz aller Einschränkungen ankommt: Erzählgeschichten dieses zwischen Erlebnis und Fiktion changierenden Charakters finden sich auch heute noch in den Walderzählungen unserer Zeitgenossen. Um das zu illustrieren, zwei Ausschnitte aus einem Interview mit einem Hamburger Revierförster. Es wurde im März 1996 geführt:

«Es gibt potentielle Mörder und potentielle Sexualverbrecher, die an die Endstation der S-Bahn fahren, wo der Wald beginnt und so. Wir haben hier eine Zeit gehabt, da sind hier im Umkreis fünf Kinder ermordet worden. Es gibt Stellen, wo auch die Selbstmörder hinlaufen. Keiner weiß, warum. Aber es sind immer dieselben Stellen. So ähnlich, wie auch die Blitze oft in dieselben Stellen und dieselben Bäume einschlagen. Da gibt es Wäldchen, da haben sich schon mehrere aufgehängt. Der Vorvorgänger vom jetzigen Förster im Niendorfer Gehege hat in 27 Dienstjahren 29 Leichen in seinem Wald gehabt, davon hat er eine Menge selber vom Baum abgehängt, alles Selbstmörder. Komischerweise, das häuft sich an bestimmten Stellen. Mir ist das noch nicht passiert, aber Kollegen.»[259]

Diese Passage ähnelt dem alten Erzählen vom Wald als Sagenort, von einem Revier potentieller Sexualtäter, Mörder und Selbstmörder. Dort wirken eigenartige Elementarkräfte. An solch wohlbekannten Orten beschleunigen Waldarbeiter und Pilzsucher ihren Schritt. Daß in der Geschichte unseres Försters eine regelrechte Traditionslinie aufgezeigt wird zum inzwischen nicht mehr erreichbaren Vorvorgänger eines Zeitgenossen und die Quellenangabe «Mir ist das noch nicht passiert, aber Kollegen», trifft den bewährten Ton mündlicher Erzähltraditionen exakt. Auch für die alten Waldsagen waren – wie erwähnt – die Traditionsträger häufig Leute, die beruflich im Wald zu tun hatten: Köhler, Waldarbeiter und Förster.

Baumgeister

Die Vorstellung von der Individualität und Beseelung von Bäumen ist weltweit verbreitet und alt. Um das anzuerkennen, muß heutzutage niemand den mythologischen Spekulationen eines Wilhelm Mannhardt, James Frazer oder Adolf Bastian[260] folgen. Diesen Kulturhistorikern und Ethnologen des 19. Jahrhunderts kam es darauf an, mit ihren Darstellungen über von Geistern bewohnte oder mit einer Seele ausgestattete Bäume animistische Glaubensvorstellungen auch in den mitteleuropäischen Kulturen aufzuspüren. Bastian wollte in vermeintlichen Baumkulten und in anderen Kulturthemen «Elementarvorstellungen» gefunden haben, d. h. Gedankenbilder, die sich auf einer bestimmten historischen Stufe geistiger Entwicklung überall in der Welt «infolge einwohnender ererbter Denkgesetze» zwangsläufig als individual- und völkerpsychologische Themen artikulieren. Die ungeheuren Materialsammlungen, die zum Zwecke der Illustration derartiger Thesen von den Kompilatoren des 19. Jahrhunderts aufgehäuft wurden, erleben in unserer Zeit eine Renaissance, vor allem in der esoterischen Szene und bei den «neuen Heiden».

Die emotionale Hinwendung zu Bäumen als markanten Individuen steht überdies in Zusammenhang mit Entwicklungen des Umweltschutzes und mit der allgemeinen gesellschaftlichen Tendenz zu einer Individualisierung.[261] Deswegen stehen heute viele unserer Zeitgenossen dem Wald, der ihnen wie eine Zwangsgemeinschaft für Bäume erscheint, reserviert gegenüber. Außerdem weil er teilweise finster und undurchdringlich ist und obendrein in Deutschland einmal als Nationalsymbol fungierte. Er paßt mithin nicht recht in eine Zeit, in der typisch deutsche Traditionsbestände im eigenen Land und darüber hinaus in geringem Ansehen stehen.

In den Büchern des französischen Mythologen Jacques Brosse, etwa in seiner «Mythologie der Bäume»[262], werden die Natur- und Baumspekulationen des 19. Jahrhunderts nahezu vollständig wiederbelebt und als Alternative zu den Angeboten der rationalistischen abendländischen Weltsicht empfohlen. Als Gegenentwurf zur Moderne werden dazu alle denkbaren Ursprungs- und Naturmythen aus heidnischer Vorzeit aufgelistet. Dieser Autor geht mit seinen Spekulationen und Empfehlungen in einem entscheidenden Punkt wesentlich weiter als die Mythologen des 19. Jahrhunderts. Bastian hatte seine Leser noch davor gewarnt, sich durch das «dunkle Ahnen eines inneren Zusammenhanges»[263] zwischen dem Leben der Menschen und der Bäume in «mythische Phantastereien» zu verlieren. Die «Elementargedanken» waren für ihn stets Element einer bestimmten von ihm als «primitiv», also als ursprünglich bezeichneten Kulturstufe. Die Überwindung dieses Zustandes beklagte er keineswegs, sondern setzte sie als notwendigen Schritt im Zivilisationsprozeß voraus. Brosse hingegen empfiehlt die Rückkehr zu den alten Mythen.

Brosses Baum-Überlegungen richten sich, wie andere esoterische Schriften, gegen den Monotheismus der jüdisch-christlichen Tradition Europas. Die Entwicklungen der christlichen Gesellschaften und der modernen Zivilisation hätten es – sehr zum Nachteil für die Geschichte der Menschheit – bewirkt, daß der Baum als «Vorbild des Menschen», als sein geistiger Vorfahre und als Ursprung der Kultur fast in Vergessenheit geraten sei. Wie andere Mythologen beklagt der Autor, daß das System des «Heidentums»[264] von den dogmatischen, intoleranten Religionen des Monotheismus verdrängt und zerstört worden sei. Die Menschheit sei durch diesen gewaltsamen Eingriff der «Siegermacht», durch einen Kulturkampf also, von der Natur der beseelten göttlichen Bäume isoliert worden. Die ökologische Krise der Gegenwart mache es nun augenfällig, daß unsere Welt infolge dieser vor eineinhalbtausend Jahren getroffenen Fehlentscheidung auf dem Weg in den Abgrund sei. Die Argumentation ist nicht ohne eine unfreiwillige Komik. Denn die Konstruktion eines einheitlichen, in allen möglichen Kulturen und historischen Epochen verbreiteten Gedankengebildes «Heidentum» ist in dieser Geschlossenheit selbst ein Teil jenes christlichen Missionierungsdenkens vergangener Zeiten, gegen das der Autor eigentlich zu Felde ziehen will.

Exkurs: Neue Heiden

Der populäre Roman von Susanna Tamaro «Geh, wohin dein Herz dich trägt» war in Italien und in Deutschland ein Bestseller. Die Autorin bringt darin – auf den Pfaden einer neuen Naturreligion – die wiederbelebte und modifizierte Auffassung des kosmischen Baumes, der Weltesche «Yggdrasil», zum Ausdruck:

> «Mit seinen Wurzeln ist er dem Herzen der Erde näher als jedes andere Ding, mit seiner Krone ist er dem Himmel am nächsten ... jedes Mal, wenn ich versuchte, mir den Anblick des göttlichen Wesens vorzustellen, (ist) mir das Bild einer Eiche in den Sinn gekommen.»[265]

Das gefühlige Buch kann sich auch deshalb an ein Massenpublikum wenden, weil die Vorstellung von einer Beseelung der Bäume und anderer Bestandteile der belebten und unbelebten Natur gegenwärtig von einem großen Teil der Bevölkerung geglaubt oder wenigstens akzeptiert wird. Die Glaubensfrage ist wiederum schwer zu beurteilen, denn ob die Frauen und Männer, die solche

Texte konsumieren, dabei nur mit religiösen oder pseudoreligiösen Gedanken experimentieren wollen, die zugrundeliegenden Ideen also eher allegorisch verwenden, oder ob eine grundsätzliche Glaubensbereitschaft gegenüber pantheistischen Denkmustern besteht, ist selbst im Einzelfall schwer zu entscheiden. Monotheistische Vorstellungen sehen den Menschen prinzipiell von seiner Umwelt und von Gott geschieden. Die monotheistische Dogmatik wird heute unter dem Einfluß der Hochreligionen Asiens, der «Indianermythen» Amerikas, wiederbelebter alteuropäischer Traditionen sowie unter dem Eindruck aller möglichen Meditationstechniken auch gelegentlich von praktizierenden Christen in Europa und Amerika in Frage gestellt.

Gegenüber «offenen» didaktisch-ökologischen und psychologischen Konzepten von der Wiedererlangung einer Ganzheit der Natur, der alle Menschen, Tiere und Pflanzen zugehören, haben es monotheistische Glaubenslehren zweifellos zunehmend schwer, ihren theologischen Monopolanspruch dogmatisch zu rechtfertigen. Obendrein empfiehlt sich eine aktuelle Naturphilosophie[266] mit dem Ziel, die Menschen der heutigen Zivilisation auf dem Wege der Erinnerung an ein natürliches Mitsein aller Lebewesen wieder an die Wurzeln ihrer Existenz zurückzuführen. Ich zitiere dazu nochmals den Philosophen Meyer-Abich: «... in den Dingen und Lebewesen der natürlichen Mitwelt lebt das Ganze der Natur spezifisch und individuell auf eine je besondere Weise.» – Als Dinge werden hier etwa Steine gesehen, als Lebewesen neben den Tieren vor allem die Bäume.

Allein die Tatsache, daß der islamische, jüdische und christliche Fundamentalismus das monotheistische Denken in den Mittelpunkt seines religiös-politischen Anspruchs stellt, verschärft die kritische Distanz vieler Zeitgenossen. Monotheistische Religionen gelten vielen in der Welt eines «Neuen Bewußtseins» als intolerant und unbeweglich. Kurzum: als überholt. Schließlich kann auch der Zustand der «kranken Natur» den traditionellen auf Naturbeherrschung ausgerichteten, religiös begründeten Denk- und Handlungsmustern angelastet werden. Die Übergänge zwischen den bis in die christlich-religiösen Gruppen verbreiteten Vorstellungen eines Alltagspantheismus und den Vorstellungen der Esoterikszene sind fließend.

Animistische Bilder der Wirklichkeit wirken allein schon deshalb in unserer Kultur, weil Kinder des Grundschulalters [267] in vielen Aspekten ihres Naturgefühls eine «animistische Denkhaltung» praktizieren, indem sie Dingen ihrer eigenen Lebenswelt eine Seele zusprechen. Stühle, Steine und Bäume sind – wie es ihnen die Märchen erzählen – lebendige Wesen mit Gedanken und Gefühlen. Der naturwissenschaftliche Unterricht der Schule will diese Vorstellungen überwinden. Das gelingt nicht immer.

Ein Teil dieser hartnäckig animistischen Szenerie sind die «neuen Heiden». Zu ihnen gehört eine Vielzahl von Gruppen, bei denen völkisch-germanische, keltische, indianische Glaubensvorstellungen praktiziert werden. Das gesamte neuheidnische Milieu, eine «unübersichtliche Subkultur»[268] teils straff organisierter, teils frei zwischen diversen Gruppen pendelnder Individuen, ist in seiner gesellschaftlichen und politischen Bedeutung marginal. Schätzungen über die Gesamtzahl der Mitglieder des neuheidnischen Spektrums in Deutschland schwanken zwischen 5000 und 50 000.[269] Die neuen Heiden sind im übrigen Teil eines internationalen Netzwerks mit Zentren in England, den USA und Skandinavien.

Die heutigen Heiden sollen hier nicht von ihrer organisatorischen Seite her untersucht werden.[270] Vielmehr geht es um Aspekte des Waldbewußtseins in dieser Szene. Das hat schon deshalb in unserem Zusammenhang seine Berechtigung, weil die Neuheiden die Natur und speziell die Wälder in den Mittelpunkt ihres Denkens und ihrer religiösen Aktivitäten stellen. Dabei praktizieren sie einen alternativen Entwurf sowohl zum vorherrschenden Waldbewußtsein als auch zur täglichen Nutzung der

Wälder durch die Bevölkerung. Zugleich kommen in den praktizierten Formen der Waldmagie und Waldnutzung in akzentuierter Form allgemeine Tendenzen des Naturbewußtseins in unserer heutigen Gesellschaft zum Ausdruck.

Die zentrale Glaubensthese der Neuheiden betrifft die Naturbeseelung, also Auffassungen, die auch außerhalb dieser Szene üblich sind. Sich hilflos im Wald dem Blick eines Wesens ausgeliefert zu fühlen, das den einzelnen beobachtet, das der Wanderer selbst dabei aber nicht sinnlich wahrnehmen kann, zählt zu den alltäglichen Erfahrungen von Waldbesuchern, speziell in der Mittagszeit und am Abend.

Eine Mitarbeiterin unseres Projekts [271] hat jahrelang in der Berliner «Heidnischen Gemeinschaft», einem eingetragenen Verein, sorgfältig recherchiert. Diese «Gemeinschaft» existiert seit Mitte der 1980er Jahre. Sie zählt zu den undogmatischen und unpolitischen Gruppen des Spektrums.[272] Diese Feldforscherin war keineswegs exorzistisch motiviert, statt dessen wollte sie unvoreingenommen die Bedeutung des Waldes für diese Gruppe kennenlernen. Sie nahm regelmäßig an Kulthandlungen teil und führte Interviews. Dabei interessierte sie sich sowohl für die organisierte wie für die private Religiosität der Mitglieder. Mit neun Männern und drei Frauen hat sie ausführliche Gespräche geführt. Daß eine Stichprobe dieses Umfangs keine repräsentative Aussage über die gesamte Bandbreite der «neuen Heiden» in Deutschland zuläßt, bedarf keiner umständlichen Erörterung. Aber die religiösen Waldauffassungen der «Heidnischen Gemeinschaft» können auf dieser Grundlage zuverlässig skizziert werden.

Alle Befragten halten sich als engagierte Mitglieder der Gruppe in großen Teilen ihrer außerberuflichen Zeit in Wäldern des Berliner Umlands auf. Sie waren zwischen 20 und Ende 40 Jahre alt und gingen bürgerlichen Berufen nach, dem des Gymnasiallehrers, der Lehrerin, des Verwaltungsangestellten oder der

Sekretärin. Ein Gode, wie sich Priester der neuheidnischen Gemeinschaft in Anlehnung an alte isländische Traditionen nennen, arbeitet als Lebensmittelchemiker.

Im Gegensatz zur Mehrheit der Bevölkerung suchen die Neuheiden den Wald sowohl bei Tag wie in der Nacht auf, in der Gruppe und allein. Ihre Waldliebe ist außerdem keine Schönwetterbeziehung, wie sie sonst in der Bevölkerung verbreitet ist. Weil sie den Wald in allen Tages- und Jahreszeiten kennen und neben der esoterischen und heidnischen Literatur auch biologische und ökologische Schriften in großer Zahl lesen, verfügen die Neuheiden über Kenntnisse der Pflanzen und Tiere, die weit über das Übliche hinausgehen. Das ist nicht verwunderlich, denn wer in der Praxis seines Kultes berücksichtigen will, daß der Schwarzdorn (die Schlehe, Prunus spinosa) «in der Lage ist», negative Kräfte zum Nachteil der Menschen in sich zu konzentrieren[273], muß dieses Lebewesen zunächst einmal bestimmen können. Es wäre allerdings einseitig, zu behaupten, die Neuheiden würden alle Lebewesen des Waldes ausschließlich unter einem magischen Aspekt klassifizieren. Sie haben den Geist des Biologieunterrichts keineswegs vergessen, und in Bausch und Bogen verdammen wollen sie dessen Ergebnisse auch nicht. Sie wollen das Biologiebuch eher um eine – allerdings für sie entscheidende – geistige Dimension erweitern. Die christliche Theologie und die entsprechende Glaubenspraxis halten es mit den gängigen Körper- und Geistvorstellungen der Medizin und Anthropologie durchaus ähnlich.

Petra Guth, zweiundzwanzigjährige Hotelfachschülerin mit Abitur und Auslandsaufenthalt, beschreibt die biologisch-empirische Seite ihres Waldverständnisses in gruppentypischer Weise:

«Wie ein richtiger Wald aussehen muß, ist klar. Er muß auf jeden Fall, und das klingt jetzt ganz entsetzlich wissenschaftlich, er muß eine Bodenschicht haben, eine Mittelschicht und eine Oberschicht. So muß ein Wald aufgebaut sein, sonst ist er nicht gesund. Das ist einfach wichtig.»[274]

So zeigt sich die physische Seite eines Waldes. Der Wald hat außerdem eine psychische Dimension, denn die einzelnen lebenden Bestandteile sind für sich genommen jeweils mit einer individuellen Seele begabt. Die Seelen der Pflanzen und Tiere verbinden sich darüber hinaus im Wald zu einem Kollektiv. Dieses ist allerdings nicht, wie die fremde Welt der alten Sage, den Menschen prinzipiell feindlich gesinnt. Aber vor dem Überschreiten der räumlich-geistigen Grenze zwischen dem Feld und dem Wald sollte eine taktvolle Besucherin den Wald ausdrücklich um Erlaubnis bitten. Diese magische Schutzvorkehrung ist von mehreren Neuheiden als ihr gewohnheitsmäßig praktiziertes Ritual aufgeführt worden.

Petra Guth: «Ich gehe nicht so einfach in den Wald rein, sondern im Normalfall frage ich den ersten Baum am Weg, ob ich reindarf. Weil ich nämlich nicht auf dem großen, breiten Trampelpfad gehe. Durch einen Wald durchgehen auf einem Weg, das ist nichts Besonderes. Ich gehe durch das Gebüsch, durch Pfade, die sich die Tiere gemacht haben, nicht genau auf den Pfaden, weil sie ja sonst ihre Witterung nicht mehr finden. Ich frage also den ersten Baum. Da ist es dann auch schon passiert, daß ich wieder umgekehrt bin.»

Interviewerin: «Wie spürst du das?»

Petra Guth: «Der Baum sagt nicht ja oder nein, aber irgendwie habe ich ein Gefühl in mir, das sagt ‹komm›, oder ein Gefühl, das mir vermittelt ‹bleib weg›. Manchmal wird das positive Gefühl, das ich habe, noch durch Wind unterstützt – durch Wind, den man in den Rücken kriegt. Der Wald ist ja für verschiedene Lebewesen das Wohnzimmer. Ich poltere ja auch nicht in irgendein Wohnzimmer rein.»[275]

Frau Guth erweist sich infolge ihres «heidnischen Wissens» und Handelns als qualifizierte Waldkennerin. Sie folgt nicht den ausgetretenen Pfaden der Durchschnittsmenschen, sondern wählt die heimlichen Wege, die ihre «Geschwister», die Tiere, nutzen.

Deshalb möchte sie durch den menschlichen Geruch ihrer angestammten Spuren den Tieren nicht die Orientierung in deren eigenem Lebensraum nehmen. Die Neuheiden sind auf ihr Verständnis der feinen Zusammenhänge der Natur und auf ihr freundschaftliches Verhältnis zu den anderen Lebewesen und den Geistwesen stolz. Ihr Naturverständnis vermittelt ihnen ein Gefühl der Zugehörigkeit zu einer Gegenwelt. Sie wollen sich in die Harmonie des Waldes integrieren, außerhalb der Konflikte der menschlichen Gesellschaft stehen. Andreas Brandes, ein Berliner Lehrer, entwickelt den Gegensatz zwischen der chaotischen Gesellschaft außerhalb der eigenen heidnischen Gruppe und der harmonischen Natur des Waldes am Beispiel seines Berufes:

«Der Wald ist, wie vieles auf der Erde, etwas Heiliges für uns, und zwar, weil er eine Lebensgemeinschaft ist, ähnlich wie auch die Menschen eine Lebensgemeinschaft darstellen. Das wird oftmals gerade in unserer gewalttätigen Zeit zu wenig beachtet. Immer wieder muß man mit Schrecken feststellen, gerade auch in der Schule – wenn ich mal von meinem Beruf ausgehen darf –, wie Menschen gewaltsam versuchen, irgendwelche möglichen Probleme zu lösen. Der Wald ist eine Lebensgemeinschaft ganz unterschiedlicher Lebewesen, und damit er eine richtige Lebensgemeinschaft bleibt, muß ich mich, wenn ich hineingehe, darauf einstimmen. Wenn ich ihn betrete, konzentriere ich mich auf diese Lebewesen, werde ganz ruhig und verharre dort, bitte auch die Pflanzen um Entschuldigung, wenn ich sie mal treten sollte, und werde dann auch von den Tieren anerkannt. Sie kommen näher. Und es ist auch so, daß sie dann meine Witterung nicht stört. Während ja die meisten Leute heute ihren Dunst von Zigarettenqualm oder Giften vor sich her in den Wald hineintragen.»[276]

Von gleich zu gleich mit Tieren und Pflanzen zu leben ist das Ziel der Gruppe. Die Mitglieder sind sich sicher, daß sie dieses Gefühl der «Allverbundenheit»[277], welches sie in den Stand setzt, zu diesseitigen und jenseitigen Lebewesen in Verbindung zu treten, in unserer Gesellschaft quasi exklusiv «besitzen». Gleichwohl können sie sich nicht vor der Tatsache verschließen, daß der Wald auch von Menschen besucht wird, die ganz andere Ziele haben. Diesen Normalmenschen ist das neuheidnische Waldgefühl vermutlich gleichgültig, jedenfalls unbekannt. Trotzdem fühlen auch sie sich wohl zwischen den Bäumen und Sträuchern. Wie der beseelte Wald auf solche ignoranten Normalnutzer reagiert, beantwortet der Neuheide Thor. Er ist der einzige Arbeiter unter den Befragten, ein 32 Jahre alter «Autobahnwächter». Seinen bürgerlichen Namen nannte er nicht.

Interviewerin: «Es gibt doch Menschen, die nicht so verständnisvoll mit dem Wald umgehen. Es gibt doch auch gefährliche Menschen in manchen Wäldern?»

Thor: «Ja, das stimmt. Das sind Menschen, die irgendwo den Halt verloren haben, zu sich selbst und zur Natur, die ihren Stellenwert nicht gefunden haben. Es gibt ja Leute, die mit dem Walkman durch den Wald laufen und allerhand Schaden anrichten. Aber die sind nicht in den Wäldern, wo ich hingehe. Meine Wälder sind etwas unwegsam. Jeder Wald hat ja sein Bewußtsein, und wenn der Wald gesund ist und eine Einheit bildet, sind solche Menschen weniger eine Gefahr, weil sie vom Wald vertrieben werden. Sie hören die innere Stimme, daß der Wald sie nicht will. Wenn der Wald zu sich selbst findet, kann ihm nichts passieren.»

Ein paar Sätze weiter bringt Thor sein Gefühl der Allverbundenheit, sein dialogisches Verhältnis zum Wald auf den Punkt:

«Der Wald ist im Prinzip die Mutter und sagt: ‹Komm, mein Sohn, komm zur Ruhe und setz dich in meinen Schoß.› Gerade da, wo der Wald das zu mir sagt, da setze ich mich eben hin.»

Das ist eine extreme Form der Naturverbundenheit. Ähnliche Gefühle und Stimmungen sind jedoch auch außerhalb des neuheidnisch-germanischen Gruppenlebens verbreitet, und zwar nicht allein unter den waldverliebten Deutschen. Der polnische Pianist Arthur Rubinstein, Weltkind par excellence, empfand ähnlich, wenn er in der «geheimnisvollen Welt» des Waldes Platz nahm und alle Bäume und Zweige dort zu ihm «sprachen».[278]

Der Historiker Karlheinz Weißmann vertritt die Auffassung, «kein Neuheide»[279] glaube direkt an die «Realität der alten Götter». Diese Glaubensvorstellungen würden statt dessen archetypisch verstanden. Sie seien nach neuheidnischer Auffassung Strukturelemente einer ererbten Welt der «Urbilder» der Menschheit.[280] Die Jung-Schülerin Aniela Jaffé[281] äußerte sich bereits in den 1950er Jahren über das Weiterleben dieser kollektiven Bilderwelt der alten germanischen Gottheiten. Die Göttin Erda erscheine den Menschen «auch heute noch». Und zwar in Gestalt der sagenhaften «weißen Frau». Wotan sei – wie die anderen alten Götter – nicht tot, sondern übe immer noch auf verhängnisvolle Weise Macht über Menschen aus. Wir alle könnten – so Jaffé – das Opfer solcher Kräfte werden. Ideenkonstrukte dieses psychologischen Ursprungs gehören zweifellos zu den intellektuellen Grundlagen der Neuheiden, wobei das Verhältnis von Glauben und Zweifel in diesen Gruppen ähnlich changierend sein dürfte wie in anderen religiösen Gruppierungen.

So sieht die katholische Kirche in ihrer Dogmatik die Engel einzig als Wesen einer geistigen Welt. In der Praxis der Volksreligion werden diese Geistwesen im Alltag und im Gottesdienst vielfach von einzelnen dazu begabten Menschen spirituell erfahren, ja gelegentlich sinnlich wahrgenommen, etwa als «Schutzengel». Adäquate Vorstellungen von «Schutzgottheiten» und «Schutzgeistern» finden sich auch unter den Neuheiden. Ein leitender Berliner Funktionär des Neuheidentums ist von Beruf Gymnasiallehrer. Wir wollen ihn Manfred Peter nennen. Er äußert sich über die Existenz von «Naturgeistern»:

«Ja, also der Wald ist durch und durch belebt, und es ist so, daß die Vorstellungen, wie man sich so eine Belebtheit vorstellen kann, unter Heiden sicher sehr unterschiedlich sind. Ganz weit verbreitet sind aber, denke ich, Vorstellungen – und das ist nicht ganz unbegründet –, daß jedes Lebewesen seinen eigenen Schutzgeist hat. Und zwar sind das diese Wesen, die, in unserer Volksüberlieferung und auch in der aller anderen Völker dieser Welt, als Feen beispielsweise oder als Nixen bezeichnet werden. Diese Geister zeigen in ihrer besonderen Art, sie sind ja alle sehr unterschiedlich, Besonderheiten der Lebewesen auf, die sie vertreten. Das heißt, wir haben also im Bayerischen Wald wilde Frauen, die dort herumziehen. Die aber auch direkt an bestimmte Bäume oder ähnliches gebunden sind. Das ist eben auch so, daß sehr viele Elfen aus Pflanzen hervortreten und dann dieses Charakteristikum dieser Pflanze beinhalten. Der Albe einer Buche wird anders sein als derjenige einer Birke oder irgendwelcher Tannen. Jede Pflanze hat ihren eigenen Charakter. ... Und viele Heiden sagen, daß sie solche Geistwesen auch gesehen haben. Ich denke, das ist eine Frage der besonderen Empfindsamkeit. Auch diejenigen, die gar nichts mit unserer Religion zu tun haben, haben sicherlich schon gemerkt, daß sie sich in der Nähe von bestimmten Bäumen wohler fühlen als in der Nähe anderer.»[282]

So zeigt sich ein geschlossenes pantheistisches System, in dem eine Vielzahl religiöser und esoterischer Elemente, einschließlich der Traditionswelt der Sage, ihren Platz findet: von den christlichen Schutzengeln bis zu den keltischen Baumhoroskopen. Manfred Peter steht, nicht anders als seine intellektuellen Vorläufer und Kollegen aus den traditionellen Religionen, in dem Zwiespalt, die Transzendenzvorstellungen seiner Religion genau zu kennen, sie überdies sowohl historisch wie kulturvergleichend systematisieren zu können. Die persönliche Erfahrung des Mystischen bleibt ihm jedoch verwehrt. Dazu fehlt ihm die «besondere Empfindsamkeit».

Die optische Wahrnehmung und die Materialisierung von

Geistern bleiben in allen Religionen ein heikles Problem. Mehrere der befragten Neuheiden berufen sich darauf, sie hätten gesehen, wie ein Geist oder sein Schatten über einen Waldweg oder durch die Baumkronen gehuscht und im Gebüsch verschwunden sei; niemals in seiner vollen Gestalt, sondern eher «aus dem Augenwinkel». Der Blick aus dem Augenwinkel scheint im neuheidnischen Milieu eine Wahrnehmungsweise zu sein, die als empirischer Tatbestand akzeptiert wird. Auch wir Normalnutzer erleben im übrigen auf Waldwegen solche Teilbegegnungen, freilich eher mit Wesen aus der diesseitigen Welt der Vögel und Eichhörnchen.

Ein anderer Befragter erlangt die nötige «Empfindsamkeit» für die Wahrnehmung geistiger Phänomene nach dem Genuß von einigen Tollkirschen. Er kann dann eine «Parallelwelt» zu unserer Welt der naturwissenschaftlichen Tatsachen planmäßig wahrnehmen: Aus großen Bäumen werden Riesen. Diese animistische Konstruktion des wohlgeordneten Kosmos einer Parallelwelt ist im neuheidnischen Denken populär. Die Basis solch intellektueller Wunschbilder ist auf seiten der Gläubigen ein uneingeschränkter Individualismus und auf seiten der Gesellschaft eine kulturelle Toleranz und ein schrankenloser Relativismus gegenüber allen nur denkbaren religiös motivierten Anschauungen und okkulten Spekulationen. Dieser Relativismus verfolgt das Ziel, jeden einzelnen «seinen Weg» finden zu lassen.

Ein anderer Informant, der Grafiker Thomas Beutler, findet bis jetzt keinen Zugang zu den hierarchischen Höhen der heidnischen Götterwelt, es bleibt bei ihm nur bei der Erfahrung der «niederen Dämonen». Wenn er die Lebenswelt dieser «Elementargeister» beschreibt, listet er folgende Typen und Spezifika auf: «kleine Wichtel, Gnomen mit langen Nasenspitzen, vorstehenden Augenbrauen und Fledermausohren, die die ganze Zeit nur Schabernack machen, durchaus schwarzen Humor haben, verspielt und lustig sind». Die Erfahrung ihrer Lebensverhältnisse und Wirkungsweisen soll «sein persönlicher Weg» sein. Zwar hat auch er die Gestalten, die unschwer als Wesenheiten aus der Welt der Zwergenbücher aus der Vorschulzeit zu identifizieren sind, noch nicht leibhaftig wahrgenommen, aber er spürt fortwährend im Wald ihre geistige Präsenz. Manchmal kommen sie in Gestalt eines Schmetterlings, oder sie streicheln ihn wie ein Windhauch an der Nase. Wie andere aus den Gruppen der Neuheiden legt er Reste seines eigenen Mahles als Speiseopfer für die Geister im Walde nieder. Die Tiere des Waldes, als Stellvertreter der Götter und Geister unterwegs, führen das Brot und die Apfelstücke wieder in den Kreislauf des Organischen zurück.

Der Mythenforscher und Volkskundler Will-Erich Peuckert stellte die Frage, welche subjektiven Motive hinter der Vorstellung magischer Phänomene und hinter dem verbreiteten Bedürfnis zu sehen sei, sich selbst in den Kosmos des Magischen, in die Welt der Hexen und Alben einzuordnen. Als leitendes Motiv hob er das subjektive Bedürfnis hervor, einem elitären Zirkel anzugehören: «das Aus-dem-Durchschnitt-Fallen derer, die als Albe angesehen werden»[283]. In seiner schlesischen Heimat im frühen 20. Jahrhundert wurden solche Leute von den anderen Dorfbewohnern als «abseitige Menschen, die sich meistens für sich halten, psychisch labile und zuweilen exzentrische, leicht erregbare und beeinflußbare» Typen wahrgenommen.

Bei den heutigen neuen Heiden, die meistens in der Großstadt leben, hat sich dieser individualistische Charakter der Teilhabe an einem magischen Geschehen inzwischen institutionalisiert. Wer sich in den neuheidnischen Gruppen mit Glaubensgenossen über private Erfahrungen und meditative Praktiken, über religiöse Auffassungen und Vorlieben unterhalten will, kann sich bei aller Vielfalt der Vorstellungen inzwischen auf einen gültigen Katalog von Gewißheiten und Kenntnissen berufen. Es existiert bereits eine exklusive Gruppensprache, die teilweise den Charakter einer Geheimsprache angenommen hat. Dazu gehört ein Wissen über die feinen sozialen Abstufungen der Wesen aus der «Anderswelt», ein eigenes Vokabular und die Kenntnis und die Beherrschung ritueller Praktiken, die an bestimmten Tagen des Vegetationsjahres innerhalb der Gruppe initiiert werden.

Um einen Eindruck von einer heidnischen Feier zu geben, sei hier ein Bericht über ein «keltisches Opfer» eines «Hamburger Heidenkreises e. V.» anläßlich der Feier der Frühjahrs-Tagundnachtgleiche zitiert. Es geht dabei um eine Ehrung und Anrufung der Göttin Freya. Dieser germanischen Gottheit wird hier in einem «keltischen» Ritual gehuldigt.

«Heute haben wir uns vorgenommen, Göttin Freya zu Ehren ein Opfer darzubringen, um Mutter Erde und allen anderen Elementen Respekt zu erweisen. Wir stehen im geschlossenen Kreis, hören auf die Laute der Bodhran-Trommel und bereiten uns still auf den Ritus der Opferung vor. Die Trommel hilft uns, den Rhythmus der Erde zu erspüren. Ich merke im Körper, wie sich die Energie der Erde in mir ausbreitet und vibriert.

Ich fühle mich jetzt stärker mit diesem speziellen Ort verbunden und geerdet, als die Kultleiterin beginnt, die Elemente und Naturwesen anzurufen und sie einzuladen, an unserem Ritual teilzunehmen. Ich rufe mir ins Bewußtsein, daß alle Elemente, alle Naturwesen und wir Menschen Bestandteile eines großen Ganzen sind und keiner ohne den anderen auskommen kann. Deshalb verstehen wir das Opfer nicht als großzügige Geste unsererseits, sondern als stillen Beitrag zum Ganzen.

Unsere Kultleiterin legt das Opfer – eine Handvoll Getreide und drei Eier, die bemalt und mit Fruchtbarkeitsrunen verziert sind – an einer Gruppe von drei Birken nieder. Damit ist das Gemeinschaftsopfer abgeschlossen, und jeder von uns hat nun die Möglichkeit, sich persönlich bei der Erdmutter zu bedanken, ihr ein kleines Opfer darzubringen oder einen Segensspruch zu widmen. Den Rest des Abends verbringen wir – und alle anderen Wesenheiten – mit Musik und Tanz. Ausgelassen feiern wir die Erdenmutter und das Erwachen der Natur. – Am nächsten Tag kehren einige von uns noch einmal an den Platz zurück und stellen fest, daß unsere Opfergaben weg sind. Ein Zeichen dafür, daß Mutter Erde unser Opfer angenommen hat.»

Dem Bericht über diese im Stile eines Mysterienspiels gehaltene Kulthandlung schließt sich eine Bemerkung an, in der der «tiefenökologische» Aspekt des neuheidnischen Kults hervorgehoben wird: «Nur eines sollten wir dabei nicht vergessen: Unsere spirituelle An- und Verbindung mit der Natur kann nicht darüber hinwegtäuschen, daß wir aufgefordert bleiben, den Schutz und Erhalt unserer Erde auch praktisch voranzutreiben. Rein spirituelle Arbeit reicht nicht aus, uns und unsere Mitwelt vor weiterem Schaden zu bewahren.»[283]

Offenbar liegt das besondere organisatorische und genauso das kultische Problem solch liberalen «neuen Heidentums» im schrankenlosen Individualismus der Mitglieder und in der Unübersichtlichkeit des kultischen Geschehens. Die Vielfalt der Meinungen und subjektiven Erfahrungen, die multikulturelle Mixtur[284] aus ethnographisch überlieferten Totemvorstellungen und Indianermythen, aus phantasievoll rekonstruierten keltischen und germanischen Feiern etc. läßt sich im Ritual nur unzureichend gemeinsam in eine Form zwingen.[285]

Das Naturverständnis der organisierten Heiden soll abschließend in einem Statement eines ihrer Meisterdenker, des Gymnasiallehrers Manfred Peter, zum Ausdruck kommen. Er äußert sich über die geeigneten Orte für Kultstätten. Unsere Projektmitarbeiterin, mit den Gebräuchen der «Heidnischen Gemeinschaft» schon vertraut, stellte zunächst eine rhetorische Frage:

Interviewerin: «Ihr habt euch, wie ich ja weiß, für eure Feiern eine ganz bestimmte Stelle im Wald ausgesucht. Hat das einen Grund, warum gerade dort im Wald gefeiert wird?»

Manfred Peter: «Das ist im Grunde genommen eine traditionelle Frage. Aber nicht nur das allein. Es ist so, daß die Feierplätze, die zur Zeit genutzt werden, und zwar nicht nur hier in Berlin, sondern auch anderswo, im allgemeinen auf alten Kultplätzen liegen. Das sind also Kultstätten, die schon in der Jungsteinzeit genutzt worden sind und die dann auch zum Teil bis ins Mittelalter bestanden haben. Bis dann die entsetzlichen Hexenverfolgungen mit ihren vielen Toten und die Ketzerverfolgungen dazu geführt haben, daß jedes naturreligiöse Leben erstickt wurde. Es ist nun so, daß diese Stätten damals gewählt worden sind, weil die Menschen dort besondere Kräfte empfunden haben. Und so geht es vielen Heiden heutzutage auch, daß sie an diesen Stellen ganz besonders intensive und kräftige Ströme von Energien empfinden können, die es in erhöhtem Maße ermöglichen, Kontakte zu kosmischen Wesen und Energien aufzunehmen. Das heißt also zu solchen Energien, die im Heidentum als Götter bezeichnet werden und dann eben zum Teil auch als Person direkt gesehen werden.»

In Berlin gibt es ein heidnisches Heiligtum [286], welches der «Else» geweiht ist, einer mit der von Manfred Peter geschilderten Methode rekonstruierten altgermanischen Lokalgöttin. Aus Quellen der Altertumswissenschaften ist nichts über diese Göttin überliefert. Mehreren unserer Informanten kamen die Feiern in ihrer neuheidnischen Gruppe, etwa die Jahresfeste, wie eine persönlich erlebte Zeitreise oder wie eine Zeitverschiebung vor.

Die Textpassage des Herrn Peter enthält Aussagen eines ausgezeichnet über die Vorstellungswelt der Neuheiden informierten Experten. Das Gruppenleben und das ideologisch-religiöse Glaubenssystem der heidnischen Gemeinschaft bestimmen sein Privatleben. Im zweistündigen Interview und in den Aussagen anderer Mitglieder dieser Neuheiden bestand die einzige explizite politische Stellungnahme in einer Krtik am intoleranten Christentum des Mittelalters und der frühen Neuzeit mit seinen Ketzer- und Hexenverfolgungen.

Das neuheidnische Naturverständnis beruft sich statt dessen auf die Zeit vor dem Mittelalter. Seit dem christlichen Mittelalter sei «jedes naturreligiöse Leben» im Keim erstickt worden. Dabei haben die religiösen Spekulationen der neuen Heiden Glaubensvorstellungen zum Ergebnis, die jede einschlägige historische Forschung seit den Mythologen des 19. Jahrhunderts ignorieren. Dieser Glaube beruht durchgehend auf phantasievollen Rekonstruktionen. Wie es die Textpassage von Herrn Peter zum Ausdruck bringt, gehen sie mindestens 5000 Jahre in die Vorgeschichte zurück, d. h. in die Jungsteinzeit.

Das religiös motivierte Waldbewußtsein der verschiedenen Gruppen erinnert mit seinen Zwergen, Baumgeistern und Elfen an die von Volkskundlern des 19. Jahrhunderts rekonstruierte Sagenwelt. Das Wissen der Neuheiden wird heute über eine kaum übersehbare Fülle esoterischer, völkischer, neogermanischer und neokeltischer Schriften verbreitet. Zu seinen geistigen Grundlagen zählt neben der Primärliteratur – etwa der isländischen Edda – die germanistische und volkskundliche Mythenforschung seit der Romantik. Der bereits erwähnte Sagenforscher Peuckert stand noch Mitte des 20. Jahrhunderts in dieser romantisch-kulturrelativistischen Tradition. – Was ist hier «normal» und was «anormal»? Was ist Halluzination, was Wahrnehmung? fragt er. – Seine Antwort: «Was heißt ‹ein kleines starr ansehendes Männdel›? Wir können nur sagen, daß der eine einen Baumstumpf sieht, der andere ein Männdel – und wir pflegen zu behaupten: Baumstumpf sei richtig und das starre Männdel falsch.»[287]

Tageszeiten

Nacht

Dunkelheit und Nacht werden in unserer Kultur mit besonderer Vorsicht erlebt, sowohl in den Städten wie in der freien Natur. Vor allem außerhalb der menschlichen Behausung und der Siedlungen wird die Dunkelheit mit beängstigenden Erfahrungen in Zusammenhang gebracht. Tatsächlich steigt nachts die Zahl der kriminellen Delikte an.[288] Das ist eine Sachlage, für deren «Beweis» es keiner Polizeistatistik bedarf.

Zu den konkreten Anlässen von nächtlicher Unsicherheit und Angst kommen Orientierungsprobleme im Raum sowie uneindeutige Sinneswahrnehmungen. Weil sich die Welt der Gegenstände[289] auflöst, erleben wir einen Raum ohne feste Anhaltspunkte. Das beunruhigt uns. Nächtliche Dunkelheit bedeutet bekanntlich nicht «das völlige Fehlen der Sichtbarkeit»[290]. Es finden sich meistens noch Restbestände von Licht. Der Philosoph Maurice Merleau-Ponty sprach davon, daß die Nacht, wenn sie uns «umhüllt», beinahe unsere persönliche Identität auslösche. Diese anthropologische Seite der Wahrnehmung und Reaktion auf nächtliche Dunkelheit ergibt sich beim «Augentier» Mensch offenbar aus seiner Sinnesausstattung. Beim Erleben der Dunkelheit verlagern sich die Sinneswahrnehmungen auf den Gefühlssinn und vor allem auf das Gehör. Das bereitet uns spezifische Probleme. Der einzelne fühlt sich nun mit seinem Gehör allein gelassen – wie ein Blinder. Das Auge, das üblicherweise am Tage die Funktion des Leitsinns erfüllt, büßt seine Bedeutung zugunsten eines Sinnesorgans ein, welches bei der räumlichen Orientierung im Alltagsleben eher für die Geräuschuntermalungen zuständig ist. Das Gehör ist bei der Einschätzung der Entfernung eines Lautes im Vergleich zum Auge unzuverlässig. Folglich bleibt die Orientierung stark reduziert. Das Erlebnis der Einsamkeit kann sich für den einzelnen daher oft bis zum Eindruck der Bedrohtheit steigern.

Es wäre unter dieser anthropologischen Voraussetzung der Sinnesausstattung nur oberflächlich und einseitig argumentiert, die Angst vor der Dunkelheit sei lediglich kulturell erlernt, etwa als eine Reaktion auf die Lektüre beängstigender Gedichte, auf entsprechende Gemälde oder Lieder. Ein Gedicht wie Eichendorffs «Waldgespräch» kann seine Wirkung wohl nur deshalb bei den Lesern über die verschiedenen historischen Epochen hinweg erreichen, weil es eine Unheimlichkeit in Worte faßt, die in Zeiten zurückreicht, da das menschliche Bewußtsein erwachte.

> Es ist schon spät, es ist schon kalt,
> Was reit'st du einsam durch den Wald?
> Der Wald ist groß, du bist allein,
> Du schöne Braut, ich führ' dich heim!

Am Ende des Gedichts, dessen Anfangsstrophe ich zitiert habe, ist der Schrecken der Begegnung mit der Dunkelheit des Waldes offenkundig: «Kommst nimmermehr aus diesem Wald!»

Anthropologische Aussagen wie diese über die Folgen einer defizitären Sinnesausstattung sind stets spekulativ. Deshalb will ich nun ausführlich auf die empirisch gegebenen Verhältnisse in unserer Untersuchung eingehen. Zunächst: Die Angst vor dem nächtlichen Wald hatte bei unseren Informanten ihre Ursache meistens in konkreten Befürchtungen und Vorstellungen. Es war eine Angst vor anderen Menschen. – Erinnern wir uns: Die Feuer der «rumänischen Panzerknacker» leuchten vom fernen Waldrand herüber zu den ordentlichen, friedlichen Leuten in ihren Dörfern.

Zwar kannte die Sagentradition auch Geistwesen, die sich am hellen Tag im Wald, etwa in der Stille der Mittagszeit, zeigten. Die bevorzugte Zeit für das Auftauchen dämonischer Wesen blieb freilich die Nacht. Dabei war eine Spezialisierung, gewissermaßen eine Art dämonischer Arbeitsteilung, vorgesehen: Jedes Nachtgespenst schläft am Tage, und die Mittagsfrau hat noch niemand in der Dämmerung gesehen. Es führte zu weit, jetzt das gesamte Personal der Nachtgespenster aufzuführen, all die schwarzen Hunde, weißen Frauen, Teufel des Waldes etc. Ohnehin ist es längst auch in der Bevölkerung bekannt, daß die Angst vor dem dunklen Wald neben anderen Ursachen nicht zuletzt auch ein Ergebnis der Rezeption von Volkserzählungen sein kann. «Meine Angst vor dem dunklen Wald kommt wahrscheinlich aus meiner Kinderzeit. Sie kommt von den Märchen. Man kann sich verlaufen, und eine ganze Masse merkwürdiger Leute ist dort nachts unterwegs.»[291]

Wer in den Wald geht, hat zuvor seinen Besuch meistens sorgfältig organisiert, und zwar so, daß er – auch in den hellen Jahreszeiten – zwischen 18 und 19 Uhr aus dem tiefen Forst heraus ist. Etwas später, wenn die Dämmerung beginnt, sind die Wälder überall fast menschenleer. Die folgende sehr reflektierte Interviewaussage führt die wesentlichen Ursachen der Unheimlichkeit des dunklen nächtlichen Waldes in der Gegenwart auf. Sie bringt eine diffuse Angst vor nicht näher bestimmten bedrohlichen Menschen und Situationen zum Ausdruck. Unverkennbar wirkt dabei die geheimnisvolle Atmosphäre der Sagen hinein. In der kaum rational begründbaren Angst vor Tieren in den heutigen Wäldern Mitteleuropas äußert sich ebenfalls vielleicht ein archaisches Gefühl.

Interviewer: «Du sprichst von Angst, aber wovor hat er die Angst, wenn der Mensch heute in den dunklen Wald geht?»
Werner Boll: «Also, ich denke, es ist die Angst vor anderen Menschen, die auf der Lauer liegen können, die einem etwas antun können. Vielleicht auch vor Tieren, die irgendwo hinter einem Baum stehen könnten und aus dem Gebüsch hervorkommen können. Ich brauche immer eine gewisse Sicherheit.

Wenn ich mich hineinbegebe, möchte ich das Gefühl haben, ich kann noch rechtzeitig reagieren oder weglaufen. Also, das bewirkt einfach Ängste.»
Interviewer: «Was sind das für Ängste?»
Werner Boll: «Also, ich würde eigentlich mehr vom Gefühl ausgehen. Ich könnte das gar nicht ganz genau beschreiben, wie sich diese Ängste äußern. Ich könnte das gar nicht genau umreißen. Es ist eben immer diese Unsicherheit, die dahintersteht. Ja, da könnten sich andere Menschen verbergen, die mir etwas antun könnten.»[292]

Der nächtliche Wald hat seine geheimnisvolle Qualität bis heute behalten. Die Finsternis sieht mit «hundert schwarzen Augen» aus dem Gesträuch, und die Nacht schafft ihre Ungeheuer wie von selbst. Zweifel an diesem Tatbestand bilden auch in unserer Befragung die Ausnahme. Daß sich jeder auf die Angst vor dem dunklen Wald berufen kann, zeigt beispielhaft eine Zeitungsmeldung aus dem Herbst 1995. Damals waren ein paar Tankstellenräuber in der Gegend von Hamburg mit ihrer Geldbeute zu Fuß nachts in einen Wald geflohen, der unmittelbar hinter dem Tatort begann. Der Raub kam nicht unverhofft. Eine Gruppe von Polizisten verfügte aus dem kriminellen Milieu bereits über «Vorinformationen» zu den Plänen der Gangster. Die Beamten erwarteten deshalb die Bande mit ihren Maschinenpistolen im Anschlag. Unglücklicherweise hielten sich während des Überfalls außer den Räubern und dem Tankstellenpersonal noch einige Kunden im Verkaufsraum auf. Die verantwortungsvollen Polizisten griffen deshalb nicht in das Geschehen ein, sondern harrten während der Tat in einem Nebenraum aus. Für diese Vorsichtsmaßnahme konnten sie mit dem Verständnis der Zeitungsreporter rechnen. Allerdings zunächst nicht dafür, daß sie die Täter nach dem Überfall nicht auf der Flucht in den finsteren Wald verfolgen wollten. Immerhin hielten die Beamten ja automatische Waffen in den Händen. Auf ihre Nachfrage erhielten die Zeitungsleute vom Chef dieses Polizeieinsatzes die folgende in eine Gegenfrage gekleidete Auskunft: «Möchten Sie bei Nacht und Nebel im Wald einem Verbrecher hinterherlaufen?»[293]

Auch als Ort der Arbeit ist der nächtliche Wald nicht beliebt. Früher trieben die Bauern in manchen Gegenden ihre Rinder und Pferde zur Nachtweide in die Wälder. Meistens wurden die Tiere dazu locker an den Vorderbeinen gefesselt oder an einen Baum gebunden, denn die Hirten hielten es aus Furcht nachts im Wald nicht aus. Reguläre nächtliche Waldarbeiten werden erst seit jüngster Zeit durchgeführt. Es sind Rodungsarbeiten mit dem Harvester, der Vollerntemaschine für Bäume. Diese finden dann bei grellem Flutlicht statt.[294]

In unserer Befragung hatten fast alle Angst vor dem nächtlichen Wald, selbst die Waldarbeiter. Die Ausnahme waren die Waffen tragenden Jäger und die Förster. Doch selbst für sie bleibt der dunkle Wald ein gefährlicher Bezirk. Ein Kriminalist veröffentlichte ein populäres Buch für Jäger und Förster, in dem «Förstermorde» des 19. und beginnenden 20. Jahrhunderts beschrieben werden. Aus Anlaß eines Mordes aus dem Jahre 1927 erinnerte er seine Leser an eine Tatsache, die sie stets bei nächtlichen Waldaufenthalten zu berücksichtigen haben. Gegenüber jedem Fremden, der zu außergewöhnlicher Zeit im Revier angetroffen werde, sei zunächst Mißtrauen angebracht, benehme er sich «verdächtig», sei höchste Vorsicht geboten: «Will man ihn aufhalten, dann vorher die Schußwaffe fertigmachen.»[295]

Jedenfalls ist in der Gruppe der Forstleute eine Gewöhnung, ein Prozeß der Selbstüberwindung gegenüber der Dunkelheit notwendig. Eine damals vierundzwanzigjährige Jungjägerin – sie besaß den Jagdschein erst seit einem Jahr – erzählte zunächst, daß es «mittlerweile für sie das Schönste» sei, in der Dämmerung durch den Wald spazierenzugehen. Denn das sei die Tageszeit, in der das Wild aktiv wird und seine Rückzugsplätze verläßt. Doch in finsterer Nacht hielt sie es damals noch nicht allein im Wald aus.

«Allein würde ich das, glaube ich, nicht machen. Da würde ich Muffensausen kriegen im Wald.»
Interviewerin: «Auch mit der Schußwaffe?»
Mariam Meinz: «Ne, dadurch geht das auch nicht weg. Zur Zeit gehen wir immer morgens raus, eigentlich nachts. Und dann gehen wir im Dunkeln auf die Hochsitze drauf. Da muß ich dann übers Feld auf 'ne Waldkante zu oder am Wald lang oder an einem großen Maisfeld lang. Also, auch wenn ich eine Waffe dabeihab, ist schon so ein leichtes Zittern dabei und Muffensausen. Ich gucke mich auch immer um. ‹Hörst du was? – Siehst du was? – Ist da wer?› – Es ist eigentlich völlig affig, weil, wer soll da nachts einem einen über den Deckel ziehen? Es weiß ja keiner, daß man genau da langgeht. Wenn man dann auf dem Hochsitz erst mal draufsitzt, dann legt sich das. Aber wenn es dann hell wird, ist es in Ordnung. Der Weg zum Hochsitz im Dunkeln ist immer eine Herausforderung. ‹Wie kannst du deine Angst bewältigen?›»[296]

Es ist eine junge Frau, die sich hier ausführlich äußert. Die älteren Jäger und die Förster, die wir befragten, gaben an, heute keine Nachtangst mehr im Walde zu kennen. Aber sie erinnerten sich: Als sie junge Leute waren, war das anders.

Nur wenige Befragte erwähnten wie die Jungjägerin Mariam Meinz die Schutzfunktion der Dunkelheit gegen potentielle menschliche Feinde. Bei denjenigen, die davon sprachen, daß die Dunkelheit schließlich einen Menschen für mögliche Angreifer unsichtbar mache, klang das eher wie der Glaube an eine Theorie als nach praktischer Erfahrung: «Wenn ich in den dunklen Wald reingehe, ist das, wie wenn ich eine Decke um mich herumziehe. Im Dunkeln ist man ja sehr geschützt im Walde», sagte unser Informant Helmut Fachtner.[297]

Solche «theoretischen» Begründungen können sich auf die Dichtung berufen, etwa auf Matthias Claudius' «Abendlied», wo der Dichter «von der Dämmrung Hülle»[298] spricht, die die Welt «traulich und hold» erscheinen lasse. Die Dämmerung ist darin also nicht bedrohlich. Inwieweit Interview-Aussagen über die Schutz gewährende Dunkelheit wirklich auf Erfahrungen unserer Informanten beruhen, muß offenbleiben. Einige brachten den Aufenthalt im nächtlichen Wald typischerweise mit romantischen Gefühlen und mit der Jugenderfahrung der Mutproben in Verbindung.

Ein anderer Informant, der achtzehnjährige Handwerkerlehrling Leif Schweik, ist heute in diesem Mutproben- und Mountainbikeralter. Romantische Gefühle wie die des Kunsterziehers Fachtner sind ihm fremd. Mit zwei starken Scheinwerfern an seinem schnellen Fahrrad wähnt er sich nicht nur vor bösartigen Menschen sicher, sondern auch vor den letzten im dunklen Wald Mitteleuropas verbliebenen gefährlichen Tieren, den Wildschweinen. Von Angst mag ohnehin in diesem Alter niemand sprechen, höchstens von «Respekt». Ansonsten kommt es darauf an, «cool» zu bleiben.

«Ich fahr auch nachts mit dem Mountainbike durch den Wald. Da hab ich zwei Scheinwerfer, die werden durch einen Akku gespeist. Das leuchtet den Wald aus. Das ist dann taghell plötzlich. In Berlin laufen zum Beispiel dann Wildschweine von links nach rechts über den Weg, und zwar riesige Herden. Also, einmal bin ich da ziemlich den Berg runtergeheizt, und die sind da hinter mir und vor mir gekreuzt, und da bin ich einmal fast über eins geflogen. Oder eins ist in mich reingerannt. Also, da hatte ich schon etwas Respekt.»[299]

Die folgende erfahrungsgesättigte Erzählung vermittelt beispielhaft einen Eindruck von der Einstellung erwachsener Männer zum nächtlichen Wald. Der Informant spielt darin auf das altbekannte Motiv vom Licht eines Hauses oder einer Siedlung am Ende des Tunnelerlebnisses einer nächtlichen Wanderung an.

«Später als wir das Jungendhaus hatten, haben wir Waldspaziergänge organisiert, so richtig als Aktion, nächtliche Waldspaziergänge, Waldwanderungen. Dann wurden die alkoholischen Getränke eingepackt, und dann ging man durch den Wald. Und dann habe ich auch gemerkt, in der Gruppe ging's. – Aber ich hatte sogar in der Gruppe noch Angst. Einfach diese völlige Dunkelheit. Es war im Winter ohne Mond und bewölkt, einfach stockfinster. Es war eine Gegend, wo ich mich nicht auskannte. Ich kann mich noch erinnern, wir waren vielleicht zwanzig, dreißig Leute und sind dann auch relativ ziellos mit viel Geplapper, nicht unbedingt orientiert im Wald gegangen. Und als wir dann nach fünf Stunden wieder mal ein Licht sahen, das war dann wie ein Roman. Es war wirklich real, dieses Gefühl, lange weg von der Zivilisation und jetzt wieder eine Ansiedlung.»[300]

Tag

Es herrscht unter unseren Informanten kein Zweifel, daß der Wald am Morgen, vor allem bei Sonnenaufgang im späten Frühling oder im Sommer, die höchste Attraktivität entwickelt. Allein schon wegen des Taus auf den Blättern und der kühlen, klaren Luft, die dann in Kombination mit dem Vogelgesang als Gesamterlebnis der Sinne genossen werden. Von dieser Stimmung sprechen alle gern. Die Walddichter, allen voran natürlich der große Eichendorff, haben den Ton angeschlagen. Doch persönliche Erfahrungen im Frühtau des Waldes ergeben sich selten. Nimmt man Waldarbeiter, Jäger, Förster und passionierte Pilzsammler aus, hatten wenige unserer Gesprächspartner öfter als ein- oder zweimal diese wortreich gerühmten Sonnenaufgänge im Wald beobachtet. Meist war es ein lange zurückliegendes Gruppenereignis, etwa auf einer Schülerfahrt oder im Urlaub. Frau Sibylle Petersen schildert den für sie gültigen Typus des idealen Morgenerlebnisses im «grünen Wald». Es enthält eine regelrechte Hitliste von Motiven aus dem romantischen Traditionsinventar.

Sibylle Petersen: «Der frühe Morgen ist natürlich eine unheimlich lebendige Zeit im Wald. Also, ich habe mir vorgenommen, es öfter zu schaffen, frühmorgens in den Wald zu gehen. Aber ich schaffe es eben nur ganz selten. Am schönsten ist das Vogelgezwitscher natürlich und dann der Tau und wenn sich das Licht so bricht, die erste Sonne und alles ist noch feucht. Auf den Blättern sind noch Tauperlen und auch in den Spinnweben. So diese verwunschene Stimmung. Das ist ja alles am Mittag nicht mehr so. Da ist ja mehr Ruhe. Da ist ja so bei schönem Wetter diese absolute Ruhe in der Mittagszeit. Da kommt fast alles zum Stillstand.»
Interviewer: «Die Stimmung im Walde zu den verschiedenen Zeiten wird an Vögeln festgemacht?»
Sibylle Petersen: «Ja, also ein Wald ohne Vögel wäre wie ein Meer ohne Salz, irgendwie.»
Ganz ähnlich hatte der Tiervater Alfred Brehm geschrieben: «Die Singvögel sind es, die der Waldesdichtung das rechte Wort leihen und zum Wort den rechten Klang zu finden wissen; ihnen zumeist dankt der Wald die Liebe, mit der wir an ihm hängen.»[301] Der Vogelgesang ist ein unverzichtbarer Bestandteil des bis heute in der Bevölkerung vorherrschenden romantischen Naturgenusses. In vielen der von uns erhobenen Waldschilderungen beziehen die einzelnen Tageszeiten im Wald ihre jeweilige emotionale Qualität ausdrücklich aus der Hörbarkeit oder dem Fehlen von Vogelstimmen. Wenn die Vögel schweigen, verliert der Waldbesuch viel von seiner Attraktivität. Deshalb wird z. B. der stumme mittägliche Wald vielfach gemieden.

Wir wissen nicht, ob der Gesang der Vögel in Zeiten, als der Wald primär ein Arbeitsplatz für Hirten, Holzknechte und Bauern war, bereits einen Zauber auf die Menschen ausübte. Für die Gegenwart trifft zu: Die nüchternen Erklärungsversuche der Naturwissenschaft sind folgenlos für das Alltagsbewußtsein geblieben. Vogelgesang ist im Biologiebuch bekanntlich nichts anderes als ein Typ des Revierverhaltens. Wir nehmen erstaunt zur Kenntnis: Ein männlicher Vogel, der im tiefen Rauschen des Buchenwaldes auf sich aufmerksam machen will, braucht für seine «Lieder» eine helle Stimme wie der Buchfink oder eine in tiefen Tönen gurrende wie die Ringeltaube, oder er muß, wie die Spechte, auf einen Stamm eintrommeln.

Derlei ornithologisches Schulwissen hat gegenüber der kindlich-naiven Vorstellung, daß die Vögel, nicht anders als die Menschen früher und heute, aus reiner Lebensfreude singen, kaum eine Chance, jedenfalls bei einem Waldspaziergang. Mag sein, daß der Vogel in einer bestimmten Höhenlage singen muß, um sich gegen das Rauschen des Blätterdachs durchzusetzen. Aber wie melodiös er es tut, darauf kommt es uns an. Ohnehin ist die Kenntnis der einzelnen Vogelarten und ihrer jeweiligen Stimmen eine Sache für auserlesene Spezialisten. Stärker wirken hier ohne Zweifel die ästhetischen Angebote unserer Kultur. Musik und Literatur preisen die Stimmen der Vögel auf sehr unterschiedlichem Niveau. Die Eindrücke reichen vom 2. Satz der «Pastorale» Beethovens, wo die Stimmen von Kuckuck, Nachtigall, Wachtel und Goldammer herauszuhören sind [302], bis zum modernen Schlager, vom Kinderbuch bis zur romantischen Dichtung.

Die heutigen Waldarbeiter im Harz, deren Arbeitstag Gerhard Klassen, einer unserer wichtigsten Informanten, im folgenden schildert, genießen den Vogelgesang im Sommer täglich als «ein tolles Gefühl», einen erfreulichen Bestandteil ihres Arbeitsalltags. Wir haben alle zehn Waldarbeiter unserer Stichprobe gefragt, was ihren schweren Beruf vor anderen auszeichne. Sie nannten die Freiheit bei der Einteilung der Arbeitszeit und des Arbeitstempos, die Eigenverantwortung und manche gesundheitlichen Vorteile der Arbeit an der frischen Luft. Fast alle priesen die ästhetische Qualität des Waldes. Der Vogelgesang gehörte unverzichtbar dazu.

«Wenn ich mit mehreren Kollegen zusammen bin bei der Arbeit, machen wir es morgens immer so, daß wir nicht gleich anfangen, nicht gleich rausgesprungen sind, um zu arbeiten. Wir haben ja so eine Waldarbeiterschutzhütte, wo wir uns jetzt im Sommer morgens um sechs treffen. Da wird sich erst mal hingesetzt. Dann wird erst mal von zu Hause ein bißchen erzählt und dann wird die Tür aufgemacht, Fenster aufgemacht, und dann sitzt man – manchmal nur zwei, drei Minuten. Und wir hören einfach mal zu, was so passiert. Es ist sehr schön, wenn draußen dann die Vögel anfangen zu zwitschern. Das ist ein tolles Erlebnis immer wieder. Das lassen wir uns eigentlich nicht nehmen. Dann hören wir halt zu. Das darf man natürlich nicht ausdehnen, dann kriegen wir wieder Ärger mit dem Betriebsbeamten. Aber wir machen es. Ja, und dann geht es an die Arbeitsvorbereitung, und dann geht es praktisch bis neun Uhr in die erste Akkordphase. Dann ist Frühstück so gegen neun.»[303]

Nach der Mittagsruhe, einer Pause von 45 Minuten, müssen sich die «Forstwirte»[304] regelrecht zu den letzten zwei bis drei Stunden der Arbeit zwingen. Das ist vor allem eine Folge der Erschöpfung und der Hitze des Mittags, aber auch der Stimmung, die der stumme Wald vermittelt. Für Herrn Klassen ist dann der Punkt erreicht, wo er sich sagt: «Ich müßte jetzt eigentlich sitzen bleiben. Man muß sich selbst zwingen, nach dieser Dreiviertelstunde in der Ruhe aufzustehen und weiterzumachen.»

Die stille Natur des Waldes am Mittag vermittelte den Menschen in der Vormoderne nicht allein das Gefühl der Ruhe, sondern offenbar durchaus auch das einer Beklemmung.[305] Um die beklemmende Stille des Mittags in der vormodernen Gesellschaft zu erklären, muß man nicht an den Pan, das schreckenerregende Mischwesen aus Ziegenbock und Mensch, erinnern, welches im griechischen Bergland die Hirten erschreckte und die ruhenden Tiere in Panik versetzte. Auch in unseren mitteleuropäischen Kulturen finden sich Feld- und Waldgeister, die sich in ihrem

Wirken auf die sommerliche Mittagsruhe spezialisiert hatten, etwa die Mittagsfrau im slawischen Kulturraum. Als Mittägin ist sie von der deutschen Bevölkerung Böhmens und in Schlesien von den benachbarten Polen und Tschechen her übernommen worden.[306]

Die Zeit zwischen zwölf und ein Uhr mittags war in der Zeit der Turmglocke eine Geisterstunde, fast so unheimlich wie zwölf Stunden später die Mitternacht. «Erst als die Glocke im Dorf 1 Uhr schlug, ließ seine Furcht nach, denn im selben Augenblick nahm der Wald wieder seine heilige Stille ein», berichtet eine Sage über einen Mann, der zusammen mit einem anderen mittags um zwölf einen Wald betrat. Die Pointe dieser 1903 publizierten Geschichte liegt darin, daß der Sageneditor darauf hinweist, wie die mittägliche Angst ausgangs des 19. Jahrhunderts in damaligen ländlichen Milieus bereits vornehmlich eine Reaktion auf die Kenntnis einschlägiger Waldsagen war. Als nämlich jene den Mittagsspuk anzeigende Glocke um zwölf Uhr ertönte, fuhr nur «der eine der beiden zusammen». – «Dem anderen war die Sage fremd.» Deshalb schritt er unbeeindruckt «still und ernst vorwärts». Der gläubige Sagenkenner hingegen zitterte am ganzen Leibe.[307]

Heute ist nicht viel von jenem kulturellen Muster der Unheimlichkeit der Wald-Mittagsstimmung erhalten geblieben. Der Genuß der Mittagsruhe wird in den Walderzählungen unserer Informanten statt dessen eher als Kontrasterlebnis zum Lärm der Zivilisation gesehen. Jedenfalls überwog dieser Akzent eindeutig in unserer Befragung. Manche wiesen freilich darauf hin, daß bei einer «völligen Ruhe» im mittäglichen Wald das Geräusch eines Flugzeugs, ein fernes Geräusch der Motorsäge von Waldarbeitern oder die Verkehrsgeräusche einer fernen Straße ein Gefühl der inneren Ruhe keineswegs verhindere, sondern fördere.

Jahreszeiten

Als der Wald für die bäuerliche Bevölkerung noch Arbeitsplatz war, wurden die Jahreszeiten des Waldes und der Felder hauptsächlich unter dem Gesichtspunkt der Ernte betrachtet. Sogenannte Schwendregeln[308] gliederten das Jahr der Waldarbeiter. Die Erfahrung hatte gelehrt, in welcher Jahreszeit das Holz feucht war oder trocken, wann es für die Verwendung als Werkzeug oder für den Bau von Möbeln oder nur noch als Feuerholz geeignet war. Die günstigsten Zeiten zur Holzernte waren der Winter und das zeitige Frühjahr. Die kalten Jahreszeiten erwiesen sich auch aus zeitökonomischen Gründen als vorteilhaft, denn Waldarbeit war überwiegend eine Saisonarbeit, während der Wintermonate. Im Sommer arbeiteten die gleichen Leute als Landwirte oder Bauarbeiter.[309] Nur in wenigen wirklich waldreichen Gegenden, z. B. im Schwarzwald oder im Harz, waren hauptberufliche Waldarbeiter beschäftigt. Zum Beruf eines «Holzknechtes» gehörte ein professionelles Wissen, das mündlich von Generation zu Generation weitergegeben wurde. Die Arbeitsgruppen waren seit den Holzordnungen des 16. Jahrhunderts streng, fast militärisch organisiert. Die Tagesarbeit, die Verteilung der Traglasten, das Auszeichnen der Stämme, die Talfahrt des Holzes, alles mußte streng geregelt sein,[310] denn der Beruf des Waldarbeiters zählte ja zu den gefährlichsten Berufen außerhalb des Militärs. Allein deshalb konnte nichts dem Zufall überlassen bleiben.

Genaue Naturbeobachtung bildete die Grundlage für die Kenntnis über die Jahreszeiten des Waldes und die darauf bezogenen Fälltermine der Bäume. Die Holzknechte gingen davon aus, daß es für das Roden günstige und ungünstige Termine innerhalb des Mondmonats gebe. Laubholz sollte bei abnehmendem, Nadelholz bei zunehmendem Mond geschlagen werden. Heute überlebt dieses Erfahrungswissen teilweise in den Lebenshilfe-Ratgebern des Esoterikbuchmarktes.

Zweifellos gab es in dieser Zeit «vernünftige», wirtschaftlich begründete Gesichtspunkte, die Zeichen der Natur im Jahreslauf akribisch zu lesen, zu beachten und zu systematisieren. Es waren schließlich dann auch wirtschaftliche Veränderungen, die die Schwendregeln funktionslos werden ließen. Weil der Holzhandel und die Industrie den Grundstoff massenhaft benötigten, konnten die Holzknechte in ihren Arbeitsvorgängen keine Rücksicht mehr auf das Kalenderjahr nehmen. In unseren Tagen wird das Holz überwiegend in den warmen Jahreszeiten geerntet, meist bei Tag, manchmal aber auch in der Nacht, mit dem Vollernter. Durch diese Entwicklung zu einer industriellen Holzernte ist die Beobachtung der «Zeichen der Natur» überflüssig geworden und jedwede Romantisierung der Waldarbeit fragwürdig.

Im Vergleich zur damaligen Naturerfahrung läßt unsere heutige naturferne Lebensweise und Kultur kaum noch die eigene Beobachtung der verschiedenen Jahreszeiten im Walde zu. Wie sollte diese Erfahrung aussehen? – Wer außer Jägern und Förstern bringt, um nur eine Bedingung zu erwähnen, die Kraft und das Interesse auf, sich bei naßkaltem Wetter an einem Novembertag in den Wald zu begeben? Die sprichwörtliche Liebe der Deutschen zu ihren Wäldern ist heute eine reine Schönwetterbeziehung, nicht nur die «frische Luft», sondern zureichende Mengen von Licht und Sonne müssen vorhanden sein. Bei Nacht und an trüben Tagen ist der Wald überall eine menschenfreie Zone. Kurt Blau hat diese Beziehung durchschaut:

«Im Herbst bin ich fast nie im Wald. Da ist dann eine Jahreszeit, wo ich viel über mich selbst nachdenke, meine Ruhe haben muß. Dann ist es draußen dunkel. Dann muß ich in der Stadt bleiben und nicht dieses braune und abgestorbene Verwelkte und sonstwas sehen.»[311]

Den Wald bei düsterem Wetter zu besuchen wird fast für undenkbar angesehen. – «Warum soll man sich bei Regen, Nebel und Kälte freiwillig im Wald aufhalten?» haben fast alle Informanten auf unsere entsprechende Frage geantwortet. «Waldnah» lebende Personen, etwa im Harz, erfahren den Wald in den trüben Jahreszeiten und Klimaperioden ein paarmal im Leben, meistens gegen ihren Willen. Selbst die Angehörigen naturnaher Jugendgruppen, etwa Pfadfinder und die organisierte «Waldjugend», bleiben dann im Haus.

Die wichtige Ausnahme als Kenner des Waldjahres mit all seinen trüben und regnerischen Tagen bilden in der Bevölkerung außer den Jägern, Förstern und Waldarbeitern vermutlich die «Neuheiden». Daneben waren es vor allem Personen mit ausgeprägten Spezialinteressen, deren Aussagen über das Jahr des Waldes auf eigenen Beobachtungen und nicht auf der Lektüre von Sachbüchern beruhten: Ornithologen, Pilzsammler und Fotografen, schließlich die Skilangläufer.

Eine Pilzsammlerin: «In jeder Jahreszeit sieht man die Natur im Wald anders. Auch mit eigenen Augen anders und hat andere Erlebnisse. Und da ist im Sommer das Erlebnis des Duftes im Wald. Es riecht ja förmlich nach Pilzen und Beeren. Im Herbst riecht dann das Laub. Und dann auch im Herbst, wenn die Sonne durch die Bäume fällt. – Das Bild hole ich im Geist immer wieder hervor. Wenn man dann die Spinnweben zwischen Bäumen und Sträuchern sieht. Und es ist ein Erlebnis, wenn man sieht, daß die Spinne auch noch drin ist. Und dann der Winter wieder. Die schneebedeckte Ruhe im Wald. Im Herbst hört man das noch, wenn man über die Sträucher geht. Das Knacken, wenn man auf die Zweige tritt, das Rascheln.»[312]

Eine Amateurfotografin: «Ich bin eigentlich in jeder Jahreszeit gern im Wald, vom Frühling an. Im Sommer besonders und dann im Herbst. Dann ist es schattig. Gerade die vielen Herbstfarben liebe ich. Dadurch, daß ich soviel fotografiere, habe ich die Bilder des Jahres immer vor meinem Auge.»[313]

Das sind exemplarische Aussagen von Kennerinnen aus dem wenig aussagekräftigen Ergebnis unserer Befragung zur Qualität der

Jahreszeiten des Waldes. Allgemein gilt: Die Kenntnisse beruhen in der Bevölkerung fast ausschließlich auf einem Wissen aus zweiter Hand. Fernsehprogramme, Buchlektüre, Waldmuseen und selbst die Lehrpfade können nur sehr eingeschränkt die unmittelbare Naturerfahrung ersetzen. Ist diese abhanden gekommen, werden vielleicht noch einzelne Waldtage im lichten Buchenwald des Frühjahrs oder im Hochsommer wegen ihrer ästhetischen Vorzüge und des Erholungswerts genossen. Aber der «Terminkalender» des Waldes im Jahreslauf, mit dem etwa die Holzknechte des 18. Jahrhunderts lebten oder die Bewohner des tropischen Regenwaldes noch heute leben, ist uns nicht mehr vertraut. Der Verlust, der durch diese Entwicklung des Zivilisationsprozesses entstanden ist, hält sich angesichts der Vorteile der Zivilisation in engen Grenzen.

VII
TIERE

Kenntnisse

Das Thema Waldtiere wird von Waldbesuchern zwiespältig erlebt. Fast jeder möchte ansehnliche oder wenigstens possierliche Geschöpfe – Großwild, Haselmäuse, seltene Schmetterlinge – im Wald vorfinden. Stattliche Tiere in ihrem natürlichen Umfeld zu beobachten gehört heute zu den wichtigsten Abenteuerwünschen in der Bevölkerung. Doch leider zeigen sich solch attraktive Wesen in freier Natur nur selten. Wildschweine und Rothirsche kennen die meisten von uns nur aus dem Fernsehen oder dem Schaugatter. – Wer ist – außer Förstern, Jägern oder Waldarbeitern – tatsächlich schon einmal einem Fuchs oder gar einem Dachs im Wald begegnet? Dachse, Füchse, Wanderfalken und Uhus zählen wegen ihrer Seltenheit und Heimlichkeit denn auch zu den Stars des Tierfilms in Europa.

In unserer Untersuchung hat sich gezeigt, daß viele auf die Tatsache, «keinen» oder jedenfalls viel zu wenigen schönen Waldtieren zu begegnen, spontan mit einer Kritik an der Gesellschaft und ihrem zerstörerischen Umgang mit der Natur reagieren. Sie wünschen sich einen Wald voller Tiere, wie er in den Paradiesdarstellungen seit dem Mittelalter überliefert ist. Jene Natur voller Tiere wird uns seit Kindertagen durch Bilderbücher, durch Schulwandbilder[314] und später durch die populären Tierbücher nahegebracht.

Abb. 17 «Insektenleben im Walde» – Ein Wimmelbild

Diese Vorlagen enthalten Wald- und Feldbilder, die in geradezu erdrückendem Reichtum eine Menge von Tieren auf einmal ins Bild setzen, Tiere, die in Europa in der Realität nie zusammen beobachtet werden können. Schon deshalb nicht, weil viele der Lebewesen, die da so friedlich im Bilde vereint sind, draußen allen Grund haben, einander aus dem Weg zu gehen. Solche Wimmelbilder des Schul- und Sachbuches und der diversen Schautafeln haften offenbar sehr eindrücklich im Gedächtnis. Sie prägen das Naturverständnis nachhaltig und vermitteln eine wenig realistische Sicht. Das Fernsehen folgt ähnlichen Vorgaben, obwohl es zu den Darstellungsmitteln des Naturfilms gehört, die wochenlange «gefährliche» und beschwerliche Suche der Kamerateams nach seltenen Tierarten ausführlich – manchmal fast im Stil des Heldenepos – zu schildern. Wer das Tiergewusel im Grasland der Serengeti oder auf den Galapagosinseln je im Film gesehen hat, dem fällt es hinterher schwer, zu akzeptieren, daß es Stellen in der Welt gibt, an denen es sorgfältiger Beobachtungsplanung oder wenigstens des glücklichen Zufalls bedarf, einmal ein Prachttier in freier Wildbahn zu Gesicht zu bekommen. Hinzu kommen die unterschiedlichen Lebensgewohnheiten der Tiere des Waldes und der Menschen. Frühmorgens und nachts, wenn Fuchs, Wildschwein und Dachs unterwegs sind, liegt der «Normalspaziergänger» im Bett. Nur passionierte Jäger sitzen dann manchmal auf ihren Aussichtstürmen. Die meisten von uns haben seltene Tiere, wenn überhaupt, vielleicht unverhofft einmal nachts vom Auto aus gesehen.

Daß sehr viele Tiere des Waldes in ihrem Bestand gefährdet sind, weil Laubmischwälder jahrzehntelang den Nadelholzmonokulturen weichen mußten und die Feuchtgebiete fast überall dezimiert oder zerstört sind, ist in der Bevölkerung allgemein bekannt. Fast alle, die wir über den Zustand der Wälder befragt haben, waren über diese Ursachen der Gefährdung einzelner Tierarten informiert. Aber die hartnäckige Klage, daß sehenswerte Waldtiere heute – anders als in der Kindheit – verschwunden sind, geht ins Leere. Die in den Walderzählungen kritisierten monokulturellen Wälder sind ja nicht erst in den letzten Jahren entstanden. Solche Fichtenbestände, die hierzulande etwa die Hälfte der Wälder ausmachen, waren bereits die Wälder der Kindheit unserer Befragten. Außerdem ist die Realität nicht ganz so ungünstig, denn es finden sich auch in der Nähe großer Städte allenthalben naturnahe Waldgebiete.

Interviewerin: «Sie sagten vorhin, es gibt Tiere, die Sie heute nicht mehr sehen, aber früher gesehen haben?»
Monika Gall: «Sobald ich in diese toten Wälder komme, fehlen mir die Vogelstimmen. Das ist ganz wichtig für mich. Ich habe das Gefühl, so in Richtung Specht zum Beispiel: Diese Tiere hört man nicht mehr. Höchstens in Richtung Kaninchen oder Hase ist was zu sehen. Kaninchen und Hase kriege ich immer durcheinander. Und was mir eben auch fehlt, in diesem Bereich, wo es eben so tot ist: Marder, Eichhörnchen. Solche Tiere sind sehr selten geworden.»[315]

Eine exemplarische Aussage. Frau Gall kennt die Folgen «toter Wälder» für die Tierwelt. Das ursprüngliche Steppentier Kaninchen und auch den Hasen, der nur in seltenen Exemplaren die Wälder bewohnt, dürfte sie kaum von dort her kennen. Der Baummarder – ein scheues Waldtier – ist überhaupt rar. Selbst Förster haben dieses Nachttier nur ein paarmal im Leben beobachtet. Tagsüber zieht sich der Baummarder in ein sicheres Versteck zurück.

Es kann hier nicht darum gehen, die Befragten wegen ihrer mangelnden Kenntnisse der Lebensverhältnisse in den Wäldern zu kritisieren. Aber wichtig ist doch, noch einmal darauf hinzuweisen, daß das verbreitete Waldbewußtsein wenig differenziert ist und weitgehend nicht auf eigenen Beobachtungen, sondern auf Informationen aus zweiter Hand beruht. Kleinere Säugetierarten außer den Eichhörnchen, etwa Haselmäuse, Siebenschläfer, hat nicht ein einziger unter den befragten «Waldlaien» erwähnt. Die Kenntnis von Tierspuren kann nur bei Spezialisten vorausgesetzt werden, z. B. bei Jägern, Förstern oder Biologielehrern.

In Europa lassen sich in abwechslungsreichen Laubwäldern ca. 80–100 Vogelarten beobachten. Davon «singen» die meisten. In den Aussagen der großen Mehrheit unserer Informanten firmieren diese 50 bis 60 singenden Arten einheitlich unter den Sammelbezeichnungen «Vögel» oder «Singvögel». Jeder liebt sie und vermißt im Winter ihren Gesang. Viele halten die Vögel insgesamt bereits für aussterbende Lebewesen. Als ausgangs der 1980er Jahre österreichische Schulkinder im Alter zwischen 7 und 15 Jahren zu einer Prognose darüber aufgefordert wurden, wie sie sich die Welt an ihrem 30. Geburtstag vorstellten, zog sich als einheitlicher Aussagetyp durch die kindlichen Erwartungen das Motiv, es gäbe dann in ihrer Lebenswelt keine Bäume und keine Vögel mehr.[316] Manche der Aussagen aus unseren Interviews über die aktuelle Gefährdung und das unmittelbar bevorstehende Ende der Vögel treffen – auf eine Anzahl von Arten bezogen – leider zu. Aber die Gewißheit der Aussagen über das erwartete Aussterben der Waldvögel insgesamt ist zum Glück übertrieben. Der fleißigste Sänger der Parks und Wälder, der Buchfink, wird immerhin in Europa und Kleinasien in seiner Gesamtpopulation von Ornithologen auf etwa 200 Millionen Exemplare geschätzt.[317]

Abenteuer

Erinnern wir uns: Für Jörg Habel[318] verbinden sich die Walderinnerungen mit der Zahl der Rehe, die er gemeinsam mit seinem Vater beobachtete. – «Die Geschichte war, man mußte Rehe sehen. Das war das wichtigste im Wald.» – Jedes Reh war für ihn ein

Bambi, jeder Waldbesuch ein Abenteuer. Das Abenteuer der Tierbeobachtung gehört für die meisten Waldbesucher zu den «Highlights». Etwas zugespitzt: Je größer das Tier, desto größer das Abenteuer. Kleintiere haben es schwer, Aufmerksamkeit zu erregen. Zwar zählen Singvögel für die «normalen» Waldbesucher, ähnlich den Käfern und Schmetterlingen, zu den geliebten und romantisierten Lebewesen. In ihrer Gesamtheit bilden sie aber, zusammen mit Sträuchern und «normal großen» Bäumen, nichts anderes als die Standardausstattung des Waldes. Sie werden für gewöhnlich nicht als Individuen wahrgenommen, sondern führen das unauffällige Dasein von Alltagstieren. Die Grenze vom Alltag zum «kleinen Abenteuer» verläuft in diesem Waldbewußtsein «jenseits der Hasenlinie». – «Wenn wir in den Wald gehen, haben wir natürlich ein Fernglas dabei. ... Manchmal gukken wir auf Vögel, aber für einen Hasen, da zücken wir unser Fernglas nicht.» Dieser Informant[319], der die Hasenlinie konsequent einhält, differenziert noch weitergehend. Selbst Rehe können das volle Interesse seines Fernglases nur ausnahmsweise finden. Er sieht sie «jede Menge», jedenfalls an manchen Tagen. Da reicht das ein- oder zweimalige Hinsehen pro Waldgang aus. Das große Abenteuer bietet ihm erst der Anblick des Hochwildes, vor allem von Hirschen und Wildschweinen. Mit dieser Präferenz liegen die heutigen Waldwanderer auf einer Traditionslinie mit vierhundert Jahre alten Jägerweisheiten:

> Sag an, mein lieber Waidmann:
> wie stehet dein Verlangen,
> was ist dir heut vor dem Holz widergangen?
> Ein jagdbar Hirsch und ein Schwein,
> was mag mir beßers geseyn.[320]

Oft hat unser Informant dieses waidmännische Abenteuer noch nicht erlebt. Er erinnert sich vor allem an eine Waldwanderung mit seiner Sportgruppe:

«Für mich war es schon eine Überraschung, mal richtige große ausgewachsene Hirsche zu sehen. Damit hatte ich nun gar nicht gerechnet. Ich hatte gewußt, daß es dort in der Göhrde Hirsche gibt, aber nie geglaubt, auch mal einen in freier Wildbahn zu sehen. Das war schon eine angenehme Überraschung, Hirsche und dann Wildschweine. Plötzlich, da hörten wir ein Rascheln, und plötzlich querten die vor uns keine fünfzig Meter weit entfernt den Weg. Da waren Keiler dabei, richtig ausgewachsene Wildschweine.»

Die meisten Tierabenteuer der «Laien» ereignen sich zufällig. – Wildschweine «queren plötzlich» den Weg. – Als Kontrast dazu die Darstellung eines Jägers. Arthur Hartmann, ein Hamburger Polizeibeamter, hat seit 20 Jahren eine Jagderlaubnis, aber kein eigenes Revier. Ein Freund gestattet ihm manchmal, ein Stück Reh- oder Schwarzwild zu erlegen. Hartmann kennt, wie die meisten Jäger, durch gründliches Naturstudium und Buchlektüre die Lebensweise der einzelnen Wildarten sehr genau. Das mag sich primär aus seiner Jagdleidenschaft ergeben. Es wäre freilich verkehrt, die Tierkenntnis und die Waldkenntnis der Jäger ausschließlich als Folge ihrer Jagdinteressen anzusehen. Arthur Hartmann äußert sich über das Schwarzwild:

«Man schießt nur auf erkennbare Einzelstücke, und man schießt nur dann, wenn man sicher sein kann – trotz des schlechten Lichtes nachts. Es stehen ja auch nur immer bestimmte Tage durch die Mondphasen überhaupt zur Verfügung, maximal eine Woche vor Vollmond bis maximal eine Woche nach Vollmond. Danach ist das Licht so schlecht, daß man das Wild nicht genau ansprechen kann. Und dann ruht die Jagd ohnehin. Das Schwarzwild war früher ja auch einmal Tagwild wie das Reh, und es ist zum Nachtwild geworden durch unsere Zivilisation. Schwarzwild zieht sehr weiträumig, ist sehr unstet, auch in seiner zeitlichen Erscheinung. Schwarzwild entzieht sich ganz einfach.»[321]

Das Wildschwein, das als letztes wehrhaftes Wild der Wälder Mitteleuropas unter bestimmten Bedingungen einem Menschen gefährlich werden kann, war nur wenigen unserer Wanderer oder Spaziergänger je in freier Wildbahn begegnet. Fast alle, die auf diese Tierart zu sprechen kamen, konnten indes – aus zweiter Hand – von der Aggressivität der Eber und vom Mut der Bachen mit Frischlingen berichten:

«Wo sich Wildschweine aufhalten, riecht es nach Maggi. Und wenn im Wald Maggi ein bißchen in der Luft liegt, dann heißt es, Beine in die Hand nehmen.»[322]

Jagdbare Tiere, Hirsche, Eber, Wölfe, regen seit je die Phantasie an. Sie sind nicht nur die Lieblingsobjekte der Jagd, sondern auch die des Jägerlateins. Das «Jägerlatein» ist bekanntlich nicht an den Besitz eines Jagdscheins gebunden. Harald Brandes wohnt an einem Waldrand im Hamburger Umland. Jeden Morgen führt er seinen Schäferhund vor die Tür. Glaubt man seiner Geschichte, so kann es durchaus einmal passieren, daß sich das Waldgebiet zu dieser Tageszeit noch fest in der Hand der Wildschweine befindet. Vor ein paar Wochen trat er wie gewohnt vors Haus – mit dem Hund an der Leine. Als dieser plötzlich Laut gab, wurde Brandes auf die davonbrausende Wildschweinrotte aufmerksam. Ein Blick genügte und er begriff deren Zusammensetzung:

«Drei Alte, ein Eber und sechs Kleine. Mann, war das ein Ding. Und alles rennt den Berg runter, und ich guck. Nur der Eber, der bleibt unten an der Kurve stehen, dreht sich um und kommt auf uns zugerannt, aber wie. Und ich denke: ‹Das kann doch nicht wahr sein.› Dann habe ich die Nerven verloren, den Hund geschnappt und hier zur Tür rein. Tür zu. Dann wollte ich noch mal gucken, da war er schon wieder weg.»[323]

Niemand in unserer Untersuchung meidet den Wald wegen der

Wildschweine oder wegen anderer Großtiere. Mag sein, daß sich das ändern würde, wenn etwa in den Nationalparks wieder Wölfe und Luchse in freier Wildbahn lebten. Bis dahin bleibt die Zecke das einzige Tier, dessentwegen der Wald von vielen Menschen gemieden wird.

Zeckenzonen

Wir haben in unserem Projekt in Zusammenarbeit mit Hamburger Schulen 167 Kinder des 5. und 6. Schuljahres gebeten, einen Aufsatz zum Thema «Was ich im Wald erleben kann»[324] zu verfassen. Die Schilderungen erwiesen sich manchmal als reine Phantasieprodukte, oder sie beruhten auf tatsächlichen Erlebnissen. Doch insgesamt überwog eine Mixtur aus Erinnerung und Fiktion. Daß die Reflexionen primär von Gefühlen ausgingen, versteht sich. Mehrheitlich standen bei den neun- bis zwölfjährigen Kindern Tiere im Mittelpunkt: Rehe, Hirsche, die Millionen fleißigen Einwohnerinnen eines Ameisenhaufens. Mit besonderem Mitgefühl schrieben die Kinder Beobachtungen nieder, in denen Tierkinder – Rehkitze, Jungvögel im Nest – vorkamen. Die Vermenschlichung der Tiere gehört in diesem Lebensalter immer noch zu den Selbstverständlichkeiten. Ein krankes Reh, von einem Wilderer in den Leib geschossen, wird von den Kindern zum Tierarzt gebracht. Nach der Heilung wieder in den Wald zurückgetragen, erscheint es aus Dankbarkeit regelmäßig, um die freundliche Menschenfamilie zu besuchen.

Tiere, zu denen liebe Menschen – speziell Kinder – in Kontakt treten, werden sofort zu Freunden, heben brav die rechte Pfote und befolgen die Wünsche der Menschen. Jungtiere sind in diesen Aufsätzen meistens hilflos, von ihren Eltern verlassen. Es ist deshalb die Pflicht der Menschen, sie vor dem Hungertod und der

Einsamkeit zu retten. Die Rettung gelingt bei entsprechender Motivlage der Helfer regelmäßig. Das Vorbild für die Tiere des Waldes und ihre Liebe zu guten Menschen ist der Haushund. Ein Hund begleitet denn auch die Kinder regelmäßig bei ihren imaginierten Waldbesuchen, wo er Frieden und Freundschaft zu Rehen und Hasen genießt. Gefahr geht von bösen Menschen aus, von Räubern und Wilderern. Gegen sie helfen fast immer wohlmeinende, tüchtige Leute: Förster oder Polizisten. Unverzüglich sind sie in den Schulaufsätzen zur Stelle, um die mißliche Situation gelassen-professionell zu bereinigen. Dieser Idealwald kindlicher Phantasien könnte ein rundum harmonisches Weltbild ergeben [325] – wäre da nicht die Zecke.

«Im Wald kann man viele Tiere beobachten, wenn man leise ist, Hirsche, Rehe und Hasen und viele mehr. Man kann auch Butzen bauen oder zelten. Man muß aber immer aufpassen. Es gibt auch Zecken im Wald. Meine Oma ist an Zecken gestorben.» (Kerstin, 11 Jahre)

«Man kann im Wald gut Tiere beobachten und füttern, z. B. Rehe und Hasen. Pilze pflücke ich auch gern. Wenn man in den Wald geht, merkt man, daß es anders riecht, nämlich besser. Allerdings hatte ich auch schon drei Zecken, die bei mir im Hals steckten.» (Holger, 10 Jahre)

Der gemeine Holzbock, die Zecke (Ixodes ricinus) repräsentiert nicht nur in Kinderaufsätzen das schlechthin Böse auf der Welt. Gegenüber diesem Spinnentier gilt auch sonst kein Pardon. Ixodes ricinus wird, wenn sie am eigenen Körper oder an dem einer anderen Person festgestellt wird, gnadenlos vernichtet: zerdrückt, gelegentlich verbrannt. In den Hinweisen auf die Form der Zeckentötung drückt sich gelegentlich Phantasie und eine ungebremste Mordlust aus. Zecken sind unkorrigierbar als Untiere definiert: «Ich mache sie immer tot, mit den Fingernägeln.» – «Und ich brenne sie immer auf, die werden ermordet.»

Bis zu einem gewissen Grad erinnert die Reaktion auf die

Zecke an den Umgang mit den Folgen des Reaktorunfalls von Tschernobyl. Der Biß eines fast unsichtbaren kleinen Tiers genügt, um sich lebensbedrohliche Krankheiten zuzuziehen. Wälder werden deshalb gemieden. Allerdings besteht ein Unterschied zwischen den beiden Formen der Bedrohung. Tschernobyl ist eine «enträumlichte Gefahr»[326]. Es gibt zwar die Zecke als lästigen Parasiten überall in den Wäldern. Doch gefährliche Krankheiten übertragen die Plagegeister nur in bestimmten öffentlich bekannten Regionen. Diese Zeckenzonen werden sorgfältig vor der Urlaubsreise registriert. Jährlich warnen die Zeitungen vor den beiden gefährlichen Krankheiten, die diese Spinnentiere übertragen können: vor der lebensgefährlichen Gehirnhautentzündung und der Lyme Borreliose. Die Sprache ist dabei teilweise fast auf ein Katastrophenszenario eingestellt, die Gefahr wächst beständig – «Osteuropa besonders heimgesucht». Das zur Frühsommer-Menigoenzephalitis führende FSME-Virus wird inzwischen bereits in der Milch von Weidetieren festgestellt.[327] Mit Erleichterung erfahren die Norddeutschen jedes Jahr, daß bei ihnen noch einmal «Entwarnung» gegeben werden kann.

Holzböcke, die sich selbst mit den bedrohlichen Krankheiten infiziert haben, können diese auch auf Menschen übertragen. Die Krankheitserreger sind in Deutschland bis jetzt nur in Baden-Württemberg, Bayern, dem Saarland und in einigen der neuen Bundesländer registriert worden. Jedenfalls hat sich die Lyme Borreliose, an der in Deutschland 40000 bis 80000 Menschen leiden, mittlerweile von einer Berufskrankheit der Förster und Waldarbeiter zu einer allgemein verbreiteten Infektionskrankheit entwickelt. Etwa 90 % aller Infizierungen ergaben sich während einer Freizeitaktivität: beim Campen, Spazierengehen, Radfahren.

Über den Verlauf der Zecken-Krankheiten wird die Bevölkerung durch die Massenmedien gründlich informiert. Die Gefährlichkeit der Borreliose wurde z. B. jüngst in einer Meldung über den krankheitsbedingten Rücktritt eines Bremer Senators hervorgehoben.[328] Nach einem Zeckenbiß suchen infolge solcher Informationen viele unverzüglich einen Arzt auf. Einzelne unserer Befragten wiesen darauf hin, daß sie in den als Zeckenzonen ausgewiesenen Gebieten grundsätzlich keinen Wald mehr aufsuchen. Wie nachdrücklich die Zecken das Sicherheitsgefühl bedrohen, zeigen die Reaktionen auf die Taubenzecken in den Städten der neuen Bundesländer. Dieses Spinnentier hat vielfach Besitz von den Dachböden der baufälligen Altbauten ergriffen.

Ich will die Zecke, die die gefährliche Borreliose überträgt, eine Krankheit, die mit Lähmungserscheinungen, Veränderungen an Muskeln, Gelenken, Augen und Herz einhergeht, nicht zum Geistwesen verfremden, wenngleich die Vorsichtsmaßnahmen gegenüber diesem Tier bisweilen an die Meidungsstrategien aus den Zeiten des Geisterglaubens erinnern. Auch damals waren die Gefahren nach Auffassung der Menschen real gegeben. Und die Wissenschaften bestätigten die Waldbesucher in ihren Befürchtungen oder wiesen sie auf die Bedrohungen hin, die von den Dämonen des Waldes, den Geistern der Flüsse und des Meeres ausgingen. Die Tatsache, daß Wälder bis heute Bedrohlichkeiten und konkrete Gefahren für die Menschen bergen – neben den Zeckenkrankheiten die Tollwut –, gehört zu den wesentlichen Bestandteilen des Waldbewußtseins.

Inzwischen werden Waldbesucher noch vor einem anderen gefährlichen Kleinlebewesen gewarnt: dem Fuchsbandwurm. Außer der Tollwut soll der Fuchs nun also auch noch eine andere Krankheit übertragen. Die befruchteten Bandwurmeier – durch Kot freigesetzt und eventuell vom Wind fortgetragen – sollen sich auf Himbeeren und anderen Waldfrüchten ablagern, ja sie sollen sogar die Beerenpflanzungen waldnaher Gärten befallen. Ob der Fuchsbandwurm nur Füchse schädigt oder auch eine Gefahr für menschliche Waldbesucher bedeutet, ist offenbar noch nicht zuverlässig zu beantworten. Vielleicht ist er einer jener Luftgeister des Waldes, wie sie einmal zum Personal der europäischen Volkssagen gehörten, oder eine jener Kräfte, die wie der heutige Elektrosmog oder die Erdstrahlen der 1950er Jahre gegen besonders sensible Leute wirksam werden. Eine Apothekerin und ein Waldarbeiter aus dem Harz äußerten sich in unserer Befragung dazu ausführlich. Beide vermieden damals seit längerer Zeit den Genuß ungekochter Waldhimbeeren. Der Waldarbeiter aus Bad Lauterberg hatte gehört, ein Kollege aus Braunlage sei am Fuchsbandwurm gestorben. Ein pensionierter Förster aus dem Harz hingegen bezweifelte die Existenz dieser unsichtbaren Gefahr. Aber von dem einen Harzbewohner, der bis jetzt an einem Fuchsbandwurm gestorben sein soll, hatte auch er gehört. Bei ihm war es allerdings ein Förster aus Clausthal-Zellerfeld.

VIII
WALDNUTZUNG

Wer in Wäldern Ruhe und Einsamkeit sucht, kann sie noch mühelos in den dichtbesiedelten Gebieten Mitteleuropas finden. Es gibt hier genügend Wald, und das Verhalten der Bevölkerung muß jemanden, der die Waldeinsamkeit genießen will, nicht stören. Es ist in der Tat nur eine Minderheit, die in ihrer Freizeit tiefer als ein paar hundert Meter in einen Wald hineingeht. Wer sich zu Fuß einmal zwanzig Minuten oder eine halbe Stunde lang auf dem Weg ins Innere eines Waldes hineinbegibt, trifft kaum noch jemanden an, selbst am Wochenende an bevorzugten Touristenorten, etwa in der Nähe von Waldgasthäusern oder Wasserfällen in den waldreichen Mittelgebirgen.

Solche selektiven Wahrnehmungen können Aussagen wie die Elias Canettis über die ausgeprägte Waldliebe der Deutschen und über den Wald als Nationalsymbol vielleicht relativieren, aber keineswegs widerlegen. Die Liebe zum Wald und die symbolische Bedeutung des Waldes sind für die Bevölkerung nicht allein das Resultat konkreter Erfahrung. Es gehört prinzipiell zum Kulturstil der Moderne, daß zentrale Aspekte der Lebenswelt vornehmlich aus zweiter Hand wahrgenommen und konsumiert werden.[329] Das geschieht vor allem über die Massenmedien. Dafür bietet die Diskussion über das «Waldsterben» ein überzeugendes Beispiel[330]. Stärker als ihre europäischen Nachbarn litten die Deutschen unter dem mutmaßlichen «Sterben» der Wälder, ihrer heimischen Wälder und der fernen tropischen Regenwälder. Ohne die überragende Bedeutung der Lebensform innerhalb unserer Kultur kann diese Reaktion nicht verstanden werden. Für eine Liebe und ein Interesse hinsichtlich eines Kulturthemas bei gleichzeitiger Distanz zur Realität ist der Wald keineswegs ein Einzelfall. Auch andere bedeutsame Kulturthemen werden von großen Teilen der Bevölkerung überall in der Welt vornehmlich aus zweiter Hand vermittelt zur Kenntnis genommen, z. B. der Sport und die praktische Politik.

Die Ergebnisse statistischer Erhebungen über den Waldbesuch der deutschen Bevölkerung belegen es zweifelsfrei: Etwa ein Drittel der Großstädter[331] und ein Viertel der Bewohner «ländlicher Zonen» unternehmen «regelmäßig» – d. h. ein- bis zweimal im Monat – einen Wochenendausflug in die Natur. Der Wald ist dann ein besonders beliebtes Ziel. Der Aufenthalt wird am liebsten mit Spaziergängen und Wanderungen zugebracht. Die durchschnittliche Verweildauer im Waldbereich soll, so die Freizeitstudien, bei zwei bis zweieinhalb Stunden liegen. Solche statistischen Erhebungen aufgrund von Beobachtung und Befragung vermitteln zweifellos Wissenswertes über die Beliebtheit verschiedener Naturaktivitäten.

Freizeitaktivitäten im Nationalpark Berchtesgarden[332]:

Aktivität	Beobachtung (%)	Befragung (%)
Spazierengehen	9,4	32,6
Wandern	75,0	74,1
Sport	0,3	1,6
Spielen	0,9	2,2
Sammeln	0,1	2,2
Radfahren	0,5	0,5
Reiten	–	–
Lagern	9,3	10,5
Naturbeobachten	6,1 ◀	81,9 ◀
Skilaufen	3,0	1,9
Sonstiges	4,3	6,1

Am Beispiel der Kategorie «Naturbeobachten» wird allerdings deutlich, wie problematisch es ist, aus zufällig bei Waldbesuchen abgefragten Tätigkeitsangaben auf tatsächliche Verhaltensweisen zu schließen. Für diese Kategorie ergab die Befragung eine Präferenz von 81,9 %. Es ist in diesem Falle berechtigt, «Naturbeobachten» den Kategorien «Wandern» und «Spazierengehen» zuzurechnen. Schließlich ist es nahezu unmöglich, sich im Wald voranzubewegen, ohne dabei fortwährend – «beobachtend» – nach rechts und links zu schauen. Läuft dann tatsächlich einmal ein Reh über den Weg, ist die Naturbeobachtung sogar zu einem Ergebnis gekommen. Bei einer zielgerichteten Observation relativiert sich das Bild erheblich. Es ist dann bloß noch eine kleine Minderheit, 6,1 % der Waldbesucher, die das «Naturbeobachten» in den Mittelpunkt ihrer Aktivitäten stellt.

Beim Betrachten der Tätigkeitstabelle fällt außerdem auf, daß sich die Nachforschungen und Befragungen am Ort auf ein bestimmtes großstadtnahes Erholungsgebiet beziehen. Diese Auswahl des Untersuchungsplatzes kommt nicht von ungefähr, denn in den «normalen» Wäldern fernab der Zentren ließe sich kaum jemand für eine Befragung finden. Der Forstwissenschaftler und Ökologe H. Steinlin[333] stellt fest, daß es sich bei dieser Minderheit gewohnheitsmäßiger Waldgänger vornehmlich um passionierte Leute handelt, um Jäger, Pilzsammler, Ornithologen, Fotografen, Tierbeobachter. Die begeisterten Erholungs- und Sportwanderer kommen hinzu.

Im folgenden wird es um die Frage gehen, in welcher Weise einzelne Personengruppen den Wald nutzen und wie sie sich bei ihren Wanderungen und Spaziergängen in der Natur orientieren. Ausführlicher will ich in einem Exkurs auf das Pilzesammeln eingehen. Dieses Hobby ist ausgezeichnet dazu geeignet, allgemeine Aspekte des Stellenwertes des Waldes in unserer Kultur zu erörtern.

Orientierung

«Oft komme ich leider nicht in den Wald, denn die Zeit ist knapp. Aber frei wird meine Seele, wenn ich stille Wege im grünen Dom wandeln kann», hatte um 1910 ein Berliner Textilarbeiter zu Papier gebracht.[334]
Wandern und Spazierengehen gehören auch heute zu den hochbewerteten Freizeittätigkeiten. Die Freizeit wird in unserer mitteleuropäischen Industriekultur kaum weniger exakt geplant als das Berufsleben. Planlosigkeit des Handelns ist für die Mehrheit der Bevölkerung kulturell untypisch. Selbst die «Fahrt ins Blaue» wird hierzulande sorgfältig organisiert. – Spätestens um 19.00 Uhr soll bei einem Ausflug das Abendessen im Gasthaus auf dem Tisch stehen.[335]

Auch das Aufsuchen der Wälder nach «Feierabend» oder am Wochenende unterliegt genauen Vorüberlegungen. Dabei geht es primär um «Erholung» bei einer körperlichen Tätigkeit, beim Gehen, Radfahren etc. Außerdem wird «das kleine Abenteuer» bei einem Waldbesuch erwartet, etwa eine Tierbeobachtung oder ein attraktiver Landschaftsausschnitt. Bei der Planung des Weges wird im allgemeinen nicht nur die Frage des Zeitbudgets bedacht. In das Timing der Wegstrecken und Aufenthaltszeiten gehen auch ältere Traditionen und eigene Walderfahrungen ein. Zu diesen Kulturtraditionen und subjektiven Erfahrungen gehört zunächst die Qualität der verschiedenen Tages- und Jahreszeiten im Wald. Ein Sommermorgen eignet sich besonders für einen ausgiebigen Spaziergang. Ein Picknick am Waldrand, auf einer Lichtung oder auf einer Tischgruppe am Waldweg wird vorzugsweise für die Mittagszeit vorgesehen. Solch ein Anlaß sollte sich freilich nicht allzu lange über den Nachmittag hinaus erstrecken, denn den aufkommenden Abend möchte jeder außerhalb des tiefen Waldes erleben. Die Dunkelheit im Wald gehört – wie ich bereits ausführte – in unserer Kultur unkorrigierbar zum Standard beängstigender Erfahrungen. Ein weiteres kulturell vermitteltes Schreckensbild bedarf ebenfalls kaum des eigenen Erlebens: Das Verirren im Wald. Die Angst vor dem Verirren ist auch eine Reaktion auf den Ablauf der Tageszeiten. Je später es wird, desto heftiger zeigt sich die Furcht. Seit dem Mittelalter gehört der Topos «Verirren im Wald» zu den Mustern, in denen unsere Sprache ein existentielles Gefühl von Verlassenheit ausdrückt.[336]

Die Volkserzählung, etwa das Märchen von den im Wald ausgesetzten Kindern Hänsel und Gretel, und die romantische Literatur konnten sich auf die Wirkung der beiden Topoi «Dunkelheit» und «Verirren im Wald» stets verlassen. «Als sie endlich erwachten, war es schon finstere Nacht. Gretel fing an zu weinen und sprach: ‹Wie sollen wir nun aus dem Wald kommen!›» In Stifters Erzählung «Der Waldsteig» werden die Reaktionen, die im Bewußtsein mit dem Erkenntnisprozeß, der das Verirren begleitet, Schritt für Schritt aufgeführt: zunächst der erstaunte Blick zur Uhr, sodann die wachsende Gewißheit, nicht mehr zielgerichtet vorwärts oder rückwärts ausschreiten zu können, daraufhin die erfolglose Suche nach der bis zum Bewußtwerden des Geschehens zurückgelegten Wegstrecke. Mit dem Verlieren des Rückweges, der Ausweglosigkeit steigert sich die Panik des Protagonisten: «Er schrie mehrere Male hintereinander» – doch: «In den vielen Ästen, die da waren, sank die Menschenstimme wie in Stroh ein.» – «Endlich war es Abend geworden, unheimliche Amselrufe tönten, und Tiburius ging in seinen unzulänglichen Rock geknöpft weiter.» – «Er war in einem Zustande, in welchem er in seinem ganzen Leben nicht gewesen war.» – Ein Mann aus der Gegend, ein Holzknecht, errettet ihn schließlich aus dieser existentiellen Situation.[337]

Das Auto

Die Hauptfigur in Stifters Erzählung ist ein Kurgast, der sich leichtfertig in ein unbekanntes Waldareal vorgewagt hat. Später lernt er den Waldsteig nach und nach auf vielen Wanderungen genau kennen. Nicht noch einmal möchte er sich unüberlegt in diese Welt hineinbegeben. Wie Stifters Held haben Touristen, Wanderer, Spaziergänger in ihnen unbekannten Wäldern ein Orientierungsproblem. Sie betreten ein unsicheres Terrain. Anders als für die ortsansässige Bevölkerung ist dieser Wald für sie ein fremdes Terrain. Dennoch muß niemand, der bei uns aufgewachsen ist, völlig orientierungslos in einen mitteleuropäischen Wald gehen. Denn wir verfügen alle über bereits eingelebte Gewohnheiten und erprobte Orientierungsmuster. Diese haben wir uns allerdings nicht in Wäldern angeeignet, sondern in anderen Erfahrungsbereichen.

Zunächst ist hier das Auto zu nennen. Es fungiert für die Anreisenden nicht allein als Transportmittel, sondern dient – wie Berge, Hügel, Bäume, Seen – typischerweise als Ausgangspunkt von Wanderungen und als Orientierungshilfe in der Landschaft. Im 19. Jahrhundert konnte das Erlebnis des Sichverirrens vielleicht an einem schwach erleuchteten Waldhaus sein glückliches Ende finden. Heute fühlt sich der Verirrte erst wieder in Sicherheit, wenn er sein Auto vom Waldrand herüberleuchten sieht. Es repräsentiert in der fremden Welt des Waldes ein Stück «Heimat». – «Hauptsächlich das Auto wiederfinden!» – Auf diese Formel läßt sich die Suche nach einem sicheren Punkt im «Walddickicht» bringen.

Bei Peter Heinze hat sich die Orientierung am abgestellten Auto bisher stets als zuverlässig erwiesen:

«Ich nehme keine Karte in den Wald mit. Ich suche mir die richtigen Wege so für 'ne Stunde bis eineinhalb Stunden, wenn ich alleine gehe, und zu zweit vielleicht etwas länger. ... Ja, also irgendwann finde ich schon wieder nach Hause oder zu meinem Auto, selbst wenn ich nicht im Rund gehe. Also, ich habe mich noch nie im Wald verlaufen, daß ich dachte: ‹Huach, Panik! Wo ist das Auto?›»[338]

Selbst der Waldarbeiter Heinz Schrader orientiert sich, wenn er einmal in ein ihm noch wenig bekanntes Waldstück muß, an seinem abgestellten Fahrzeug. Als der Interviewer ihm die rhetorische Frage stellte, ob auch er, der ausgefuchste Waldprofi, sich im Wald verirren könne, erwiderte der Zeuge, das sei ihm in seinem jahrzehntelangen Berufsleben nur einmal passiert. Damals hatte er bei einer Durchforstung eines Fichtenbestandes zunächst das Auto und danach die gesamte Orientierung verloren. Er erinnerte sich der Vorgeschichte: Zusammen mit zwei anderen Waldarbeitern, die in einem anderen Auto saßen, erreichte er das Waldstück, wo er sich zunächst einmal genauer «umsehen» wollte. Deshalb forderte er die beiden Kollegen auf, in ihrem Fahrzeug auf ihn zu warten.

«Da haben wir mal eine Durchforstung gemacht. Damals hatten wir bloß die großen Sägen. Es war eine Durchforstung in so einem dreißigjährigen Fichtenbestand. Ein großer Bestand ist das. Und dann mußten wir durch ein tiefes Tal, alles dabei: große Sägen, Sprit, Öl. Und ich wollte einen Weg suchen. Ich ließ den Wagen stehen und hab zu den beiden anderen gesagt, sie sollen aus ihrem Auto alle fünf Minuten hupen, wenn ich nicht bald wiederkomme, wenn ich mich verlaufe. Aber dann bin ich so lange in der Noller Schlucht rumgelaufen. Ich glaube, wohl zwanzig Kilometer. Zuletzt mit bloßen Füßen. Ich hatte sieben Blutblasen unter den Füßen. Und dann kam ich ganz zuletzt auf einmal wieder zum blauen See, und da waren es fünfhundert oder siebenhundert Meter zum Auto. Aber die beiden waren in der Zwischenzeit nach Wellingholzhausen gefahren. Und dann haben sie mir eine Nachricht auf meinen staubigen VW geschrieben.»[339]

Das Heimatlich-Vertraute des Autos als Orientierungshilfe bleibt nicht auf das eigene Fahrzeug am Waldrand beschränkt. Viele begeben sich nach Möglichkeit nur so tief in den Wald hinein, wie sie den – sonst so verhaßten – Straßenlärm im Ohr behalten. Das konstante Geräusch der Straße vermittelt ihnen ein Gefühl von Sicherheit. Offenbar löst die Stille der «Waldeinsamkeit» bei vielen Großstädtern ein Gefühl von Schwermut aus. Dieses akustische Orientierungsangebot der Landstraße wird vornehmlich in flachem Gelände notwendig, etwa in Waldgebieten Norddeutschlands:

«Wenn ich in Österreich bin und in den Bergen spazierengehe, da habe ich vor mir das Massiv. Da muß ich nur ganz kurz überlegen. In Lüchow-Dannenberg, da ist Kiefernwald, da sieht eine Ecke wie die andere aus, hab ich mich total verfranzt. Ich kam irgendwie nicht mehr raus. Und auf einmal hast du mördermäßige Entfernungen. Und ich hab kein Motorengeräusch mehr gehört, nichts gehört, keine Straße, nichts mehr gesehen. Du hast nur Kiefern gesehen, die fünfzehn Meter hoch sind. Und das war auch so ein Tag, neblig ohne Ende.»[340]

Rundwege und Vierecke

Über die Schönheit eines Waldweges herrscht Einigkeit.[341] Er soll weich sein, mit Moos und Tannennadeln ausgepolstert. Und er soll möglichst nicht breiter als zwei bis drei Meter sein, d. h., er soll sich «natürlich» in die Landschaft einfügen. Romantische Wege dieses ästhetischen Typs werden wortreich gelobt, aber selten benutzt. Wenn es dazu kommt, ist meistens das Waldgebiet dem einzelnen Besucher bereits vertraut, «jeder Schritt» dort wohlbekannt. Das Gegenbild zum romantisch-heimeligen Waldpfad ist der künstliche Schotterweg, die «Autobahn des Waldes».

Andrea Freier hat sich vor Jahren einmal zusammen mit einem

ortskundigen Freund bei einer Wanderung im Pfälzer Wald verlaufen. Sie verließ sich damals auf diesen mit einer Karte ausgerüsteten erfahrenen Wanderer. Weil aber beide die Landkarte nicht nutzten, sondern «die Wege liefen, wie sie kamen», wußten sie plötzlich «weder aus noch ein». Erst nach stundenlangem «Herumirren» und «Riesenumwegen» fanden sie wieder heraus. Hinterher mußte der Freund zugeben: «Ich dachte, wir kommen hier nicht mehr lebend raus.» Für die Hamburgerin bedeutete diese Erfahrung ein Schlüsselerlebnis. Mithin hält sie sich im Wald nun fast zwanghaft an die vorgegebenen Hauptwege, d. h., sie versucht, «möglichst im Kreis oder wenigstens im Viereck zu laufen, es kann auch ellipsenförmig» sein: «Also, insofern haben wir ja das Rechteck oder den eckigen Weg, daß man mehrere Punkte ansteuert. Wir setzen uns ein Ziel.»[342]

Dieses Orientierungsmuster ist den Großstädtern aus ihrer gewohnten Umgebung vertraut. Es schreibt ihnen nun auch bei Spaziergängen in unbekannten Wäldern das Verhalten vor. Die Angst vor dem Verirren bewirkt als Vorsorgemaßnahme raumzeitliche Orientierungsschemata. Die Straßen erfüllen für Autofahrer und Fußgänger die Funktion von Orientierungslinien. Mit Symbolen und Kilometerangaben ausgezeichnete Waldwanderwege übertragen dieses in Städten und auf Landstraßen eingelebte Angebot in die «partielle Wildnis» der Wälder. Dabei ist diese Wildnis überall in Mitteleuropa seit 200 Jahren sorgfältig erschlossen, verplant und umsichtig hergerichtet. Dazu gehört, daß der rechte Winkel auch im Wald das Wegesystem bestimmt. Er gliedert die meisten der modernen Wirtschaftswälder in übersichtlicher Weise. Unsere Befragten beurteilten dieses Wegesystem in einer ersten Stellungnahme fast ausnahmslos abwertend. Die Linien «durchschneiden» – zerteilen – die Natur des Waldes wie die Fernstraßen und Autobahnen das freie Feld. Dennoch ist es gerade dieser kultivierte Forst, auf den sich die Muster der Orientierung und – offenbar durchaus auch die ästhetischen Vorstellungen – beziehen. Beim Spaziergang und bei der kleinen Wanderung vermittelt diese Gliederung der Fläche neben den Rundwegen ein Gefühl von Übersicht im Raum und in der Tageszeit. Städter können dabei die eingelebten Orientierungsmethoden auf Haupt-, Quer- und Verbindungslinien in die Wald«wildnis» übertragen. Wie in ihrer Stadtheimat denken sie die Parallelen und Seitenwege beim Gehen mit. Sie haben dadurch auch im Wald «eine Karte im Kopf». Die akustische Orientierungshilfe der Straße, vulgo, der «Straßenlärm», sichert dieses Orientierungssystem ab, besonders wenn die «Fahrbahn» parallel zu den Waldwegen verläuft.

Das Hamburger Ehepaar Albert und Erika Hohlfeld hat für seine Waldbesuche eine vollständig ausgearbeitete, in der Praxis vielfach erprobte Orientierungsmethode verinnerlicht. Diese macht ein Verlaufen nahezu unmöglich:

Albert Hohlfeld: «Wo Wald ist, stellen wir das Auto ab, und dann marschieren wir los. Aber nur, wo Wege sind.»

Erika Hohlfeld: «Meistens ist es ja doch so: Wenn der eine Weg parallel hineingeht, der andere zweigt dann neunzig Grad ab, und dann geht irgendwann wieder einer quer, und dann kommt man wieder hin. Also, das hat bis jetzt immer geklappt, daß wir immer wieder zum Auto gefunden haben. Ich finde irgendwo, nach Karte laufen, das muß ich nicht haben. Ich finde schon immer, wenn man in einer Stadt fremd ist, da steht man schon immer mit dem Straßenplan an der Ecke. Das muß ich im Wald nicht haben.»

Albert Hohlfeld: «Verlaufen haben wir uns im Wald noch nie, absolut nicht, eher verfahren wir uns mit dem Auto.»

Solch ein mentales Orientierungssystem im Raum ermöglicht die bei den Waldbesuchen übliche Zeiteinteilung. Hohlfelds wissen exakt, wie lange sie wandern oder spazierengehen wollen. Vor allem, zu welcher Tageszeit sie unbedingt den Wald hinter sich lassen wollen.

Interviewer: «Aber es kann ja eine ganze Zeit dauern, bis ihr wieder aus dem Wald raus seid?»
Erika Hohlfeld: «Man kann sagen, so eine Tour machen wir so den Hinweg eine bis eineinhalb Stunden.»
Albert Hohlfeld: «Und dann der Rückweg, der darf nicht länger werden als zwei Stunden.»
Erika Hohlfeld: «Wir kalkulieren das dann immer so: Wir machen eine Tour, wo wir dann um vier Uhr spätestens irgendwo umdrehen. Daß wir dann vor halb sechs, sechs aus dem Wald raus sind. Also, daß wir das schon so kalkulieren, daß wir nicht in die Dunkelheit reinkommen. Wir wollen nicht auf einmal da im Dunklen stehen, und man hat sich verkalkuliert. Also, das muß man nicht haben.»[343]

Für junge Menschen ist das Verirren im Wald stets ärgerlich und oft gewiß beängstigend, besonders wenn es dunkel wird. Es bedeutet außerdem eine intellektuelle Niederlage. Sich zu verlaufen ist «kindisch»: Ein lebenstüchtiger junger Mann hat sich wie im Märchen von «Hänsel und Gretel» im Wald verlaufen. Folglich kann er unter seinesgleichen eher mit Spott als mit Mitleid rechnen. Wahrhaft gefährlich und existentiell bedrohlich ist das Verirren im Wald jedoch für alte oder kranke Leute. Ein Orientierungsfehler kann tödlich enden.

Das Orientieren im Wald hat außerdem eine geschlechtsspezifische Seite. Wenn Männer und Frauen gemeinsam im Wald wandern, liegt die «Verantwortung» noch heute vornehmlich auf seiten der Männer. Sie sind im Besitz des «Kartenmaterials». Ein Grund für diese Form der Arbeitsteilung könnte außer in der traditionellen Rollenteilung zwischen den Geschlechtern auch im Wehrdienst vieler Männer liegen. In dieser «Schule» wird die «Bewegung im Raum» systematisch mit Karte und Kompaß exerziert. Von solchen Erfahrungen führt ein Weg zur Organisation von Wandergruppen aus Bürokollegien, Lehrerzimmern oder von Theken- und Vereinsbeziehungen. Solche Gruppenaktivitäten werden noch wesentlich sorgfältiger vorbereitet als Einzelwanderungen. Es geht den Wanderkollegien meistens nicht allein um die «Erholung» in der Natur. Genauso wichtig ist die Kilometerleistung. Werner Boll ist in einer Volleyballgruppe aktiv. Jährlich organisiert er für diese Mannschaft ein bis zwei ganztägige Wanderungen. Gelegentlich wandern die nicht zum Team gehörenden Ehefrauen oder Freundinnen mit.

«Also, wir machen uns immer einen Plan. Wo wollen wir gehen? Stecken ganz grob unser Ziel ab. Wir sind so circa sechs bis sieben Leute im Schnitt. So, und dann haben wir Kartenmaterial zur Verfügung, und nach dieser Karte zeichnen wir uns vordem eine Route ein. Meistens wandern wir sieben, acht Stunden. Man muß immer das neueste Kartenmaterial vorweisen, weil dann mitunter wieder neue Wege in der Natur sind, die die Karte noch gar nicht vorgesehen hat. Dann gehen wir so ungefähr dreißig, fünfunddreißig Kilometer, wenn wir unter Sportkollegen gehen. Das muß ich dazu betonen. Wenn wir die Ehefrauen oder Partner mitbringen, dann halbiert sich diese Strecke leicht. Dann sind fünfzehn, achtzehn Kilometer genug. Unter Sportkollegen legen wir auch ein anderes Tempo vor. Sechs bis sieben Kilometer ist auch dann schon reichlich viel. Fünf Kilometer ist gut bemessen.»

Interviewer: «Geht ihr dann zusammen, oder verteilt sich das über eine Strecke?»

Werner Boll: «Das ist unterschiedlich. Meistens gehen wir im offenen Pulk, wenn man das so nennen will.»[344]

Die Orientierung in der Natur, auf Straßen, in der Stadt, im Wald bedarf also stets der Typisierung. Der einzelne folgt routinisierten, eingelebten und schließlich verinnerlichten kulturellen Mustern. Diese werden über die Familie und die Schule sowie über die unterschiedlichen Milieus vermittelt. In ihrer Gesamtheit zählen diese Orientierungsmethoden zu den wichtigen Standardisierungsleistungen einer Gesellschaft. Der kultivierte, mit übersichtlichen Wegen und mit Straßenschildern erschlossene Forst mag das geschmähte Gegenbild zur idealisierten natürlichen Natur sein. Aber er ist seit Jahrhunderten ein Bestandteil unserer Umwelt. Unsere Kultur hat die Natur in systematischer Weise erschlossen. Sie hat dabei mit ihren Wegenetzen ein bereits eingelebtes Orientierungssystem nicht allein für die Transportbedürfnisse der Waldwirtschaft genutzt, sondern gerade auch für die unprofessionellen Waldbesucher. Hinter den Mustern der Naturnutzung und Naturerschließung werden allgemeine Orientierungssysteme unserer Kultur erkennbar.

Wanderaktivitäten und Wanderkonflikte

«Bei Waldwanderungen ist das erste Motiv das Abschalten vom Alltagsstreß. Sich frei bewegen, sich auch mal unterhalten. Wenn die Frauen nicht da sind, haben wir eigentlich noch einen größeren Spaß. Da können wir richtig unseren Gedanken freien Lauf lassen. Da wird auch mal was gesagt, wo die Frauen sicherlich schimpfen würden. Also, da läßt man wirklich die Seele absolut baumeln. Das ist der Wald, und das ist für uns einfach Erholung. Das können wir sicherlich bis ins hohe Alter fortsetzen, wenn wir keinen Sport mehr machen können. Das ist ja auch nicht mit einer großen Geldausgabe verbunden, einfach Spaß an der Natur, genügend frische Luft getankt. Kehrst du nach Hause zurück, bist schachmatt, fällst ins Bett wie ein Stein und schläfst.»[345]
Unser Informant führt hier eine Liste der privaten Erholungsaktivitäten auf. Wer nach den Gründen für den Waldbesuch fragt, bekommt in Modifikationen und in unterschiedlicher Gewichtung immer wieder diesen Motivkatalog vorgetragen. Mal liegt der Akzent dabei deutlicher auf der sportlichen Seite, mal auf der musisch-ästhetischen, außerdem geht es um das Gruppenerlebnis

in der Familie oder mit Freunden. Wenn Herr Boll andeutet, es komme ihm und seinen Wanderkollegen darauf an, dort ohne die Ehefrauen einmal «die Seele baumeln» zu lassen, wird das beliebte Motiv der Flucht aus dem Ehe- und Großstadtalltag in die Natur erkennbar. In der Regelmäßigkeit, mit der auf Nachfrage in unseren Interviews die lange Liste der menschenfreundlichen Angebote des Waldes «abgearbeitet» wurde, kommt dessen kulturelle Bedeutung anschaulich zum Ausdruck. Der Wald ist – zumindest als Erzählthema – in das Alltagsleben integriert und liefert zugleich das Angebot einer Gegenwelt zu bestimmten Aspekten des Alltagslebens. Wald ist – wie es Thomas Bernhard ausdrückte – «Lebensstichwort» für Millionen[346] oder, wie es in der hochgestochenen Sprache des 19. Jahrhunderts hieß, der «Turnplatz der Jugend» und die «Festhalle der Alten»[347].

Auf die Fülle der verbandsartig organisierten Wald- und Wanderinteressen, die Aktivitäten der Gebirgs- und Wandervereine will ich nicht ausführlich eingehen. Zwei Millionen Wanderer auf 89 000 registrierten Wanderungen. Das war für das Jahr 1994 ein Ergebnis der Arbeit des «Verbandes deutscher Gebirgs- und Wandervereine e. V.». Der Sauerländische Gebirgsverein ist im Verbandsleben der organisierten Wanderer besonders aktiv. Er allein brachte es auf 16 500 Wanderungen. Die akribische Buchführung des Jahresberichts[348] steht völlig im Bann der Statistik und der großen Zahlen, denn der Wettbewerbsgedanke ist seit den Anfängen ein fester Bestandteil deutschen Wanderns.

Im Statement von Herrn Boll, dem Organisator einer freien Wandergruppe, klang bereits der Stolz auf die Kilometerzahlen an, die bei solchen Anlässen «marschiert» werden: «... ungefähr dreißig, fünfunddreißig Kilometer» unter Sportkollegen. Der Stolz auf die Leistungskraft der Waden bestimmt denn auch das organisierte Wandern der Verbände. Es wird sorgfältig Buch geführt: Am deutschen Wanderwettbewerb 1994 haben 1849 Wanderer in 100 Gruppen teilgenommen, die aus 32 Verbandsvereinen kommen. Sieger: eine Wimpelgruppe aus dem Frankenwald mit 457 km = 16 200 Punkte. Zu so einer Verbandskultur gehören neben den Wanderwettbewerben ein Tagungswesen der «Fachwarte», Wanderführerlehrgänge etc.

Das organisierte Gebirgs- und Wandervereinswesen hat zweifellos seine Verdienste, vor allem durch das Engagement für die Waldpflege. Und für die Mitglieder hält das Vereinsleben eine Fülle von Unterhaltungen bereit. Wir haben einzelne Mitglieder[349] aus Wandervereinen nach ihren Aktivitäten befragt. Einige gerieten ins Schwärmen, als sie von bestimmten – inzwischen historischen – Wanderungen in der Gruppe erzählten.

Das trifft für Hermann Sauer zu. Er steht seit 30 Jahren als Präsident einem örtlichen Wanderverein in der Gegend Osnabrücks vor. Beruflich arbeitet er als ein von der industriellen Produktion freigestellter Betriebsratsvorsitzender. Sein soziales Engagement in der Freizeit ist beachtlich. Er berücksichtigt dabei zu gleichen Teilen die Gewerkschaft und den örtlichen Wanderverein.

Den «südlichen Abhang» des Teutoburger Waldes hat er mit seinen Wandergruppen mit Wegen und Bänken ausgebaut. Jährlich hat er verschiedene Frühwanderungen – von fünf bis elf Uhr – für 30 bis 50 Männer, Frauen und Kinder organisiert. Ein einziges Mal hatte es in den gesamten 30 Jahren seiner aktiven Tätigkeit eine Planungspanne gegeben. Die Gruppe hatte ein Frühstück an einem traditionsreichen Ort als Ziel der Wanderung vorgesehen: «Wir sind mindestens drei- oder viermal, solange wie ich Präsident bin, nach Kloster Oesede gewandert. Das war immer wieder ein Ereignis. Morgens um fünf Uhr los, dann in den Dom rein, anschließend Frühstück im Kloster. Nur einmal, das war das zweite Mal Kloster Oesede, ob die das dort nun vergessen hatten, daß ich das Frühstück angemeldet habe, oder ob das nicht richtig angekommen war, weiß ich nicht. Hab ich da geklingelt. – ‹Ja, was wollt ihr denn?› Von dem Ereignis erzählt heute noch jeder, der dabei war.»[350]

Wie ich bereits geschildert habe[351], löst heute das Wort «Wandern» bei jungen Leuten eher Protest als Zustimmung aus. Deshalb berichteten aus Anlaß des 95. Deutschen Wandertages einzelne Zeitungen über einen Generationenkonflikt, das «abgelutschte Image der Kniebundhose» – «Die jungen Leute laufen der organisierten Wanderbewegung scharenweise davon.»[352] – «Das Angebot der Freizeitindustrie ist verwirrend und grenzenlos. Hauptsache, nicht mehr auf den billigen und ausgetretenen Pfaden – aber wenn's geht, nicht mehr in deutschen Landen.»[353]

Andererseits zeigt die Beliebtheit von Jugendwaldheimen und ähnlichen Einrichtungen, daß das ökologische Engagement von Erwachsenen, speziell von Lehrern, durchaus mit der Beteiligung der Jugend rechnen kann. In Zusammenarbeit mit der Schutzgemeinschaft Deutscher Wald unterhält die Forstverwaltung des Landes Niedersachsen 11 Jugendwaldheime, in denen sich Schulklassen für 12 Tage zu freiwilligen Arbeitsleistungen – «Jugendwaldeinsätzen» – aufhalten können. Mehr als 5000 Schülerinnen und Schüler nutzen jährlich[354] dieses biologisch-ökologische Angebot.

Die Mehrzahl der Waldnutzer benötigt keineswegs eine Organisation für ihre sportlichen Aktivitäten: für das Radfahren, Mountainbiking und Joggen, für das Schneesurfen, Skilaufen und Reiten. Die diversen Interessen der unterschiedlichen Waldnutzergruppen müssen fast zwangsläufig in der Praxis zu Konflikten führen. Herr Holzmann, ein Hamburger Förster, hat am eigenen Leibe erfahren, wie solche Streitigkeiten bisweilen groteske Züge annehmen. Er berichtet über seine Reibereien mit Wanderern, genauer gesagt, mit den typischen «ökologisch angehauchten» Städtern:

«Am uneinsichtigsten sind die Leute, die nur gelegentlich den Wald aufsuchen. – Ich treffe hier viele Leute, wenn ich mal am Wochenende im Wald bin. Die kommen vielleicht als Wanderer ein- oder zweimal im Jahr hier in den Forst. Die kommen aus der Stadt und interessieren sich überhaupt nicht für die Praxis. Die schlagen einem mit dem Stock auf den Wagen, weil man ja als Förster mit dem Auto durchfährt, was sonst keiner darf. Das regt die Leute auf. Und wenn sie mal jemand maßregelt, das können sie gar nicht verstehen. Allerdings, das Gros der Leute verhält sich vernünftig.»[355]

Mountainbiker und Förster sind naturgemäß Feinde. Weil mit dem Mountainbike selbst auf sehr schmalen Fußwegen gefahren werden kann, können auch Spaziergänger vor den Benutzern dieses Fahrradtyps nicht sicher sein. Bei einer Umfrage gaben 30 % der Wanderer[356] zu Protokoll, bereits einmal mit Mountainbikern in der Natur in Streit geraten zu sein.

Wie bei fast allen Nutzungsarten des freien Waldes, von der Wilderei über den Holzdiebstahl in früherer Zeit bis zum freien Laufenlassen von Hunden heute, dürfte auch im Falle der Mountainbiker mit Verboten und Appellen wenig auszurichten sein. Denn die «Wälder» werden in unserer Kultur weithin als Orte der Wildnis und der Freiheit empfunden, als eine Gegenwelt zur Ordnung und Zivilisation der Städte. Die querfeldein und querwaldein radelnden Mountainbiker haben also in diesem Punkt ein ungebrochenes subjektives Rechtsgefühl, falls sie ihren rasanten Sport in deutschen Wäldern ausüben. In der Stadt München waren deshalb 35 % der befragten Radfahrer der Meinung, es existierten für sie bei der Benutzung ihres Fahrzeugs keinerlei Einschränkungen. Das gilt offensichtlich für den Wald genauso wie für die Stadt: Beide Male stellten sich die Radfahrer in ihrem Rechtsempfinden gern den Fußgängern gleich. Vor der «Polizei des Waldes», den Forstbeamten, haben sie mithin ebensowenig Respekt wie vor den Polizisten in ihrer Stadt. Dazu nochmals der Förster Hartmut Holzmann, dessen stadtnahes Revier besonders von Joggern, Mountainbikern und anderen Sport betreibenden Gruppen und Individuen heimgesucht wird:

«Die Mountainbiker sehen dann nur einen Ordnungshüter,

der auf einmal auftaucht und ihnen etwas erzählt in ihrer Freizeit, wo sie den Wald und die Natur genießen wollen. Und dann kommt einer mit dem Auto und blökt sie an, mitten in der Natur. So, das ist ihre Sicht. Vielleicht ist das ja sogar verständlich, auch wenn es nicht richtig ist. Man muß lernen, mit diesen Konflikten zu leben. Es ist nicht meine Aufgabe, den Frieden im Wald herzustellen. Es gibt immer Reibereien. Ich muß nur versuchen, die Ansprüche, die an den Wald gestellt werden, zu gewährleisten.»

Im Vergleich zu den Reaktionen auf Mountainbiker ist die Zahl der Konflikte zwischen Reiterinnen und Reitern auf der einen und den weiteren Waldnutzern auf der anderen Seite gering; nicht zuletzt, weil dieser Sport überwiegend von Frauen und Mädchen mit bürgerlichem Hintergrund betrieben wird. Doch häufen sich auch hier neuerdings die Streitfälle. Bereits 1983 mußte sich die Hamburger Bürgerschaft[357] mit den Schäden befassen, die der Allgemeinheit durch Reitsportler entstehen, welche sich nicht an die ausgewiesenen Reitpfade halten. Wanderwege, die von Reitern widerrechtlich genutzt werden, seien «für ältere Spaziergänger und Radfahrer nach kurzer Zeit unbrauchbar.» – Der «Spiegel» berichtete[358] von Jagdszenen «adliger Waldbesitzer» gegen die zunehmenden Reiterscharen: «Der Adelsmann will nicht Hasen oder Rehe jagen – er hat es auf Reiter abgesehen. Plötzlich sieht er frische Hufspuren. Doch nirgendwo schnaubt ein Pferd. Von der Wense flucht. Er ist zu spät gekommen. Am liebsten verfolgt er Eindringlinge deshalb mit dem Geländewagen: ‹Wenn die weggaloppieren, bin ich zu Fuß zu langsam.›» – Dieser Adelige und Standesgenossen wollen nun – so der «Spiegel» – Wegegebühren von den Reitern oder von den kommunalen Behörden erheben: «Wegezölle wie im Mittelalter».

In der Nähe der Städte kann der nächtliche Wald, etwa am Wochenende, zu einem Abenteuerspielplatz aller möglichen Gruppen werden. Es finden nächtliche Partys und Musikkonzerte auf

Waldlichtungen statt. Am nächsten Tag liegen zuweilen Bierdosen, Flaschen und anderer Partymüll herum. Es sind offenbar sehr unterschiedliche Gruppen, die hier nebeneinander ihre Aktivitäten genießen. Der 36 Jahre alte Kurt Blau[359] nahm an einer Geburtstagsfeier mit einem «Bier-Marathon» teil. Es kam darauf an, teamweise bestimmte Aufgaben in Wettkampfmanier zu lösen: Zigaretten mit einer Wasserpistole auszuschießen, ein Schlauchboot mit dem Mund aufzublasen und immer wieder eine Flasche Bier «auf ex» zu trinken. An dieser «Sportart» beteiligte sich eine gemischte Gruppe junger Männer und Frauen. Außerdem kämpften im gleichen Waldstück noch andere Sportler. Eine Gruppe betrieb dort das Gotcha-Spiel (von englisch: got you). Dazu hatten sich die Beteiligten vermummt.

Zum Gotcha-Spiel, einem Kampfspiel, gehören Tarnanzüge und Farbpistolen. Die Soldaten spielenden jungen Leute beschießen sich mit Kügelchen. Ein getroffener Spieler wird für «tot» erklärt und scheidet aus. Im Umland Hamburgs wissen die Förster, daß diese Kämpfe, welche nachts die Tiere stören, allenthalben in den Wäldern ausgetragen werden. Aber zum Gotcha-Spiel gehört das Geheimnis. Die Förster können deshalb wenig dagegen unternehmen. «Bisher haben wir noch keinen zu fassen gekriegt», mußte ein Forstbeamter eingestehen.[360]

Kurt Blau und seine Partyteilnehmer hatten mehr Glück. Der Informant erinnert sich: «Wir waren anfangs ziemlich geschockt, weil wir jetzt nicht genau wußten, ob das Faschisten oder sonstwas sind.» Es entstand, wie sich der Informant erinnert, eine «riesenmiese Stimmung», bei der seine Partygruppe sogar das Trinken einstellte, denn die Bier-Marathonkämpfer konnten zunächst nicht absehen, «ob es gleich Streß gibt mit denen». «Wir haben uns das erst mal angesehen, was bei denen passiert. Und als wir dann mitbekommen haben, daß es eben halt Gotcha-Spieler sind und daß sie sich dann auf die andere Seite des Geländes verdrückt haben, dann war es okay.»

Dergestalt verlagern sich ritualisierte Konflikte aus der Großstadt in den Wald. Im 18. und teilweise noch im 19. Jahrhundert war der Wald für sich ein Ort sozialer Kontroversen zwischen der Bevölkerung und den staatlichen Institutionen: zwischen Wilderern und Holzdieben auf der einen Seite und der Amtsgewalt in Person des Försters auf der anderen. Holzdiebstahl und Wilderei entwickelten sich in den beiden Nachkriegszeiten dieses Jahrhunderts noch einmal zu einem gravierenden Konflikt. Inzwischen haben sich die Wälder wieder, wie seit den vergleichsweise ruhigen Zeiten in der zweiten Hälfte des 19. Jahrhunderts, zu wirtschaftlich genutzten Forsten und zu «Naherholungsgebieten» entwickelt. Die Reibereien, die hier infolge von Interessenkonflikten entstehen, sind relativ harmloser Natur, obwohl auch sie in der Industriegesellschaft einen wichtigen Bereich des Lebens betreffen: die Freizeit. Aber es bleiben typischerweise Streitigkeiten privater Natur. Die soziale Dimension der traditionellen Waldkonflikte und Waldfrevel, die im Gegensatz dazu Rechtshändel um wirtschaftliche Nutzungsrechte waren, fehlt ihnen weithin.

Der ökonomische Charakter der traditionellen Waldnutzung, zu dem es gehörte, den Wald als Arbeitsplatz und Produktionsstätte zu sehen, ist inzwischen im Bewußtsein der Bevölkerung fast in Vergessenheit geraten, vor allem bei Städtern. Daß der Wald immer noch ein Arbeitsplatz für viele in Deutschland ist, ist Schulkindern und Jugendlichen nahezu unbekannt. Der Förster ist inzwischen zum Waldhüter geworden, der mit den allfälligen Konflikten der Freizeitmenschen in seinem Revier «irgendwie leben muß» und vornehmlich seine Aufgabe darin sieht, die unterschiedlichen Nutzeransprüche sorgfältig gegeneinander abzuwägen, mit dem behördlich vorgegebenen Ziel, diese sozialen Ansprüche so vollständig wie möglich «zu gewährleisten».

Allerdings können die politischen Konflikte, die manchmal im Umkreis der Wälder ausgetragen werden, auch heute immer noch

eine erhebliche soziale Brisanz entwickeln. Man erinnere sich der
«Republik Freies Wendland», jenes Hüttendorfes in der Nähe
des geplanten Atomzwischenlagers in Gorleben, oder ähnlicher
Waldhüttendörfer nahe der Wiederaufbereitungsanlage in Wakkersdorf und an der «Startbahn-West» des Frankfurter Flughafens. Diese zu Symbolen gewordenen Plätze zeigen die Dynamik,
die der Wald immer noch als Ort des sozialen Kampfes und als
Symbol politischer Konflikte erreichen kann.

Der Ort der Liebe

Zwar hat der Wald seine Bedeutung als wichtiger Ort für die ersten sexuellen Erfahrungen längst an das Auto, die elterliche
Wohnung und Urlaubsstrände abgetreten. Die Heimlichkeit, die
früher für die jungen Leute dazugehörte, ist der öffentlichen Toleranz und der großzügigen elterlichen Duldung gewichen. Aber
der Wald ist immer noch ein Platz, an dem Liebes- und Ehepaare
aller sexualtüchtigen Altersgruppen gelegentlich miteinander
«schlafen». Aber eben nur ein üblicher Platz neben vielen anderen. Das zeigt sich in der Offenheit und Selbstverständlichkeit,
mit der über das Thema geredet wird. Schließlich gibt es nichts
einzuwenden gegen «natürliche» Sexualität an diesem traditionsreichen Ort. Wer käme auf die Idee, «unnatürliche» – ausgefallene – Praktiken ausgerechnet im Wald zu inszenieren? Als besonders romantisch wird die Liebe im Wald indes gegenwärtig
nicht mehr empfunden. Wenn solche Töne bei den Erinnerungen unserer Informanten mitklingen, sind sie wohl primär den
nostalgischen Gefühlen geschuldet, die beim Rückblick auf
schöne Erlebnisse in lange zurückliegenden Zeiten unverzichtbar
sind.

Die echten Volkslieder, die nicht erst in der Romantik für das
Volk gedichtet, sondern schon vorher von ihm spontan gesungen

wurden, halten es ähnlich. Auch sie sind bar romantischer Stilisierungen. Es geht in den Liedtexten unverstellt – «natürlich» – zu. Schnell wird der Jüngling aktiv, das «Mägdelein» spielt wohl oder übel mit. So heißt es beispielsweise in einem von den Brüdern Grimm gesammelten Volkslied über einen Jüngling und ein Mädchen, die sich im Wald begegnen:

> Er nahm sie drauf gefangen
> gefangen muß sie sein
> er zog ihr ihre Kleider aus
> sie gab sich geduldig drein ...[361]

Obwohl die Liebe in der Natur bis heute zu den Standarderfahrungen gehört, liegt sie stets etwas außerhalb der Alltagspraxis. Der Wald bleibt ein beliebter Ort für Paare, die sich dort für einen Seitensprung treffen; nicht zuletzt, weil Waldbesuche keine Hotelrechnungen nach sich ziehen. Ein Harzer Forstbeamter wußte zu berichten, daß es für entsprechende Situationen quasi ein Standardarrangement gibt. – «Meistens sind beide mit anderen verheiratet, wenn an bestimmten Stellen dicht am Waldrand zwei Autos abgestellt sind.» – Für «ordentlich» Liierte hingegen liegt der Reiz in der Spontaneität und im Raffinement, es «zu machen», obwohl niemals völlig auszuschließen ist, dabei gestört oder beobachtet zu werden. Der sechundfünfzigjährige Hans Radunski erinnert sich:

«Von den wilden Sachen bin ich nun ja schon ziemlich runter. Aber im Wald zu vögeln war eine schöne Sache. Da war ich 26 oder 27 oder in dem Alter, Segeberger Forst, das weiß ich noch, daß wir da vom Weg abgegangen sind. Dann das Auto hingestellt und in den Wald. Man hatte schon seine Vorstellungen von den nächsten zwei, drei Stunden. – Entweder noch nicht geäußert oder schon geäußert. Aber es war was Besonderes. Ich kann mich entsinnen, daß wir einmal gerade heftig dabei

waren und irgendein Fußgänger da auftauchte, mit 'nem Hund auch noch. Er kam also auf uns zu, und die Preisfrage war jetzt, biegt er ab, oder folgt er seinem Hund, der schon ein Stückchen weiter auf uns zugelaufen war. Schließlich ist er dann abgebogen. Nur, die reine Freude war es danach nicht mehr, daß wir schon anfingen uns anzuziehen oder so, aber bei vielen Gelegenheiten waren wir auch ungestört im Wald. Und das war dann jedesmal irgendwie ein besonders schönes Erlebnis, wenn dann Hitze und Wärme so an den Körper rankamen. Dann war es eigentlich im Walde schöner als zu Hause im Bett.»[362]
Eine ähnliche Erinnerung aus der Perspektive einer Frau:
«Ich denke, jedes Liebespaar hatte für sich einen bestimmten Platz. Wir haben immer einen Platz bevorzugt. Also, wenn mein Freund eine gewisse Strecke fuhr, wußte ich schon Bescheid. Aha, das war einfach so, daß man das nicht offen sagte. Heute ist man da viel freier. Aber ich wollte das ja auch.»[363]
Heidi Alden ist eine Mittvierzigerin. Gelegentlich kommt es vor, daß sie und ihr Mann beim Waldspaziergang plötzlich den «vorgeschriebenen» Weg verlassen:
«Liebe im Wald kommt immer wieder vor. So was passiert, ohne daß man es sich vornimmt. Man geht einfach, und dann überkommt es einen vielleicht. Das finde ich auch schön, in der Natur und so spontan.»
Interviewerin: «Ist da ein wenig Angst in Spiel?»
Heidi Alden: «Überhaupt keine. Wenn einer käme, wäre es mir in diesem Moment vielleicht egal.»[364]
Die sorgfältigen Vorbereitungen, die für gewöhnlich bei der Liebe im Wald dazugehören, gelten Dritten, die sich die Situation zunutze machen. Die Angst vor Überfällen und vor Gewalt gegen Liebespaare ist das eine, das andere ist der Voyeur. Ein Spanner kann von den Liebespaaren gelegentlich als beobachteter Beobachter ins Spiel einbezogen werden. In der folgenden Er-

innerungserzählung verlagert sich der Reiz der Situation von der Erotik in die Schauspielerei:

«Und dann wußte man, daß da ein Spanner war, der den Liebespaaren nachging. Das war bekannt. Und dann machten sich teilweise die Liebespaare einen Spaß daraus, wenn sie ihn dann beobachtet hatten, und sie wußten, daß sie von ihm wieder beobachtet wurden. – Ihn dann so richtig einen ganzen Nachmittag hinhielten. – Der hatte ein Gespür dafür: ‹Das ist ein Liebespaar, da passiert heute nachmittag was.› – Sie hielten ihn hin, indem sie sich ins Moos legten und sich dann abknutschten und danach wieder aufstanden und ein Stück weitergingen. Den haben die Liebespaare manchmal derart verarscht, daß er einem richtig leid tun konnte. Also, das war samstags und sonntags dieses Ritual. Er hatte sich dann auch richtig dafür angezogen, grüne Hose, grüne Joppe, grünes Hemd.»[365]

Als Ort für das romantische Liebesabenteuer hat der Wald in einer «Erlebnisgesellschaft» wenig zu bieten. Der Kick liegt, wenn überhaupt, inzwischen vornehmlich im raffinierten Arrangement, wie im Falle dieses Rollenspiels. – Mittlerweile gibt es keinen Ort mehr, an dem in der Welt des Fernsehens die Sexualität noch nicht exerziert worden ist, in Kirchen, auf Friedhöfen usw. – «Wie romantisch: Martin liebt seine Freundin in der Leichenhalle», versprach eine Fernsehzeitschrift. Die «Freiwillige Selbstkontrolle» empfahl das Werk für Sechzehnjährige.[366]

Exkurs: Das Sammeln von Pilzen

Wer erfolgreich Pilze als Nahrungsmittel aus dem Wald holen will, benötigt detaillierte Kenntnisse. Es kommt nicht bloß darauf an, die eßbaren von den giftigen und ungenießbaren Sorten zu unterscheiden. Ein richtiger Pilzsammler kennt den Biotop genau, in dem bestimmte Pilze gedeihen. Steinpilze wachsen vornehmlich im Sommer und Herbst unter Laub- und Nadelhölzern, vor allem am Waldrand und auf der Lichtung. Erfahrene Pilzsammler begutachten die Beschaffenheit der Krautschicht und der Moose im Baumbestand und schließen danach auf das mögliche Vorkommen bestimmter Arten. Lange bevor Begriffe wie «Pflanzensoziologie» und Ökologie en vogue waren, hatten die Sammler auf der Grundlage interessengeleiteter Beobachtung die Zusammenhänge durchschaut.

Die Pilzkenntnis und die Sammelleidenschaft gehen meistens auf Erfahrungen in der Kindheit und Jugend zurück, außerdem natürlich auf Bestimmungsbücher. Die Erfahrung in der Familie bleibt jedoch die wichtigste Schule eines Sammlerlebens.

«Mittlerweile kenne ich viele Sachen, die ich sammeln kann. Also, zum Teil durch eigene Aufmerksamkeit und zum Teil, weil sie mir Freundinnen erzählt haben. Aber die Anfänge, die kommen von meiner Mutter. Das bezieht sich allerdings auf die Pilze. Also, in diesem Bereich, da hat sie doch eine recht umfassende Ahnung gehabt. Ich meine, daß man Himbeeren und Brombeeren sammeln kann oder Holunder. Da gehört nicht viel dazu. Das wissen die meisten noch. Zum Beispiel die Plätze: Es gibt Plätze im Wald, an denen die Wahrscheinlichkeit, einen Pilz zu finden, größer ist als an anderen. Birkenpilze wachsen zum Beispiel im Wald. Es gab da eine Gegend, da war es ein bißchen sumpfiger. Und das war klar: Das war die Gegend für die Birkenpilze. Die Maronen, die mochten das lieber mehr laubwaldmäßig und Steinpilze auch. Die hatten ein ziemlich ähnliches Gelände, das sie mochten. Da mußte sehr viel Licht einerseits sein, aber auch sehr niedrige Zweige, niedrige Bäume. Also, sie mochten auch gerne umschattet sein. Und die Maronen mochten den Buchenwald, weil sie darin die perfekte Tarnung hatten. Also, im Buchenwald 'ne Marone zu finden, da gehört eben doch wirklich ein bißchen was dazu. Und dann

die Perlpilze. ... Und was meine Mutter mir zum Beispiel auch erzählt hat, ist: nicht die Pilze rausreißen, sondern sie ganz flach über dem Boden abschneiden. Dann tut man wieder so ein bißchen Laub drüber, daß man nicht andere Pilzsammler aufmerksam macht auf die Stelle.«[367]
Wer eine solche Pilzbiographie liest, könnte meinen, das Pilzesammeln sei hierzulande fast so alt wie die Menschheit. Tatsächlich hat es sich jedoch erst seit etwa einem Jahrhundert in Deutschland ausgebreitet.

Pilzaufklärung im 19. Jahrhundert

Das Pilzesammeln war vor dem Zweiten Weltkrieg in Deutschland nur in wenigen Gebieten verbreitet, speziell im Osten und in Teilen Bayerns. Pilze als Nahrungsmittel standen in den germanischen Ländern, also auch in England und in Skandinavien, traditionell in geringem Ansehen. In Südeuropa, vor allem aber in den slawischen Kulturen[368], waren sie als Speise hingegen sehr geschätzt. Wo sie in Deutschland bereits vor dem Krieg gewohnheitsmäßig gesammelt wurden, ging das in der Regel auf kulturelle Austauschprozesse mit der Bevölkerung benachbarter Länder zurück, speziell mit den Nachbarn in Polen und mit der tschechischen Bevölkerung Böhmens.

Die Literatur des Mittelalters läßt keinen Zweifel an der Abneigung gegenüber der Pilznahrung. Das hat sich bis ins 18. Jahrhundert unverändert erhalten. Fürs erste wurde dabei immer wieder auf die Gefahr der Vergiftung hingewiesen. Aber die Pilze wollten auch aus anderen Gründen nicht in die Kultur hineinpassen. Da waren zunächst Merkwürdigkeiten der Form, die bei manchen Arten beim Jungpilz unverkennbar an das männliche Geschlechtsorgan erinnert. Der Grüne Knollenblätterpilz hat deswegen treffend die wissenschaftliche Bezeichnung Amanita phalloides erhalten. Bei diesem giftigsten aller Pilze – «schon ein pfenniggroßes Pilzstückchen kann einen Menschen töten» – konnte die fatale Ähnlichkeit unter dem Deckmantel der Wissenschaft ausgesprochen werden, zumal die Naturwissenschaften zunächst eine reine Männerangelegenheit waren. Die anzügliche Gestalt der Pilze blieb – ähnlich wie beim Spargel – ein Thema für den Herrenabend. Öffentlich aber konnte gegen das Unästhetische der schleimigen Oberfläche der Pilze und gegen den Unrat zu Felde gezogen werden, aus dem sie hervorbrechen. Die Waldluft und die gesamte Atmosphäre des Waldes wurden bis ins 18. Jahrhundert hinein von der Wissenschaft keineswegs wie heute als angenehm und erfrischend wahrgenommen, sondern als stickig, faulend und trübe[369]. Die Pilze teilten in diesem unreinen Milieu den Lebensraum mit anderen widerlichen und giftigen Kreaturen: Kröten, Schlangen, Salamandern und Spinnen.

Was uns heute als «Aberglaube» aus der frühen Neuzeit erscheint, war einmal seriöse Wissenschaft. Die Bevölkerung auf den Dörfern erfuhr von den Naturtheorien der Zeit allenfalls von der Kanzel. Neben den Auffassungen eines «gelehrten Aberglaubens» mögen Vorstellungen der Volksmagie in der Kultur des Dorfes weitergewirkt haben. Verschiedene Pilzarten entwickeln ihr Fadengeflecht zentrifugal. Dadurch treten die Fruchtkörper an den Außenrändern zutage, in Form eines Kreises, «eines Hexenringes». An solchen Stellen lagen die traditionellen Plätze für den nächtlichen Hexentanz. Gelegentlich wird das magische Erlebnis des Hexenfluges u. a. als eine Folge des Genusses des Fliegenpilzes (Amanita muscaria) gesehen. Dessen Muskarin-Gift erzeugt Halluzinationen und Rauschzustände. Es kann möglicherweise in den Zeiten des Hexenglaubens die subjektive Imagination des Hexenfluges, etwa die des Besenritts zum Blocksberg, hervorgerufen haben.

Seit der ersten Hälfte des 19. Jahrhunderts begann eine von Wissenschaftlern, Pfarrern und Lehrern geförderte und inszenierte Pilzaufklärung. Deren Hauptargument war ökonomischer und volkspädagogischer Natur: Schließlich wachsen in Mitteleuropa etwa 150 eßbare Pilzsorten. Der Nährwert, der heute eher gering eingeschätzt wird, galt zur Zeit der Pilzaufklärung und Pilzpropaganda als außerordentlich hoch. Zu den Aktivitäten der Aufklärer gehörte fürs erste die Veröffentlichung von Pilzbüchern mit immer detaillierteren, die einzelnen Arten von allen Seiten präsentierenden Abbildungen, außerdem Pilzausstellungen und Lehrwanderungen. Doch zunächst konnte auch für die Buchautoren die Bestimmung des Nahrungswertes und des Geschmacks im Einzelfall heikel werden. Frühe Pilzbücher kommen nicht um das Eingeständnis herum, über die Giftigkeit oder Eßbarkeit einer Pilzart noch nicht zuverlässig informieren zu können.

Das weitverbreitete Pilzwerk des Oberlehrers Edmund Michael[370], sein «Führer für Pilzfreunde», dessen 1. Band zuerst 1895 erschien, gibt dafür Beispiele. Dieser engagierte Mann probierte, wie andere Pilzaufklärer, verschiedene zweifelhafte Arten im Selbstversuch, um über Giftigkeit oder Genießbarkeit zu entscheiden. Nach riskanten Selbstversuchen kam er zu dem Ergebnis, daß die beiden für giftig gehaltenen Arten – der Perlpilz (Amanita pustulata aut rubescens) und der Pantherpilz (Amanita umbrina, heute Amanita pantherina) – nach dem Entfernen der Oberhaut vorzügliche Speisepilze ergeben. Heute wissen Pilzkenner, daß sie beim wohlschmeckenden Perlpilz die Haut durchaus mitessen können, den Pantherwulstling aber besser unter den Fichten stehenlassen sollten. Der Kahle Krempling (Paxillus involutus), den Michael den Sammlern als besonders wohlschmeckend empfahl, ist inzwischen als giftig enttarnt. Das Gift dieses dubiosen Pilzes wirkt erst nach Monaten, dann aber im Einzelfall tödlich: «schlagartig durch Lebervergiftung».[371]

Auch Michael kam am attraktiven und als magisch qualifizierten Fliegenpilz bei seinen Experimenten nicht vorbei:

«Um die viel umstrittene Frage, ob der Fliegenpilz nach Abzug der Oberhaut essbar sei, auch meinerseits zu entscheiden, habe ich im Herbste des Jahres 1895 nach einigen kleineren Versuchen einen mittelgroßen, dickfleischigen Fliegenpilz nach Entfernung der Oberhaut auf die übliche Art zubereiten lassen und ihn dann gegessen. Der Geschmack war unangenehm, im Halse verspürte ich ein kratzendes Gefühl, Übelkeiten oder sonstige Beschwerden stellten sich aber nicht ein. Bei einer zweiten Probe liess ich einen Fliegenpilz als Salat, mit Weinessig etc., zubereiten. Diese Zubereitungsart ergab indes einen noch unangenehmeren Geschmack. Auf Grund dieser Probe bin ich zu der Überzeugung gekommen, dass der Fliegenpilz als ungeniessbar zu bezeichnen ist.»

Fliegenpilze werden in Teilen Osteuropas nach Abzug der Haut verzehrt. Sie sollen sogar schmackhaft sein. Daß der mittelgroße Pilz dem engagierten Pilzaufklärer ein kratzendes Gefühl im Halse verursachte, dürfte ein Ergebnis von «Streß» bei diesem Selbstversuch sein. Vielleicht zählt dieses Kratzen im Hals aber auch zu den Gefühlen, die bei leidenschaftlich betriebener «Aufklärung» auch sonst kaum ausbleiben können.

Der Prozeß der Pilzaufklärung ist im 19. Jahrhundert nicht zum Abschluß gekommen. Seit im Jahre 1994 die Eichenrotkappe von der DGfM (Deutsche Gesellschaft für Mykologie – Pilzkunde) zum ersten «Pilz des Jahres» gewählt wurde, wird von Jahr zu Jahr eine andere Art – meistens wegen ihrer ökologischen Gefährdung – zum Jahrespilz gekürt. Doch berücksichtigt das Auswahlgremium durchaus auch andere Gesichtspunkte. Als der Frauentäubling (Russula cyanoxantha) zum Pilz des Jahres 1997 gewählt wurde, betonte die DGfM, daß «damit erstmals keine von Umwelteinflüssen besonders gefährdete Pilzart» ausgezeichnet worden sei. Vielleicht ist die Wahl des Frauentäublings das Ergebnis einer Übertragung des «Geschlechterdiskurses» in die Welt der Pilze.

Überdies sollte der Aspekt werbewirksamer Namen unter den Jahrespilzen nicht unterschätzt werden. Dazu muß man wissen: 1996 hatten der Habichtspilz und 1995 der Feuerschwamm diese Ehre. Solche Bezeichnungen lassen nichts Gutes ahnen. Deshalb bedurfte es nun einer Spezies, die den Pilzen eine Chance gibt, öffentlich als Edellebewesen neben Heckenrosen und Knabenkräutern akzeptiert zu werden.

Ein Blick auf die Wirkungsgeschichte der Pilzaufklärung des 19. Jahrhunderts zeigt, daß nur bestimmte Gebiete im deutschsprachigen Raum von ihr erreicht wurden. In Österreich und Bayern sammelte das Landvolk im Vergleich zur Nachkriegszeit noch bis ins 20. Jahrhundert hinein nur selten. Doch gelangten bereits zur Jahrhundertwende in München immerhin 30 Pilzarten auf die Wochenmärkte, während es zur gleichen Zeit in Hamburg insgesamt nur drei Arten auf dem Markt zu kaufen gab.[372] Im ganzen norddeutschen Raum sind die Pilze erst nach 1945 durch die Flüchtlinge aus den deutschen Ostgebieten auf die Speisezettel der Bevölkerung gekommen. Dabei kannte die feine Küche schon im 19. Jahrhundert die Pilze der französischen Edelgastronomie: z. B. die Trüffel. Und Champignons werden bereits seit dem 17. Jahrhundert in Frankreich massenhaft gezüchtet.

Die Kenner des Waldes – Pilzsammler

In Schlesien und Ostpreußen hatte die deutsche Bevölkerung die Pilze als Nahrungsmittel im jahrhundertelangen Zusammenleben mit ihren slawischen Nachbarn kennengelernt. Bis dahin waren die Schwämme in manchen Gegenden, vor allem in Norddeutschland, regelrecht verpönt. Höchstens sehr arme Leute oder diskriminierte ethnische Minderheiten lasen sie auf. Am schlechten Leumund der Pilze und ihrer Konsumenten lassen in Schleswig-Holstein Bezeichnungen wie «Taterfleesch» (Zigeunerfleisch) und «Düwelspankoken» keinen Zweifel. Wen wundert es da, wenn die Pilzpropagandisten dort mit Bezeichnungen wie «Fleisch im Walde»[373] einen schweren Stand hatten?

Das nördlichste Bundesland Schleswig-Holstein hatte kurz nach 1945 einen Flüchtlingsanteil von etwa 50 % der Bevölkerung. Da konnten Konflikte mit den Alteingesessenen nicht ausbleiben. «Pilzsammler» gehörte in Teilen Norddeutschlands zu den gebräuchlichen Schimpfwörtern für die «Neubürger». Die unterschiedlichen Speisegewohnheiten eignen sich überall in der Welt ausgezeichnet zur Diskriminierung von Minderheiten. Im übrigen ist das Sammeln von Speisepilzen bis heute unter den ehemaligen Ostflüchtlingen und ihren Abkömmlingen verbreiteter als unter der norddeutschen Ursprungsbevölkerung.[374]

Die folgenden zwei Interviewausschnitte gelten der Erinnerung an die Nachkriegszeit und der Nachwirkung der Tradition des Pilzesammelns. Hermann Tonner ist in einem Dorf in der Nähe Osnabrücks als Einheimischer geboren. Hartmut Markwort stammt aus dem niederschlesischen Waldenburg. Beide Statements zeigen, in welcher Weise die pilzgeschichtlichen Entwicklungen seit 1945 bis heute in der Bevölkerung verbreitet sind.

Hermann Tonner: «Ja, also früher kannten wir das nicht. Wir kannten wohl Champignons, aber auch nicht richtig. Und dann nach dem Kriege kamen die ganzen Flüchtlinge. Die wurden ja bei uns zwangseinquartiert auf dem Bauernhof. Das machte eine Kommission. Dann gingen die in die Wälder. Damals hat es unheimlich viele Bucheckern gegeben. Und dann haben die Pilze gesammelt. Ich weiß nicht, welches Jahr das war, ob das 46, 47 oder 48 war. Jedenfalls hat das damals unwahrscheinlich viele Pilze gegeben. Das kannten wir überhaupt nicht. Aber die Flüchtlinge kannten jeden Pilz. Die haben sie körbeweise geholt: Steinpilze. Dann gingen die in die Wälder und kamen jeden Tag mit Pilzen zurück. Ja, und wir hatten dann auch bald

ein gutes Verhältnis miteinander und haben uns ausgetauscht. –
Habe ich gesagt: ‹Pilze, das sollen sie mal lieber allein essen.› –
Da wollten wir mal sehen, ob sie am Morgen noch lebten. Ja,
sie lebten morgen noch und die nächsten Tage auch noch. Und
zwischendurch hatten sie schon wieder dreimal Pilze gegessen.
Und, na ja, da haben sie gefragt, ob sie uns mal Pilze anbieten
könnten. – ‹Nein, keine Pilze!› – Ja, aber dann haben wir sie
doch gegessen. Dann schmeckten die natürlich super – später.
Meine Frau kommt aus Ostpreußen. Die kannte das sowieso
mit den Pilzen.»[375]

Hartmut Markwort erinnert sich nicht allein des Kulturaustauschs zwischen den «Habenichtsen» aus dem Osten und den Bauern in der Umgebung von Helmstedt, wo seine Familie zunächst Station machte. Die Nahrungsmittel waren knapp. Pilze waren deshalb nicht nur eine begehrte Beilage zum Braten, sondern eine wertvolle Hauptmahlzeit:

«Die Wälder waren damals für uns vom Allerfeinsten. Die
Bauern gingen ja nicht in die Wälder. – Und Pockenstöhl, den
hetten sie ok net eten. – Nachher dann haben sie immer gefragt: ‹Was sammelt ihr denn da eigentlich? Ach, Pilze, hm. Ja,
kann man die essen?› Und später mochten sie die zum Teil
auch.»

Interviewer: «Gab es nicht große Konkurrenz unter den Pilzsammlern?»

Markwort: «Also, zuerst im einsetzenden Herbst noch nicht,
aber im Oktober nachher, Oktober, November, da sammelten
die Zugereisten verstärkt. Und da waren immer so Leute darunter, die geguckt haben. – ‹Ach, da gehen welche. Die kennen
ja was davon. Wo laufen die jetzt hin? Da gehen wir hinterher.›
Und dann liefen die zum Teil parallel. Da hat man allerhand
Sachen gemacht: ‹Sag mal Vater, die kommen ja schon wieder
hinter uns her. Los, ab in die Schonung.› Und wupp – waren
wir weg.»[376]

Das Pilzesammeln ist von Geheimnissen umgeben. Die Plätze, an denen Steinpilze, Rotkappen, Pfifferlinge wachsen, werden auch einem guten Freund verschwiegen. Nur die Familie kennt sie. Weil es sich um anerkannte Geheimnisse handelt, ist es für einen «richtigen» Pilzsammler unschicklich, nach solchen Plätzen zu fragen.

Über das Pilzesammeln hinaus gehört das Sammeln von Waldprodukten heute in Deutschland zu den verbreiteten Freizeittätigkeiten in den Wäldern. Eine Untersuchung im Nationalpark Bayerischer Wald hat ergeben, daß dort in den Sommermonaten 14 % der Bevölkerung «irgendwelche Gegenstände» aus dem Wald holen: Beeren, Brennholz, Tannenzapfen, Kräuter, Blumen, Schmetterlinge. Etwa vier Fünftel davon haben es ausschließlich auf Pilze abgesehen, die zum eigenen Verzehr und als «Hobby» gesammelt werden. Die durchschnittliche Sammelmenge an Pilzen und Beeren pro Waldgang und Person soll bei 1 bis 3 Kilogramm [377] liegen. Daraus errechnet sich ein Gesamtertrag von 80 Tonnen pro Jahr für dieses Sammelgut, allein im Nationalpark Bayerischer Wald.

Pilze zu sammeln hat gegenwärtig kaum noch eine wirtschaftliche Bedeutung. Bis in die 1950er Jahre war das anders. Von daher stammen die gesetzlichen Bestimmungen der deutschen Bundesländer, die die Sammelaktivitäten der Bevölkerung – allerdings nur zum Eigenbedarf – ausdrücklich gestatten. Aus dieser Zeit rührt meistens auch die heutige Leidenschaft des Pilzesammelns her. Einige von dieser Sucht infizierte Informanten erzählten, daß zweckfreie Waldspaziergänge im Spätsommer für sie kaum vorstellbar seien. Das geruhsame Schreiten, der Panoramablick auf die Landschaft weichen beim Pilzsammler einem aufgeregten Hin- und Herschweifen des Auges aufs Detail, dem typischen «Pilzblick»:

«Natürlich ist es ein anderer Blick. Das ist die Leidenschaft. Dann heißt es wirklich: ‹Ich gehe zum Pilzesammeln.› Da gibt es dann nichts anderes. Wenn ich Pilze sammeln gehe, dann gehe ich nicht spazieren. Das ist einfach so.»[378]

Es ist nicht übertrieben, die «Leidenschaft» des Pilzesammelns mit der Jagdleidenschaft zu vergleichen. Beide können bis heute wie archaische Gebräuche praktiziert werden. Die reine Leidenschaft obsiegt mühelos über alle wirtschaftlichen und kulinarischen Interessen. Schließlich kann das «Pilzfieber» mit ähnlichen Streß-Symptomen einhergehen wie das «Jagdfieber». Jörg Habel erinnert sich der Waldgänge mit seinem Vater. Diesem war es fast gleichgültig, ob er kleine oder große Mengen von Pilzen nach Hause trug. Wie ein Suchtkranker fürchtete er den Ausbruch seiner Leidenschaft. Hatte ihn das «Pilzfieber» wieder einmal ergriffen, stand er unter der Ausnahmesituation eines harten «Erfolgszwangs»:

«Es war eine eigenartige Geschichte. Ich glaube, mein Vater hatte immer Schiß, mit einem Behältnis loszugehen, weil, mit einem Behältnis loszugehen hätte immer geheißen: Erfolgszwang. Ich kann mich noch erinnern, daß er immer sein Messer dabeihatte, um Pilze abzuschneiden. Aber jedesmal, wenn doch eine größere Menge von Pilzen anfiel, da mußte man dann irgendwelche Tücher zusammenbinden oder mußte sie in den Anorak reinlegen.»[379]

Möglicherweise besteht zwischen den Leidenschaften der Jäger und der Sammler eine historisch gewachsene Konkurrenzsituation. Jedenfalls sind Förster und Jäger auf die Pilzsammler selten gut zu sprechen. Die Förster, die wir befragten, betonten ausdrücklich, selbst keine Pilze aus dem Wald mitzunehmen. Offenbar ist das Pilzesammeln für sie eine bemitleidenswerte Betätigung. Jäger blicken von alters her mit einer gewissen Verachtung auf die Subkulturen der Sammlerinnen. Vielleicht, weil das Sammeln ursprünglich eine weibliche Tätigkeit war und die Jagd die Beschäftigung der erwachsenen Männer. In den Geschichten vom erschossenen «alten Pilzweib», für das es – jedenfalls im Jägerwitz – ein eigenes Jagdsignal, «Pilzweib tot», gibt, klingt die traditionelle Verachtung der edlen Jagd für die niedere Arbeit der armen Schlucker an, die da gebückt durch die Schonungen brechen. Natürlich haben sich unsere Förster nicht ausdrücklich auf diese Tradition der Verachtung berufen. Statt dessen wiesen sie darauf hin, daß die Pilzsammler das Wild bedrängen, sich bei ihrer Leidenschaft nicht an die Wege halten. Zu allem Überfluß – so klagen sie – beginne inzwischen auch die Beunruhigung der Pilzsucher nachzulassen, die durch die radioaktive Belastung der Waldpilze nach dem Reaktorunfall von Tschernobyl für ein paar Jahre eingetreten war.

Im Frühsommer 1997 wütete ein «Jahrhundert-Orkan» im Harz. Viele Wälder waren zerstört, heruntergebogene und liegende Baumstämme standen unter Spannung, drohten zu brechen. Die Forstämter nutzten die Gelegenheit, um die Pilzsammler wieder einmal vor dem Verlassen der vorgezeichneten Wege zu warnen: «Niemand sollte aus Sensationslust oder auf der Suche nach Pilzen solche Wälder aufsuchen.»[380] Augenblicklich müssen sich die Pilzsammler manchmal Kritik gefallen lassen. Die Aufklärung hat inzwischen die Fronten gewechselt.

Am Anfang der Sammelkultur stand in Deutschland eine «Pilzaufklärung», eine Kampagne, bei der es darum ging, den ärmeren Teilen der Bevölkerung auf den Dörfern die Pilze als Nahrungsmittel zu empfehlen. Edmund Michael führte in seinem «Führer für Pilzfreunde» den Wert der Pilze[381] akribisch nach Arten differenziert auf. Seine Leser erfuhren, daß der «Echte Gelbling» einen Eiweißgehalt von 23,43 % habe und daß die Waldpilze in ihrer Qualität als Nahrungsmittel unmittelbar nach dem Fleisch – neben Erbsen und Bohnen – rangierten. In jedem Fall sollten Pilze als Volksnahrung in ihrem Nährwert über den Getreidesorten stehen. Michael zählte mit pädagogischem Ziel eine Reihe von Zubereitungsarten auf. Ein Jahrhundert später wird nun die Pilzaufklärung mit umgekehrten Vorzeichen betrieben. Der Impetus ist indes erhalten geblieben. Malte Staber – 19 Jahre alt – ist dafür ein Beispiel. Er leistet zur Zeit seinen Zivildienst. Schon seit einigen Jahren steht sein Leben in der arbeitsfreien Zeit im Dienste des Naturschutzbundes (NABU), für den er freiwillig unentgeltliche Arbeiten als Waldhüter im Umkreis der Stadt Hamburg leistet. Überall trifft er dort auf Leute, die den Wald teils wissentlich, teils naiven Herzens, in jedem Fall aber durch ein unvernünftiges Verhalten schädigen. Es sind vor allem die Pilzsucher, denen deshalb seine aufklärerische Abneigung gelten muß. Stand früher das Mitgefühl auf seiten der hungernden Bevölkerung, gilt es heute den tierischen «Mitgeschöpfen». Malte Staber denkt da vornehmlich an den Feldhasen:

«Es sind ja nicht zehn bis zwanzig Leute, die in der Heide Pilze sammeln, sondern es sind Hunderte. Und die Leute sammeln körbeweise. Da wird alles systematisch abgegrast. Polnische Familien zum Beispiel kennen von Polen her große Waldgebiete und haben überhaupt nicht das Verständnis. – Das ist auch in Ordnung. – Es ist immer schwirig, das den Leuten beizubringen. Aber die kommen mit zehn Menschen und grasen regelrecht alles ab. Das sind Kilogramme, die da zusammenkommen. Da ist natürlich die Nahrungsgrundlage für den Feldhasen genommen. Auch für die Insektenarten und so weiter.»

Interviewerin: «Wie gehst du denn nun mit den Pilzsammlern um?»

Malte Staber: «Das ist reine Aufklärungsarbeit. Wir sagen nicht: ‹Hör mal zu, dies ist Naturschutzgebiet, du mußt deine Pilze auskippen.› Sondern die Leute müssen wissen, warum. Die müssen wissen: ‹Aha, stimmt im Grunde. Da steckt ja doch etwas dahinter.›»[382]

IX
DER POLITISCHE WALD

Waldsterben

Massenmedien

Wer über die Öffentlichkeitskarriere des Begriffes «Waldsterben» nachdenkt, die in der Mitte der 1980er Jahre in den Medien ihren konjunkturellen Höhepunkt erreichte, muß zunächst die eminente öffentliche Bedeutung der Begriffe «Natur» und «Umwelt» berücksichtigen. Seit die Studentenbewegung und ihre Repräsentation in der Presse ausgangs der 1970er Jahre zum Erliegen kam, hat der Diskurs über den bedrohlichen Zustand der natürlichen Umwelt eine damit vergleichbare Dynamik entwickelt. Während es den «Studenten» mit ihren revolutionären oder pseudorevolutionären Zielen um die Veränderung eines Zustandes der bürgerlichen Gesellschaft ging, geht es in der Umweltbewegung primär um die Erhaltung oder Wiederherstellung der Natur, um den Schutz eines aktuellen oder den Wiedergewinn eines verlorenen, mutmaßlich besseren Zustandes der Umwelt. Für diese Ziele werden politische Kampagnen veranstaltet: Es gibt eine Umweltschutz- und Ressourcenpolitik, ein internationales Kongreßwesen für Politiker und Wissenschaftler.[383] Freilich wäre es verfehlt, die aktuellen Diskussionen über den bedrohlichen Zustand der natürlichen Umwelt als unabhängig von den Diskussionen über die Gesellschaft wahrzunehmen. Umwelt wird in diesem Zusammenhang stets in ihrer

Beziehung zu den Lebensbedingungen der Menschen gesehen. Denn auch die menschlichen Gesellschaften sind ein Teil einer natürlichen Umwelt bzw. stehen in Abhängigkeit zu ihr. Dramatische Veränderungen des Klimas, des Zustandes und der zugänglichen Menge des Trinkwassers, der Beschaffenheit der Ozeane und Luftschichten wirken auf die Lebensverhältnisse der Menschen ein, z. B. auf regionale ökonomische Entwicklungen und zunehmend auch auf Migrationsprozesse. Neben den Ozeanen erweisen sich die Wälder als wichtige Grundlage für den Bestand des Lebens auf der Erde. Die soziale Dynamik des Begriffes «Waldsterben» lag, wie bei anderen bedrohlichen Entwicklungen der Umwelt, in der als Tatsache vorausgesetzten Vermutung, daß die tödlichen Krankheiten des Waldes ihre Ursache in Einwirkungen des Menschen haben.

Rudi Holzberger hat in seiner exzellenten Untersuchung über «Das sogenannte Waldsterben»[384] die journalistische Karriere des Klischees «Waldsterben» bis ins Detail beschrieben und analysiert. Den Anstoß zum Aufgreifen des Themas «kranker Wald» hatten Forstwissenschaftler und Umweltschützer gegeben. Die überregionalen und regionalen Zeitungen und das Fernsehen reagierten ungewöhnlich schnell. Nachdem 1978 zum ersten Mal vom bedrohlichen Krankheitszustand zweier bedeutender deutscher Kulturgüter geschrieben wurde – vom «Sterben des deutschen Waldes und von dem Zerfallen des Kölner Doms» – entwickelte das Thema eine Dynamik, die uns an mittelalterliche Weltuntergangsszenarien erinnert.[385] Bald bestimmte das Thema «Waldsterben» in der hiesigen Öffentlichkeit die Diskussion über den bedrohlichen Gesamtzustand der Natur. Der «sterbende» Wald war zur Metapher für die Entwicklungen einer weltweiten Umweltkatastrophe geworden. Andere Begriffe, vor allem «saurer Regen» und «Ozonloch», beschrieben jeweils eigene Schreckensszenarien, die aber immer wieder in Zusammenhang gebracht wurden mit dem zu erwartenden Tod der

Wälder. Neben den Luftschadstoffen der Autos wurden sie zu den Ursachen des Waldsterbens gezählt. Wer aus den einschlägigen Wissenschaften auf dieses Schreckensbild skeptisch reagierte, bekam keine Chance, in den Medien überhaupt zur Kenntnis genommen zu werden. Mahnte ein Wissenschaftler zur Vorsicht gegenüber einem ungebremsten Alarmismus, bekam er seinen Stammplatz im Chor der «ewig Gestrigen». Die Propheten der Apokalypse gaben den Ton fast allein an.

Den Apokalyptikern stand ein unkorrigierbares Wirklichkeitsbild vor Augen. Der Tod des Waldes war ihnen eine Gewißheit, ja eigentlich war «der Patient» bereits gestorben.[386] So hieß es etwa in einem 1984 erschienenen «Gedenkband», der unter dem Titel «Es war einmal. Der deutsche Abschied vom Wald?»[387] erschienen war: «Wenn das, was von der forstlichen Versuchs- und Forschungsanstalt Baden-Württemberg jetzt festgestellt wurde, eintritt, wird es im Schwarzwald schon Ende der 1980er Jahre keine Tannenwälder mehr geben.» Vorsichtigere Journalisten prophezeiten das endgültige Ende des Waldes für die 1990er Jahre.

Die Maßlosigkeit und die Peinlichkeit der journalistischen Schreibtischarbeiten sollen hier nicht noch einmal repetiert werden. Wie übertrieben die Beiträge auch immer waren, es muß noch einmal hervorgehoben werden, daß hinter all den Prognosen und Szenarien stets einzelne Forstwissenschaftler oder Forschergruppen standen. Die Willfährigkeit von Wissenschaftlern, die sich selbst in diesem Medienspektakel ohne jegliche Selbstkritik engagierten und Prognosen riskierten, die kaum den Charakter methodisch gesicherter Hypothesen hatten, dürfte den Wissenschaften in ihrer gesellschaftlichen Reputation insgesamt geschadet haben. Höhepunkte der wissenschaftlich «gesicherten» journalistischen Darbietungen äußerten sich in sprachlichen Zuspitzungen, in denen von einem «ökologischen Hiroshima» die Rede war, oder in Überschriften vom Typ: «Schauen Sie ihn noch mal an ... bald gibt es diesen Wald nicht mehr.» An Kreati-

vität und Prägnanz der Sprache kaum noch zu übertreffen war die
Feststellung der Illustrierten «stern», wonach Deutschland mit
seinen sterbenden Wäldern auf dem Wege sei, eine «Pershing-
geschützte Dioxid-Steppe» zu werden. Sie stammt aus dem Jahr
1984, welches den Höhepunkt der Medienpräsenz des Themas
markiert. Von da an diszipliniert sich die journalistische Sprache
wieder zunehmend.[388]

Im Juni 1996 kam eine Gemeinschaftspublikation einiger der
Zeitschriften heraus, die sich ein paar Jahre vorher besonders
hemmungslos an den Prognosen über das «Waldsterben» beteiligt hatten. Nun, da sich die Untergangsromantik abgenutzt hat,
ist Vorsicht über die Situation der vielfältigen Wälder der Erde
und über ihren aktuellen Zustand geboten: «Generelle Urteile
über die Auswirkungen der Eingriffe des Menschen in das neben
den Ozeanen wichtigste Öko-System der Erde sind nicht möglich.»[389] Daß einmal ein großflächiges, gar weltweites «Waldsterben» vermeldet worden war, wird mit keinem Wort mehr in
diesem Journalistentext erwähnt. Diese Distanz zu den Schrek-
kensszenarien dürfte ihre Ursache in der Rezeption von neuen
systematischen Forschungen zum Thema haben, von Forschungen, die nicht zuletzt in Reaktion auf die Umweltängste der Bevölkerung von staatlichen Stellen gefördert wurden. Dabei hat
sich offenbar mit einiger Zuverlässigkeit ergeben, daß die mono-
kausalen Erklärungen für unterschiedliche Waldschäden, in denen beständig wiederholt wurde, wie die verunreinigte Luft Blätter und Wurzeln zerstöre und die im Regenwasser enthaltene
Säure die Baumwurzeln zerfresse, der Kompliziertheit der Vor-
gänge nicht angemessen war.

Inzwischen wird der Wald auch in der Öffentlichkeit zunehmend wieder als ein kompliziertes Geflecht von Wechselbezie-
hungen gesehen. «Flora und Fauna erweisen sich oft als erstaunlich anpassungsfähig, wenn sie ausreichend Zeit haben.»[390] Als
durch die Massenvermehrung des Borkenkäfers 1996/97 an ein-

zelnen Stellen des Nationalparks im Bayerischen Wald großflächig erhebliche Waldschäden auftraten, registrierte eine Regionalzeitung «Der Wald stirbt... Der Borkenkäfer verursacht kein Waldsterben, er lebt davon.» Als Ursache der sprunghaften Vermehrung der Käfer wurden Waldkrankheiten angenommen, die durch Klimaveränderungen und durch Schadstoffbelastung hervorgerufen seien.[391] Wenn die Zeitungen heute neben der «Klimakatastrophe» wieder regionale Schadstoffbelastungen erwähnen, greifen sie Ergebnisse der Forstwissenschaft auf, die dort seit über 100 Jahren erkannt sind.

Schädigungen des Waldes durch die Einwirkungen des Siedelns und der Industrie sind in der forstwissenschaftlichen Forschung schon seit langer Zeit unumstritten. Erste Hinweise gehen bis ins ausgehende Mittelalter zurück. Im 19. Jahrhundert ist die Schädigung des Waldes in industrienahen Gebieten bereits zweifelsfrei belegt. In einem 1878 erschienenen Werk «Der Forstschutz» wird festgestellt, es komme infolge von Rauch bei der Erzverhüttung zu einer schädigenden Wirkung ausgedehnter Waldbezirke; nicht nur im näheren Umfeld, sondern auch in Wäldern, die in weiter Entfernung vom entsprechenden Industriestandort liegen.[392]

Neben Bleiverbindungen wurden damals vor allem schweflige Säuren als Ursache der Schäden identifiziert. Als Folgeschäden werden für die Wälder aufgeführt: Zuwachsverlust, Bestandslücken durch das Eingehen einzelner Bäume. Schließlich formuliert der Autor, Richard Heß, eine Erkenntnis, die in der Diskussion 100 Jahre später immer wieder wie eine wissenschaftliche Neuigkeit angeboten wurde. Es komme zu einer Auslichtung der Baumkronen (was heute «als Storchennester» bezeichnet wird). – «Die Zweige sterben in der Regel vom Gipfel her ab.» Dazu stellt Heß fest: «Die Nadelhölzer leiden durch Rauch mehr als die Laubhölzer, wenngleich die Nadeln – unter sonst gleichen Verhältnissen – weniger schweflige Säuren aufnehmen bzw. an und für sich unempfindlicher und resistenter sind als die Blätter.» Auf dieser Grundlage formuliert der Autor eine «absteigende Empfindlichkeitsskala» der Holzarten, die sich weithin mit Erkenntnissen neuerer Forschungen deckt. Er formuliert auch bereits Empfehlungen, bestimmten Laubbäumen (Spitzahorn, Weißerle, Feldahorn) in «Rauchgegenden» den Vorzug vor Weißtanne, Fichte, Kiefer zu geben.

Im Jahre 1995 zog ein Botaniker[393] offenbar auf der Grundlage solcher Ergebnisse der frühen Waldforschung das Fazit aus der Diskussion über das «Waldsterben»: Die dramatische Popularisierung von längst bekannten Forschungsergebnissen sei letztlich das einzig «Neuartige» an der aktuellen Diskussion über die Waldschäden. Waldschäden seien auch in der Vergangenheit immer wieder in ähnlicher Form und vergleichbarem Maßstab zu beobachten gewesen.

Als ein erfreuliches Ergebnis dieser Popularisierung erweisen sich die Schutzmaßnahmen für die Wälder und vor allem die staatliche Förderung der Forschung über den Waldzustand. Dafür sind zwischen 1984 und 1994 etwa eine Milliarde Mark[394] aus Bundesmitteln und aus der Kasse der deutschen Bundesländer investiert worden. Aber noch erfreulicher ist zweifellos die Entwicklung des «Umweltbewußtseins» in der Bevölkerung. Im Jahre 1961 stellte ein renommierter Autor forstwissenschaftlicher Werke lakonisch fest: «Die Natur als Ganzes verträgt manchen einmaligen abiotischen, aber notwendigen Stoß.»[395] Eine Formulierung wie diese ist der Öffentlichkeit heute nicht mehr zumutbar.

Die Wirkung des Kulturmusters

Kulturwissenschaftler sollten bei Zustandsbeschreibungen und Ursachenvermutungen hinsichtlich naturwissenschaftlicher Themen nicht vergessen, daß sie von ihrer Ausbildung her wenig von diesen Zusammenhängen verstehen. Deshalb empfiehlt es sich, die unterschiedlichen Informationen der Naturwissenschaften nicht für die jeweiligen eigenen Zwecke auszuwählen. Die meisten von uns müssen sich eingestehen, daß sie auf globale naturwissenschaftliche Szenarien, wie das «Waldsterben», das «Ozonloch» oder den «Treibhauseffekt», mit einem «Wissen» vorbereitet sind, das dem der Theologen des Mittelalters nicht unähnlich ist, die sich weithin gewiß waren, daß eine «zweite Sintflut»[396] unmittelbar bevorstehe.

Der ökologische Zustand des Waldes und anderer natürlicher Ressourcen ist keinesfalls ein kulturwissenschaftliches Arbeitsfeld. Unsere Aufgabe ist es statt dessen, herauszufinden, wie wichtig einzelnen Menschen und Gruppen der Zustand der Flüsse, der Erdatmosphäre und der Wälder ist, wie sie sich über das Befinden der Natur informieren und zu welchen Urteilen sie dadurch kommen. Auch die Argumentationsmuster der Massenmedien, des organisierten Umweltschutzes und der Umweltpolitik gehören zu unseren Themen. Auf einige der Fragen will ich auf der Grundlage unserer Erhebungen eine Antwort versuchen.

Zunächst sei daran erinnert, daß sehr viele der Zeitungsartikel und andere populäre Veröffentlichungen zum Waldsterben die kulturellen Angebote der Volksliteratur und der romantischen Dichtung bei der Konstruktion ihrer apokalyptischen Szenarien nutzten. Sie rechtfertigten auf diese Weise eine Aussage von Elias Canetti, der davor gewarnt hatte, die Wirkung der frühen Waldromantik auf «den Deutschen» zu unterschätzen.[397] In Artikelüberschriften wie «Deutschland – ein Waldesmärchen» oder «Es war einmal ... ein Wald» wurde ein wohlvertrauter Märchenton journalistisch vorgetragen.[398] Ähnliche Effekte sollte die Erinnerung an die Liebe der Deutschen zum Weihnachtsbaum hervorrufen und an die angeblichen «germanischen Ursprünge ihrer Kultur». Der Journalist Bartholomäus Grill wollte «literarische Erektionen» und «Orgasmen» deutscher Walddichter und -schriftsteller festgestellt haben, speziell bei Novalis, Stifter, Rilke und Ernst Jünger.[399] Aus dem Weihnachtsbaum, einem christlichen Brauch, der im frühen 17. Jahrhundert zum erstenmal in den Quellen erwähnt wird und seine endgültige Popularisierung erst im 19. Jahrhundert erlebte, machte er kurzerhand ein «heidnisches Brauchtum». Schließlich kommt der Essayist zu dem Ergebnis, die deutsche «Naturtümelei» sei von Anfang an nie etwas anderes gewesen als eine «verlogene Mythe».

Man kann den Apokalyptikern zustimmen, wenn sie das Waldbewußtsein der deutschen Bevölkerung nicht primär als Ergebnis eigener Erfahrungen beschreiben, sondern als ein literarisches Konstrukt. Die damaligen Reaktionen der Mehrheit der Deutschen, ihre Angst, ihre Besorgnis und «Betroffenheit», sind tatsächlich nur dann zu begreifen, wenn man die Wirkung der Märchen, Lieder und Gedichte in Betracht zieht, all der idyllischen Texte, die uns seit früher Kindheit begleiten: Gedichte wie Tiecks «Waldeinsamkeit», die Verse Eichendorffs. Wahrscheinlich «saß» die Symbolsprache der romantischen Dichtung, die obendrein in ihren bekanntesten Texten nicht nur als Kunstlied, sondern auch als Gesangsvereinslied populär war, tief im Bewußtsein der Bevölkerung. – Wer hört nicht innerlich beim Lesen der Eichendorff-Zeilen «O Täler weit, o Höhen» einen Männerchor aus dem Hintergrund die feierliche Mendelssohn-Bartholdy-Melodie anstimmen. Dabei sei daran erinnert, daß der Wald für die moderne Lyrik längst seine Bedeutung als Topos an andere Aufenthaltsorte abgetreten hatte, vor allem an die Großstadt.

Bei der großen Tradition romantischer Walddichtung konnte

das Bedürfnis nicht ausbleiben, die Umweltängste auch lyrisch auszudrücken. Vor allem in den 1980er Jahren entstand eine engagierte neue Wald- und Umweltdichtung. Diese griff mit einer vertrauten Thematik zugleich die romantische Todessehnsucht wieder auf, trauerte über den Verlust der Natur oder besang resignierend gleich den Untergang der ganzen Welt.

Exemplarisch hatte Günter Grass in seinem Roman «Die Rättin» den Ton angeschlagen. Darin stellte er das Waldthema in den Kontext anderer schwer lösbarer gesellschaftlicher Probleme, die «wir» in unserem hoffnungslosen Egoismus den nächsten Generationen aufbürden. Wenn Grass das Thema Waldsterben anstimmt, beklagt er nicht allein den Tod der Bäume, sondern damit zugleich den Verlust der Kultur, den Tod der Märchen:

> Weil der Wald
> an den Menschen stirbt,
> fliehen die Märchen,
> weiß die Spindel nicht,
> wen sie stechen soll,
> wissen des Mädchens Hände,
> die der Vater ihm abgehackt,
> keinen einzigen Baum zu fassen,
> bleibt der dritte Wunsch ungesagt.[400]

Wo ein großer Dichter sich seiner Sache so sicher war, konnten sich auch Gelegenheitslyriker zielsicher ihren Prophetien hingeben. Im folgenden dazu einige ausgewählte Beispiele. Als erstes ein vierzeiliger «Regenspaziergang», bei dem die Themen «Waldsterben» und «saurer Regen» im Bild des Regenschirms verbunden werden:

Regenspaziergang
Beim Spaziergang im Wald
Möchte ich den Schirm aufspannen
alle Bäume drunter stellen
... daß sie nicht naß werden.
　　　Jürgen Wolter

Das Werk ist einer Publikation von Arbeiten zu einem «Literaturpreis Umwelt» entnommen, welchen der zuständige Umweltminister des Landes Nordrhein-Westfalen für das Jahr 1986 ausgeschrieben hatte.
　Das folgende Gedicht bezieht ausführlicher und wortmächtiger Stellung. Immerhin verheißt die Dichterin in ihrem «namenlosen Grauen» das Ende der «grünen Dome» nicht ihren heutigen Leserinnen und Lesern, sondern erst deren «Kindeskindern» in einem «Trauerweidenland». Die meisten der Umweltlyriker rechneten in wesentlich knapperen Zeiträumen.

Sterbender Wald
Nun fängt der Wald ganz leise an zu sterben
Und in den Blättern schlummert
stumm Melancholie –
Was werden unsere Kindeskinder wohl einst erben?
Ein Trauerweidenland in Agonie ...

Sie werden niemals diese Lust erleben,
Die wir empfanden in dem immergrünen Tann;
Und all ihr Hoffen, Sehnen, Wünschen, Streben,
Ist schon beendet, ehe es begann ...

Ein Trauerflor liegt auf den blassen Auen,
Ein Wehmutsschimmer hängt tief im Geäst –
Sie werden diese grünen Dome niemals schauen

Und mich befällt ein namenloses Grauen:
Es ist wie tausend Jahre lang Arrest ...
    Else Botzenhard-Eitel

Gelegentlich sind die Lyriker der Waldsterbens-Verse dem Impuls gefolgt, es nicht bei ökologischer Sehnsucht, nicht schicksalsergeben bei Wunsch und Trauer zu belassen, sondern in einer unverhofften Hinwendung zur Praxis einen Schimmer der Hoffnung anzubieten; eine politische Lösung vorzuschlagen, die ihrer Meinung nach zugleich den Kindern und dem Wald ein Überleben verhieß. Bemerkenswert ist, daß der politische Lyriker oder die Lyrikerin des folgenden Gedichts den eigenen Namen nur andeutet.

Hoffnung für den Wald
Rot   lodert das verderbliche Feuer,
        das den lebensbewahrenden Wald verwüstet,

Rot   verfärben sich die grünenden Nadelbäume,
        wenn im chemischen Feuer der Wald verglost.

Rot   flammt der Feuerstrahl leidenschaftlicher Liebe auf,
        der dem Menschen Titanenkraft und
        Unsterblichkeit verleiht,

Grün   muß der schützende Wald bleiben,
        damit das keimende Laub nicht stirbt.

Grün   ist die einzige Hoffnung für uns Menschen,
        die für den Zukunftstraum Wirklichkeit ersehnen.

Grün   wie der Wald sollen und müssen wir alle werden,
        denn auch unsere Kinder wollen noch leben.
        (J. v. N.)

Neben Gedichten im Stil der Romantik bediente sich der Gestaltungswille noch anderer Formen, z. B. des Wandspruchs. Welcher Großstädter hat nicht den Satz «Erst stirbt der Baum, dann stirbt der Mensch» an Häuserwänden gelesen. Das war als Tatsachenfeststellung formuliert, quasi eine unkorrigierbare Aussage.

Die Karriere des Kulturthemas «Waldsterben» verlief in Deutschland weitaus erfolgreicher als in unseren Nachbarländern. Doch die bereits erwähnte Übernahme des Begriffs als «le waldsterben» und «the waldsterben» dokumentiert die internationale Karriere nicht nur des Begriffs, sondern des Themas.

Als der Literaturwissenschaftler Klaus Theweleit[401] Anfang der 1980er Jahre auf einer USA-Reise mit amerikanischen Intellektuellen über deren Deutschlandbild diskutierte, zeigten seine Gesprächspartner sich immer wieder erstaunt: «When I was in Europe last year, when I was in Germany, everything was totally green.» – Das ganze Land besteht doch nur aus Wald, ihr redet vom «Waldsterben». Der sterbende Wald war für seine amerikanischen Gesprächspartner nichts anderes als eine «deutsche Massenphantasie» – Ausgeburt einer langen Tradition der Deutschen, dieser «fortdauernden Waldmenschen», die es obendrein von ihrer romantischen Tradition her überhaupt gern «mit dem Sterben» haben.

Weil sich die Detailkenntnisse über die Lebensgemeinschaft Wald, über ihre Pflanzen und Tiere, in der Bevölkerung in engen Grenzen halten, die Wälder außerdem von der Mehrheit der Bevölkerung höchstens zwei- bis dreimal im Jahr zu einem kurzen Spaziergang aufgesucht werden, kann die Sorge und Glaubensbereitschaft gegenüber dem Thema «Waldsterben» tatsächlich nur aus der Rezeption des Waldes aus zweiter Hand, also aus Literatur und Presse resultieren.

Wie tief der Wald als Symbol – fast als Waldsucht – im Bewußtsein der deutschen Bevölkerung verankert ist, unterstreicht ein Buchtitel wie «Ehrfurcht vor den Wäldern». Dort sind es zunächst die eigenen Wälder, denen die Liebe und Sorge der Autoren gelten. Außerdem werden die Wälder ferner Regionen, «das grüne Meer der Erde»[402], ausführlich im Text und in prächtigen Bildern vorgestellt: Wälder der verschiedenen Klimazonen, tropische Regenwälder, boreale Nadelwälder, die Waldtundra. Alle diese exotischen Waldzonen können in diesem Sachbuch (wie in anderen) gemeinsam mit den einheimischen Wäldern betrachtet, verglichen und genossen werden. Solche Prachtbände sollen nach den Absichten der Autoren nicht nur ein paarmal oberflächlich durchgesehen werden, sondern wie die alten «Hausbücher» immer wieder zur Hand genommen werden.

Was sich in modernen Sachbüchern weit über die eigenen Landesgrenzen hinaus als romantische Waldliebe der Deutschen und als Kritik an den ökologischen Zuständen in anderen Ländern artikuliert, ist schon früh in Berichten deutscher Fernreisender zum Thema geworden. Bereits beim großen Alexander von Humboldt[403] an der Wende vom 18. zum 19. Jahrhundert war das Verantwortungsgefühl auch für den Zustand eines fernen Waldes voll entwickelt. Eben aus Europa angereist, betrat er «die Wälder Südamerikas». Zunächst hielt er fest, was ein europäischer Reisender empfindet, wenn er dieses Naturensemble zum ersten Mal wahrnimmt: «Er weiß nicht zu sagen, was mehr sein Staunen erregt, die feierliche Stille der Einsamkeit oder die Schönheit der einzelnen Gestalten und ihre Kontraste oder die Kraft und Fülle des vegetabilischen Lebens.» Nur wenige Tage später erlebte der Forschungsreisende jedoch, wie dem tropischen Wald durch landwirtschaftliche Rodungen zugesetzt wurde. Als er von Caracas zu den Ufern des Orinoco aufbrach, registrierte er, daß es die ersten europäischen Ansiedler waren, die «unvorsichtigerweise die Wälder niedergeschlagen» und dadurch bereits zum Nachteil der dortigen Bevölkerung eine Klimaveränderung bewirkt hätten. – «Auf einem steinigen Boden, wo Felsen ringsum Wärme strahlen, ist die Verdunstung ungemein stark.» – Der Naturforscher erkennt die Ursachen und Nachteile einer Versteppung: «Nur die Gewächse mit glänzenden, stark lederartigen Blättern halten die Dürre aus.»[404]

Als der Österreicher Heinrich Harrer und der deutsche Ingenieur Peter Aufschnaiter – Teilnehmer der deutschen Nanga-Parbat-Expedition – in den 1940er Jahren in Tibet lebten und dort zeitweilig als Berater der Regierung tätig wurden, nahmen auch sie in der Gegend um Lhasa eine Klimaveränderung wahr, die ohne Zweifel durch «den Raubbau am Waldbestand» hervorgerufen war: «Wir fanden auf unseren Ausflügen oft alte Baumstrünke, Zeugen des einstigen Waldes. Wie schön muß damals erst diese Gegend gewesen sein! Wir bedauerten sehr, daß man hier für ein geordnetes Forstwesen kein Verständnis hatte. Einer unserer vielen Pläne, die wir der Regierung vorlegten, beschäftigte sich mit der Anlage einer Baumschule und der Ausbildung von forstwirtschaftlichem Personal.»[405]

Reaktionen der Bevölkerung – Großstadt

Ein Journalist beobachtete im Nordschwarzwald Mitte der 1980er Jahre eine Demonstration der Bevölkerung gegen das Waldsterben. Er war entsetzt, und zwar nicht allein über den Zustand des Waldes, sondern fast noch mehr über den Zustand der Demonstrationskultur in der ländlichen Bevölkerung und über deren gering entwickeltes Waldbewußtsein. Im «kleinen, liebenswerten Freudenstadt» wollte keine richtige Panik entstehen: «Bis auf ein riesiges Transparent, das als armseliger Protest, vom Wind zersaust, auf einem abgeholzten Waldstück vor den ersten Häusern der Stadt hing, erinnert nichts an das, was sprachlos gewordene Journalisten schon als ein ‹biologisches Grauen› bezeichnen. Trotz vieler Publikationen, auch der örtlichen Presse, trotz der seit drei Jahren amtlichen Bestandsaufnahme, trotz all der erschütternden eindeutigen Zahlen und Statistiken ist sich die Bevölkerung über die Katastrophe vor der eigenen Haustür keineswegs im klaren. ‹Waldsterben? Ja, ich habe schon davon gehört›, sagt die Wirtin im Gasthof Traube ungerührt und schickt den neugierigen Frager zu einer Expertin, die ‹besser Bescheid weiß›.»[406]

Die Empörung des Journalisten gilt der «Ignoranz der meisten Zeitgenossen», die die Unverschämtheit besitzen, seine eigenen sowie die Reportagen seiner Kollegen und die deprimierende Prognose der «Experten» über das «biologische Grauen» nicht zu kennen oder nicht ernst zu nehmen. Diese Journalisten-Feststellung aus der Mitte der 1980er Jahre läßt sich verallgemeinern. Sie trifft auch sonst für das Waldbewußtsein waldnah lebender Bevölkerungen zu. Rudi Holzberger wies darauf hin, daß die Berichte der Journalisten fast ausnahmslos nicht auf Recherchen in der Natur beruhten, sondern immer wieder aufs neue die Statistiken einiger weniger Waldforscher repetierten. «Leicht überspitzt» formulierte er: «Der Wald spielt keine Rolle, die Recherche wird nach dem ersten Artikel (und der «Spiegel»-Serie als Vorgabe) eingestellt.»[407] Als Ort des Diskurses benennt er Schreibtische, Pressekonferenzen, Symposien in großen Städten, speziell in Hamburg und Bonn. Unsere Untersuchungen zeigen: Die Bereitschaft, das «Waldsterben» als einen endgültigen, kaum noch reversiblen Prozeß zu betrachten, war in den Großstädten weitaus höher entwickelt als in waldnahen, dörflich-ländlichen Gebieten. Das Waldsterben wurde vor allem dort als eine akute Gefahr empfunden, wo das Waldbewußtsein von der Mehrzahl der Bevölkerung primär auf dem Konsum der Massenmedien beruhte. Wie es bei sozialen Bewegungen allgemein üblich ist, war es auch in diesem Fall zunächst eine Bewegung im Intellektuellenmilieu der Großstadt, in der Welt der Demonstrationen und Kampagnen.[408]

Unsere Untersuchung des Publikumsschriftwechsels der Hamburger Umweltbehörde [409] zeigt, daß die Tatsache, gerade einer lebensbedrohenden Katastrophe durch das voranschreitende Waldsterben ausgesetzt zu sein, in dieser Metropole in den 1980er Jahren Allgemeingut war.[410] Überall bildeten sich in den Großstädten Bürgerinitiativen, die in «höchster Besorgnis» reagierten, wenn in ihrer Nachbarschaft ein Baum oder eine Baumgruppe gefällt werden sollte. In ihrer Tendenz stimmten die Eingaben weithin überein: «Der Wald stirbt, ihr in der Verwaltung oder Regierung nehmt das nicht nur nicht zur Kenntnis, sondern verstärkt sogar noch diese schließlich auch für die Menschen tödliche Entwicklung.» Die Antworten der zuständigen Hamburger Behörde, oft von hoher Stelle, vom Senator (Minister) oder einem Staatsrat (Staatssekretär) persönlich unterzeichnet, dokumentieren einen erstaunlichen Grad von Sensibilität und Geschmeidigkeit auf seiten der Hamburger Umweltpolitik. Bisweilen wurde aus «baummedizinischen Gutachten» zur eigenen Entlastung ausführlich zitiert, etwa wenn es um die Verletzungsgefahr für Spaziergänger unter alten oder absterbenden Bäumen ging.

In den Weihnachtsmonaten erreichte die Besorgnis alljährlich ihren Höhepunkt. Zahlreiche empörte Briefe gingen beim Bürgermeister oder dem zuständigen Senator ein. Einzelne engagierte Naturschützer waren in ihrer Sorge über den Wald selbst zum Verzicht auf den Weihnachtsbaum bereit, nicht nur auf den Christbaum als Straßenschmuck, sondern sogar im eigenen Haushalt: «Auf Grund von Unterhaltung im Familienkreis und von Meldungen im Fernsehen und in den Medien richte ich an Sie folgende Bitte. ... Ich fände es gut, daß man wegen der ‹Waldnot› das Fällen dieser Bäume zum Wohle der Natur nicht durchführen sollte. Es gibt für solche Weihnachtsreklame sicherlich Möglichkeiten, das Weihnachtliche stilistisch darzustellen. Ich hoffe, daß die Zeit des Handelns jetzt noch rechtzeitig ist. ... Was die Familien betrifft, so müssen diese selbst nach Verantwortung und Gefühl handeln», schrieb ein älterer Einwohner an den Bürgermeister.[411] Trotz der Angst vor der bevorstehenden Katastrophe hatte dieser hanseatisch denkende Bürger die Hoffnung nicht aufgegeben, daß die Vernunft der Hamburger Behörden das Problem noch lösen könnte. Bürgermeister Dohnanyi gab dem Autor dieses Bürgerbriefes persönlich einen Zwischenbericht, der oberste Forstbeamte des Stadtstaats antwortete ausführlich im Stile eines Gutachtens: Das Fällen von Weihnachtsbäumen bedeute keineswegs einen «Waldfrevel», vielmehr sei es Teil einer Bestandspflegemaßnahme, wobei «Luft und Licht für die dicht an dicht stehenden Bäumchen geschaffen werden, damit die kleinen größer werden» können.

Aus einem städtischen Fortbildungskurs Erwachsener erreichte ein gemeinsamer Sorgenbrief den Umweltsenator. Nach einer Wanderung im stadtnahen Sachsenwald und nach gemeinsamer Zeitungslektüre zum Waldsterben stellten die Teilnehmer empört fest: «Der ganze Wald ist krank, und wir finden es unerhört, wie wenig Sie sich darum kümmern, denn es geht uns alle an. ... Wenn es so weitergeht, dann haben unsere Kinder und Enkel keine Zukunft mehr.»[412] Der Senator verwies[413] auf die erfolgreichen Maßnahmen des Stadtstaats zur Verringerung des Schadstoffausstoßes der Industrie und auf die zu erwartenden positiven Folgen der Geschwindigkeitsbegrenzung für Autos.

Als eine Hamburger Zeitung einen beschwichtigenden Artikel: «Waldsterben in Hamburg. Die Apokalypse findet nicht statt»[414] veröffentlichte, empörten sich viele Leser dieser «Fehlmeldung». – «Es ist mir unverständlich, wie Ihre Zeitung in einem so lebensbedrohlichen Problem (was wörtlich zu nehmen ist) eine solche Fehlmeldung bringen kann und damit beim Bürger den Eindruck erweckt, daß alles auf diesem Gebiet gar nicht so schlimm ist. Genau das Gegenteil ist jedoch der Fall; viel schlimmer kann es gar nicht werden!» Der Briefschreiber, ein Hamburger Gymnasiallehrer, berief sich in seiner Gewißheit über die stattfindende Apokalypse auf Meldungen in einer überregionalen Tageszeitung.

Aus den Bürgerbriefen an die Hamburger Umweltbehörde geht eindeutig hervor: Die Angst vor dem Waldsterben und seinen Folgen, die Angst vor der Bedrohung des menschlichen Lebens folgt immer wieder den gleichen Mustern und zitiert aus den gleichen Quellen. Zeitungs- und Fernsehberichte sind außer der Alltagskommunikation die einzigen Informationsmittel. Der zitierte Brief der besorgten Kursbesucher – sie hatten sich immerhin besuchsweise von den Schäden im Sachsenwald selbst informiert – ist bereits eine Ausnahme.[415]

Jörg Habel hatte Mitte der 1980er Jahre in Zeitungen und Büchern viel über den Tod der Wälder gelesen, beeindruckende Überschriften vom Typ: «Schaut ihn euch noch einmal an … bald gibt es diesen Wald nicht mehr.» Daraufhin unternahm er eine Reise, die dem Ziel diente, endgültig Abschied vom deutschen Wald zu nehmen:

«Die Waldschadensberichte und die Zeitungsmeldungen waren damals für mich der Grund, eine Schwarzwaldwanderung zu machen. Ich hatte tatsächlich geglaubt, daß dort in zehn Jahren nichts mehr steht. Und da dachte ich: ‹So, jetzt mußt du noch mal, das letzte Mal, durch den Wald gehen›, ja. – Und es ist so witzig heute. Es bedrückt mich immer noch, wenn ich jetzt was über das Waldsterben lese. – Ja okay, gut, es ist schlimm, immer noch, wenn ich so die Fotos oder Filme sehe von abgeholzten Waldgebieten. Jetzt vor ein paar Tagen erst, «Spiegel»/«stern», weiß ich nicht mehr genau, wo das stand, vielleicht im «Spiegel», ein Bergwald. Da empfinde ich fast körperlichen Schmerz dabei. Aber sonst berührt es mich nicht so sonderlich. Ich mansche das einfach in diese große Umweltverschmutzung in der ganzen Welt mit ein.»[416]

Als Habel im November 1995 über den Zustand der Wälder und über seine eigenen Reaktionen nachdachte, ordnete er das Waldsterben als einen Teilaspekt der weltumspannenden «großen Umweltverschmutzung» ein. Das Bombardement der Schrekkensberichte in den Zeitungen war für ihn bereits so weit alltäglich geworden, daß ihm nun keines der daran beteiligten Presseorgane nachträglich einfallen wollte. Diese Entwicklung ist exemplarisch für die Karriere des Themas in der umweltbewußten großstädtischen Bevölkerung. Das «Waldsterben» war eine Zeitlang die stärkste Metapher für die weltweite Umweltzerstörung. Heute ist es ein Fehlverhalten neben vielen anderen geworden, mit denen der Mensch seine Umwelt überall auf der Erde gefährdet. Der Begriff hat sich historisiert, wobei das Thema viel von seiner politischen Dynamik verloren hat.

Waldnahe Bevölkerung – Kleinstadt und Dorf

Wer waldnah in einem Dorf oder in einer Kleinstadt lebt, kann sich immer wieder ohne viel Mühe auf Waldspaziergängen vom tatsächlichen Zustand der Wälder überzeugen. Unsere Untersuchungen im Harz, im Osnabrücker Land und in ländlichen Gegenden im Hamburger Umland weisen auf ein geschärftes Bewußtsein der Bevölkerung für die Waldschäden hin. Dabei wirken im Gegensatz zur Großstadt nicht allein die Massenmedien als Informationsquelle. So plazieren z. B. die Forstämter in den Wäldern Schautafeln. Darauf werden den Wanderern die Waldschadenssymptome gezeigt. An Ort und Stelle können sie deshalb bestimmte Zeichen erkennen. Im Harz, einer Waldlandschaft, die in ihrem Erscheinungsbild seit Jahrhunderten von den schädlichen Folgen der Metallverhüttung durch die Bergbauindustrie geprägt ist, waren die vielfältigen Baumschäden der Bevölkerung schon lange bekannt. Bevor Begriffe wie «Storchennest» oder «Angsttrieb» von den engagierten Forstbiologen und Umweltschützern verbreitet wurden, kannten die Harzbewohner diese Krankheitssymptome längst aus eigener Anschauung.[417]

Hinzu kommt in den waldnahen Regionen eine spezifische

Tradition mündlichen Erzählens: Die Bewohner ländlicher Gegenden kennen meistens einen Förster oder einen Waldarbeiter persönlich. Von diesen Waldkennern können sie jederzeit kompetente Antworten und praktische Hinweise erfragen. Während das Waldsterben Medienkarriere machte, stellte das Urteil der Förster die Schadensmeldungen der Ökologieexperten und Journalisten im allgemeinen wohl nicht grundsätzlich in Frage. Aber die Skepsis gegenüber der Selbstgewißheit journalistischer Apokalyptik blieb stets ein wesentlicher Aspekt professioneller Waldschadensbeurteilung.

Ein Forstbeamter aus dem Hamburger Umland äußerte sich Anfang 1996 sehr differenziert über die Art der Waldschäden:

«In der Regel kommen die Schäden oft nur sekundär. Das heißt, der Sturm kann einen Baum natürlich leichter umwerfen, wenn ein Großteil seiner Feinwurzeln abgestorben ist. Genauso kann der Borkenkäfer viel schneller einen Baum anfallen, der unter Streß steht. Das ist eben die Sache. Die Bäume werden dann am ehesten vom Borkenkäfer befallen. Es ist da mit Sicherheit ein Zusammenwirken mit den Waldschäden zu sehen. Aber ich habe nicht so 'ne Apokalypse vor Augen, nach dem Motto: ‹Im Jahr 2000 haben wir keine Bäume mehr!› – Das wird nicht eintreten. Aber wir werden mit Sicherheit unser eigenes Verhalten ändern müssen. Sowohl ist die Politik gefordert, aber mein Ziel geht mehr in die Richtung, daß man Vorbilder schafft für unsere nachfolgende Generation, für unsere Kinder: Sei es Wasser sparen, Energie sparen, all diese Dinge.»[418]

Diese Tendenz zu differenzierten Argumenten, die das Statement dieses jungen Revierförsters auszeichnet, herrscht auch in den Aussagen der anderen von uns befragten Forstbeamten und Waldarbeiter vor. Das trifft auch für das pädagogische Engagement der Aussage zu. Forstbeamte haben heute ein großes Interesse an der Präsentation ihrer Aufgaben in der Öffentlichkeit. Zur Ausstattung der Revierförstereien in Touristengebieten oder in

Stadtnähe zählen überall Waldlehrpfade und Tafeln, die anschaulich über den aktuellen Baumzustand und die Lebensbedingungen attraktiver Tierarten informieren. Zu den dienstlichen Aufgaben der Förster gehört es, in den Sommermonaten Schulklassen durchs Revier zu führen. In den meisten Forstämtern liegen zusätzliche Broschüren über das Ökosystem «Wald» bereit. Es ist ein Ergebnis dieser Pädagogisierung, daß viele der Forstleute das Abschießen von Tieren heute nur ungern als eine ihrer verschiedenen beruflichen Tätigkeiten erwähnen. In den Aussagen der Förster wird ihr aktuelles Berufsbild statt dessen von den unterschiedlichen Funktionen des Waldes für die Öffentlichkeit begründet. Gegenwärtig stehe die Erholungsfunktion für die Bevölkerung gleichrangig neben der wirtschaftlichen Bedeutung und der Schutzfunktion des Waldes für das Ökosystem. Dazu Horst Norath, ein Förster aus einem Revier des Südharzes:

«Die Nutz-, Schutz- und Erholungsfunktion werden gleichrangig betrachtet, mit wechselnden Schwerpunkten. Hier in Ortsnähe mal mehr zugunsten der Erholungsfunktion, dann wieder der Schutzfunktion, das heißt ja des Naturschutzes. Und hier und da auch, wo dafür die guten Standorte sind, auch mal für die wirtschaftliche Nutzfunktion. Da werden wir durch Zeitschriften und Lehrgänge geschult. Auf dem Naturschutzsektor viel durch Lehrgänge. Der Publikumsverkehr wurde früher stiefmütterlich behandelt.»[419]

In den beiden folgenden Ausschnitten aus Gesprächen mit «Laien» kommt ein dem «Försterblick» vergleichbares kenntnisreiches Bewußtsein zum Ausdruck. Solch ein Waldbewußtsein ist zunächst das Ergebnis eigener Beobachtungen. Außerdem wird es geprägt durch Alltagsgespräche. Über den Einzelfall hinaus wird dabei die Wirkung der von mir erwähnten dörflichen Erzähltradition erkennbar. Das Reden über den Zustand der Flüsse, Felder und Wälder gehört dort seit jeher zu den gängigen Gesprächsthemen. Früher dürfte es dabei vornehmlich um wirtschaftliche Erträge, die Aussichten beim Fischfang, bei der Ernte von Kartoffeln und Bäumen gegangen sein. Wer länger in einem Dorf oder in einer Kleinstadt lebt, kennt jedenfalls auch heute noch jemanden aus der Nachbarschaft oder aus dem Vereinsleben, der kenntnisreich über den Zustand der Natur berichten kann.

Im folgenden äußert sich zunächst die 1950 geborene Krankenschwester Heidi Alden aus dem Harzort Bad Sachsa:

«Ich liebe den Wald naturbelassen. Die Wege schön mit Nadeln drauf, das finde ich immer noch. Obwohl, man sieht hier in Bad Sachsa ja auch, daß eben manche Bäume nicht gesund sind und absterben. An manchen Stellen mehr, an manchen Stellen weniger. Das ist natürlich schon traurig. Aber ich sehe auch immer wieder, daß doch viele Bäume nachwachsen, die für mich mit den bloßen Augen ziemlich gesund und grün aussehen. Und dann denke ich immer: ‹So schlimm kann es doch wohl nicht sein, wenn überall Bäume nachwachsen?› ... Ich sehe es nicht so, daß der Wald in zehn Jahren kaputt ist. Ich glaube schon, daß vieles im Wald nicht in Ordnung ist. Aber ich sehe auch, daß die Natur ziemlich robust ist. Ich glaube, daß sie sich wieder durchsetzt.»[420]

Im Mai 1996 wurde im Osnabrücker Umland das folgende Gruppengespräch aufgezeichnet. Außer dem Interviewer nahmen der Verwaltungsbeamte Hans Mühlke und die Erzieherin Sybille Fährmann daran teil.

Hans Mühlke: «Also, ich meine, wenn ich mir die Bäume angucke, für mich ist der Wald noch relativ – so sehe ich es in meinen Gefühlen hauptsächlich – ist der Wald noch heile. Ob er das wirklich ist, weiß ich nicht.»

Sybille Fährmann: «Alte Fichtenwälder sehe ich häufig, die sind krank. Da sieht man die kahlen Stämme, wo die Bäume kaum noch Nadeln haben. Wenn ich durch einen Buchenwald gehe, dann sage ich mir immer: ‹Und das soll alles nicht mehr richtig gesund sein?› Das ist also so was von schön und üppig, einfach wunderbar, daß ich mir überhaupt nicht vorstellen kann, daß der Wald krank sein soll. Und wenn ich durch den Wald gehe, ist für mich auch der Boden da und die Wurzeln und die Blätter und das Laub und die Nadelhügel.»[421]

Die Grundlage dieser Aussagen ist nicht allein die Zeitungslektüre, sondern vor allem die Naturbeobachtung auf Spaziergängen. Beide Motive der Naturwahrnehmung, das romantische wie das ökologische, kommen zu Wort. Frau Fährmann findet noch weithin die ursprüngliche Schönheit und Üppigkeit in der Natur vor. Sie registriert aber zugleich bei einzelnen Baumbeständen Anzeichen von Waldschäden. Auch Frau Alden nimmt neben der Schönheit der Wälder einzelne absterbende Bäume wahr. Doch sie erkennt neben allen Schäden bereits den gesunden Nachwuchs. Dieses Changieren zwischen romantischer Erwartung und naturwissenschaftlich-kritischem Blick kennzeichnet in vielfältig modifizierter Form die Typik des Waldspaziergangs in der Gegenwart. Die Wahrnehmungen auf solchen Spaziergängen bleiben auch in der Moderne die wichtigste Form der Erschließung des Waldes durch die Bevölkerung.

Bei einem Vergleich der unterschiedlichen Reaktionen von Großstädtern und Bewohnern waldnaher «ländlicher» Gebiete auf das mutmaßliche «Waldsterben» kommt ein allgemeiner kultureller Kontrast unserer Gesellschaft zum Ausdruck: der Stadt–Land-Gegensatz. Von ihm ist im Zeitalter der Globalisierung nur noch selten die Rede. In den Großstädten erreichten die Reaktionen auf das mutmaßliche Sterben der Wälder vielfach einen erstaunlichen Grad von Hysterie. Im Vergleich dazu zeigte sich die Bevölkerung auf den Dörfern infolge eigener Naturbeobachtung gelassen. Angereiste Kulturjournalisten reagierten häufig verständnislos auf diese «Ignoranz» einer «rückständigen» Landbevölkerung. Wer sich die Mühe macht, die Aussagen von Fernsehjournalisten und von Publizisten der überregionalen Presse einmal allgemein unter diesem Aspekt zu studieren, wird feststellen, daß das Dorf und ebenso die Kleinstadt vom großstädtischen Journalistenschreibtisch aus als eine barbarische, fremde Welt wahrgenommen werden. Der erwähnte Waldreporter, den es in die fremde Welt der abgelegenen Kleinstadt Freudenstadt verschlug, ist dafür ein Beispiel. Unser urbaner Kulturjournalismus kann sich in seiner Selbstsicherheit im übrigen auf Theodor W. Adorno berufen. Der Sozialphilosoph Adorno bezeichnete «die Entbarbarisierung des Landes» als ein vordringliches Ziel der Aufklärung.[422]

Die Ressentiments sind in diesem Fall nicht einseitig verteilt. Auch die Aussagen der professionellen Waldkenner, also der Förster, Waldbesitzer, Waldarbeiter, lassen keinen Zweifel daran, daß die aufgeregten Großstädter häufig die schlimmsten Besserwisser unter all den selbsternannten «Waldkennern» sind, mit denen sie es draußen zu tun haben. Erinnern wir uns: Der Förster Hartmut Holzmann nimmt «diese Städter» als die härtesten und aggressivsten Gegner und Kritiker seiner Arbeit wahr: «Die kommen vielleicht als Wanderer ein- oder zweimal im Jahr hier in den Forst. Die kommen aus der Stadt und interessieren sich überhaupt nicht für die Praxis. Die schlagen einem mit dem Stock auf den Wagen.»[423]

Umweltschützer

Die Einstellung eines Erwachsenen zur Natur läßt sich regelmäßig auf Kindheitserfahrungen zurückführen, auf Erlebnisse in der Familie und mit Freunden, vielfach auf den Einfluß von Vorbildern. «Wir waren die Honberg-Bande. Unser Phantasie- und Aktionsraum war der Wald. Neben dem Bücherwald spielte also von Anfang an auch der wirkliche Wald eine Rolle», erinnern sich zwei Umweltpädagogen.[424] Sie stellen außerdem fest, daß diese

Erfahrung des «Bandenlebens» schließlich die entscheidende Ursache ihres späteren politischen Engagements und ihres Protestes gegen die Waldzerstörung war. Sie kommen damit zum gleichen Ergebnis wie eine soziologische Studie über «Wege in Ökologiegruppen»[425]. Viele der engagierten Umweltschützer haben eine gesunde Natur in der Kindheit, etwa auf einem Bauernhof, erfahren und später in der heimatlichen Natur und anderswo die Umweltschäden registriert oder sich aus Zeitung, Fernsehen und Sachbüchern über die Probleme informiert. Daß ein ursächlicher Zusammenhang zwischen den eigenen Naturerfahrungen in der Kindheit und ihrem späteren Engagement für Ökologiefragen besteht, war für die meisten der Umweltaktivisten nahezu selbstverständlich. Nur eine Minderheit von ihnen führte ihr Engagement ausschließlich auf Anstöße aus zweiter Hand zurück, also auf politische oder ökologische Literatur, auf Verbandsaktivitäten oder die Rezeption von Massenmedien. Vielfach hatte das Schlagwort «Waldsterben» neben dem katastrophalen Ereignis von Tschernobyl einen lebensgeschichtlichen Wendepunkt bewirkt. Die Erzählung ihres Lebens klang gelegentlich in ihrer Selbstreflexion wie die Geschichte einer religiösen Bekehrung. – Sie hatten vor den «Erkenntnissen» über das Waldsterben – vor ihrer Konversion – unbedarft und unbeschwert in den Tag hinein gelebt. Aus den erschreckenden Informationen hatten sie dann anders als andere ihre Konsequenz gezogen und begonnen, ein verantwortungsbewußtes Leben zu führen.

Die Erinnerungsgeschichten der beiden folgenden Informanten Uwe Haller und Andreas Fuchs sind exemplarisch für den Zusammenhang von eigener Naturerfahrung und Naturliebe seit der Kindheit und für die daraus resultierende Entscheidung für die Mitarbeit im Umweltschutz. Zunächst der Biologiestudent Uwe Haller. Seit seiner Kindheit auf einem Dorf im Umland Kölns bis heute hält er sich so oft wie möglich in der Natur auf. Seit den ersten Schuljahren folgte er damit dem Vorbild seines

Vaters: Seine Naturschutzkarriere hat er minutiös durch die einzelnen Stufen hindurch im Gedächtnis behalten:

> «Wir hatten so einen Wald in der Nähe, der recht schön ist, einen Laubwald. Und irgendwann hat mein Vater angefangen, mir die Vögel zu zeigen. ‹Guck mal, das ist ein Kleiber› oder was weiß ich. So ging das halt los. Hatte ich auch irgendwann mein erstes Vogelbuch. In der Mittelstufe bin ich dann mit 'nem Freund zusammen immer mit dem Fahrrad in die Wälder gefahren, um Tiere zu beobachten. Mich interessierten weniger die Pflanzen, sondern es ging eigentlich nur um Tiere, und zwar um Säugetiere und Vögel. Alles andere haben wir nicht wahrgenommen. Jedenfalls, da habe ich ziemlich früh angefangen. ... Dabei haben wir uns unterhalten oder einfach so die Zeit genossen und ab und zu ein paar Viecher beguckt. Wir hatten da auch so einen Rundgang, kamen da ziemlich am Schluß an einem Hochsitz raus, der so ein bißchen versteckt im Wald lag. Das nannten wir den Tummelplatz der wilden Tiere.»[426]

Vom Hochsitz aus beobachteten die Freunde verschiedene Arten von Wild: Füchse und Rehe. – «Das war irgendwie Tierfilm live, so ungefähr.» – Im Jahre 1996, als wir ihn befragten, absolvierte der damals Dreißigjährige gerade ein Universitätsstudium mit dem Schwerpunkt Botanik/Ökologie. Seine Liebe zu den Wäldern war ihm geblieben, wenngleich sich das Interesse inzwischen nicht mehr allein auf ansehnliche Tiere konzentrierte, sondern auf den gesamten Lebenszusammenhang des Waldes. –

> «Ich habe zwei Sichtweisen auf den Wald, eine frühere romantische Sicht und jetzt eine naturwissenschaftliche. Das ergänzt sich bei mir. Ich hab ja mit der romantischen, emotionalen Sicht auch noch sehr viel ... Also, im Studium hat sich vieles ziemlich geändert. Ich habe aber noch eine emotionale Haltung zur Natur. Vielleicht sogar in vielen Dingen mehr als früher. Weil ich weiß, warum mich jetzt natürliche Wälder anziehen. Das konnte ich früher nicht so richtig beurteilen.»

Der romantische Blick aufs Ganze der Natur, der Wald als Spielplatz der Kindheit, die Tierbeobachtung und das kleine Abenteuer stehen hier am Anfang einer Ökologie-Karriere. Das sind bis heute typische Sozialisationsweisen in der Bevölkerung der Dörfer und Kleinstädte. Umweltschützern mit einer entsprechenden Vita gelingt es regelmäßig, den seit der Kindheit wahrgenommenen Gesamtzusammenhang des Lebensraumes Wald nicht aus dem Auge zu verlieren, diesen romantischen Blick aufs Ganze aber zugleich mit dem wissenschaftlichen Interesse für das Detail zu verbinden. Dieser Doppelaspekt muß hervorgehoben werden, denn die wissenschaftlich-ökologische Sichtweise ist immer neben dem Landschaftsblick auf das mit bloßem Auge sichtbare Detail und auf mikrobiotische Prozesse gerichtet. Die Ökologensprache in ihrer unromantischen Nüchternheit kommt dann als Moment eines Distanzierungsprozesses hinzu. Es ist jene Terminologie der Landschaftsschutzverordnungen, Planungsbüros und Flächennutzungspläne, die dann endgültig den Schritt vom engagierten Laien zum Experten begründet. Jedenfalls werden Tendenzen einer Distanzierung und Objektivierung durch diese Sprachmuster verstärkt.

Andreas Fuchs wohnt im Kreis Osnabrück.[427] Nach seinem Abitur absolvierte er zunächst eine Maurerlehre. Inzwischen studiert er Landschaftsarchitektur. Fuchs führt das Leben eines engagierten Naturschützers, Funktionärs des Naturschutzbundes (NABU) und der Partei der Grünen. Seine Selbstwahrnehmung ist die eines «Lobbyisten der Natur». Da er auf dem Wege ist, ein «richtiger Politiker» zu werden, muß er einen wirkungsvollen Umgang mit den Massenmedien erlernen. Er gesteht ein, dabei inzwischen selbst schon etwas «mediengeil» geworden zu sein.

«Das zeichnet Lobbyisten nun mal aus, daß sie Forderungen stellen, genauso wie zum Beispiel diese NABU-Forderung 10 % Naturwald. Das weiß jeder, daß es das nicht gibt. Aber sollen sie

von Anfang an 3 % fordern? Wenn das optimal läuft, kommen bei den 10 % mal gerade diese 3 % rum.»
Dieser Umweltkämpfer kennt die private und ökologische Karriere vieler seiner Mitstreiter aus eigener Anschauung, auch deren familiäre Herkunft.

Interviewer: «Wie ist das mit den Umweltschützern? Kommen die von Kindheit an aus der Stadt Osnabrück oder woher?»
Andreas Fuchs: «Komisch, wenn ich jetzt mal darüber nachdenke. Ja, ich kann nur von meinen NABU-Kollegen schließen. Von denen ist keiner, kein einziger, ich kenne eine ganze Reihe nicht nur im Landkreis Osnabrück, von denen ist keiner gebürtiger Städter. Die kommen alle vom Land. Man wird im Grunde auch einen emotionalen Bezug zu dieser Thematik brauchen, der einem im Grunde auch über die Niederlagen hinweghilft. Denn die Geschichte meines eigenen Verbandes, der mittlerweile hundert Jahre alt ist, ist im Grunde eine Geschichte der Niederlagen.»
Auch bei Fuchs stehen Kindheitserfahrungen am Anfang. Zunächst Vogelbeobachtungen:
«Als kleiner Steppke wurde da so ein Vogelhaus hingestellt. Und da hat man da so hingeguckt. ‹Was fliegt denn da?› Auf dieser ornithologischen Schiene bin ich dann zum NABU gekommen. Der hieß ja früher «Deutscher Bund für Vogelschutz». Aber irgendwann kennt man dann die Vögel alle. Und dann bin ich so ganz beiläufig in den NABU rein und habe praktische Sachen mitgemacht: Hecken pflanzen, Moor-Renaturierung, Krötenzäune aufbauen. Das wird nach wie vor vom NABU gemacht.
Und da habe ich im Grunde Leute getroffen, die dieselben Interessen hatten: Krötenzäune, Hecken pflanzen. – Triffst du ja immer reichlich Leute da in die Richtung. Und da war ich dann irgendwann zu faul, diese ganzen praktischen Sachen noch zu machen. Da habe ich mir gedacht: ‹Wenn du möchtest, daß die

Landschaft durch Hecken gegliedert ist, dann ist es eine Möglichkeit, sie selber zu pflanzen. Eine andere Möglichkeit ist, sich dafür einzusetzen, daß die Hecken, die schon da sind, erst gar nicht wegkommen!»

Den Weg zum professionellen Umweltschützer will Herr Fuchs nun zielstrebig fortsetzen. Wahrscheinlich wird er nach dem Abschluß seines Studiums seine Karriere in einem ökologischen Planungsbüro fortsetzen. Bis dahin nimmt er bereitwillig in Kauf, noch ein paar Gegner aus der politischen Szene auf sich zu ziehen. Vielleicht gelingt es ihm, durch gezielte Aktionen und eigene Medienpräsenz in seinen Umweltgruppen auf sich aufmerksam zu machen. Er akzeptiert es als Teil seiner Karriere, sich später, wenn er vom Einkommen aus seiner Arbeit für den Umweltschutz leben wird, nicht mehr alles «leisten» zu können, was Gruppeninteressen gegen ihn mobilisieren könnte. Kompromisse werden dann also zwangsläufig notwendig werden. Als er uns seine Geschichte erzählte, zog er aus taktischen Gründen noch alle Register der Provokation. Gerade war wieder ein Konfliktfall im Entstehen. Es kam ihm darauf an, einige Eichen aus einem kommunalen Flächennutzungsplan herauszuhalten. Hätte er sich bei seiner Argumentation allein auf die Erhaltung der schützenswerten Bäume konzentriert, wäre der Erfolg fraglich gewesen. Deshalb stellte der geschickte Lobbyist in diesem Fall die Interessen des Hirschkäfers in den Mittelpunkt:

«Damit man im Grunde diese Hirschkäfer, die im Anhang der Richtlinien stehen, dort behalten kann. Das kann man zum Beispiel im kommunalen Flächennutzungsplan machen. Das muß keine Naturschutzgebietsverordnung oder keine Landschaftsschutzverordnung sein. Natürlich sagen die Bauern: ‹Es ist alles Blödsinn, das brauchen wir alles nicht. Wir wollen über unsere Flächen frei verfügen, wie wir das seit jeher konnten.› – Heute machen wir dann einfach eine Liste, melden alles nach Brüssel, was die Voraussetzung erfüllt. Und da hat es schon einen kleinen Aufstand gegeben.... Weil ich mir das erlauben kann, kann ich das machen. Habe ich dann auch deshalb in der Zeitung gestanden und hatte natürlich das Telefonklingeln.»

Andreas Fuchs ist in seinem Ehrgeiz für die Natur und für sein eigenes Fortkommen beispielhaft für professionelle Umweltschützerkarrieren im institutionalisierten Alternativmilieu. Dazu gehört als Leitmotiv die Überzeugung, persönlich ein Idealist zu sein und das auch dann noch zu bleiben, wenn die einschlägigen Aktivitäten später einmal die finanzielle Basis seines Lebens bilden werden. – Doch er weiß genau, der reine Idealismus ist stets auch ein Leidensweg: «Andere Leute haben schöne Wohnungen und dicke Autos. Das habe ich nicht, das brauche ich nicht, da lege ich keinen Wert darauf.»

Mit der Zeit hat sich Andreas Fuchs durch das politische Engagement emotional etwas vom realen Wald entfernt. Denn es bleibt ihm vor lauter Kampagnenarbeit immer weniger Zeit zum Besuch der Natur. Höchstens am Wochenende unternimmt er zur «Entspannung» noch manchmal einen Waldspaziergang. Nach den Jahren des Engagements in der Ökologiebewegung hat sich für Fuchs nun auch das Idealbild von der Natur des Waldes verändert. Seine Vorstellungen vom «richtigen» Wald entwickeln sich immer mehr in Richtung eines «Ökologen-Waldes». Wie es das unterschiedliche Waldideal der Pilzsammler, Mountainbiker und Jäger gibt, so gibt es auch ein Waldideal der Umweltschützer. In seinem Fall kann dieses Ideal nicht frei von Paradoxien sein. Er liebt seit seiner Kindheit den «Naturwald». Aber solch ein primärer, «von Menschenhand unberührter», quasi allein vor sich hin wachsender Wald stellt in der politischen Öffentlichkeit keine politisch vorweisbare Leistung für eine Karriere im Umweltschutz dar. Es kommt also auch bei seinem Waldideal – ähnlich wie bei der Gestaltung der Waldlandschaft nach forstästhetischen Gesichtspunkten – darauf an, der Natur ein wenig nachzuhelfen und dabei durch unauffällige Planung eine «gesellschaftlich akzeptierte Landschaft» herzustellen.

«Und dann mußt du so ein bißchen abschätzen können, meinetwegen, es ist ein feuchter Wald. Wenn man da jetzt dahinten einen Graben, einen tiefen Graben macht, das wäre durchaus mal 'ne Eingriffsplanung, wo man mit beteiligt sein könnte. Das würde dann vielleicht bei dem oder dem Substrat zu einer Entwässerung des Waldes führen und damit zum Absterben der Erlenbestände und so weiter. Und Wald als solches ist ja im Grunde nichts. Wenn man sich jetzt mit der theoretischen Seite der Geschichte beschäftigt, dann kommt relativ schnell die Frage auf: Welche Landschaft ist denn im Grunde in der Gesellschaft akzeptiert?»

Diese Biographie eines Umweltschützers vom naiven Waldbewußtsein des jugendlichen Ornithologen bis zum Schöpfer oder Gestalter eines gesellschaftlich akzeptierten Waldes wiederholt skizzenhaft verkürzt einen wesentlichen Aspekt der Geschichte des kollektiven Waldbewußtseins seit der Romantik: Am Anfang stand eine naive ganzheitliche Wahrnehmung einer schönen, mit Lebewesen in Fülle ausgestatteten Natur. Schließlich siegte die Vorstellung, daß es zum Wohle der Menschen notwendig sei, einen Wald zu produzieren, den die Bevölkerung zugleich zu wirtschaftlichen Zwecken und zur Erbauung und Erholung nutzen kann, einen Wald, den die Menschen bei ihren Spaziergängen für «natürlich» halten, nach Möglichkeit für schöner, als ihn die Natur aus sich heraus hätte schaffen können.

In ihrem Umwelt- und Waldbewußtsein folgen die beiden Ökologen Haller und Fuchs inzwischen unterschiedlichen Zielen. Im ersten Fall ist das Engagement primär wissenschaftlich bestimmt, im zweiten eher bürokratisch oder politisch. Aber für beide gilt: Ohne kindliche Walderfahrungen hätten sie den Weg zu ihrer Karriere nicht gefunden.

X
NACHWORT

Das Naturbewußtsein begann in der Antike und führte mit dem Aufstieg der Naturwissenschaften zu seiner heutigen Form. Der moderne Naturbegriff ist, vergleichbar dem Begriff «Gesellschaft», eine Synthese, die eine «Einheit in der Vielfalt sehr unterschiedlicher Dinge»[428] konstruiert. Für einen Teich, einen Kirschbaum, einen Marienkäfer, Tageszeiten, Erdbeben, Krankheiten kann heute jeder lebenstüchtige Zeitgenosse ohne lange zu überlegen ein paar Kriterien aufführen, die jeweils das dafür «Natürliche» herausstellen. Unser Naturbewußtsein als Teil unserer Kultur wird außer von den einschlägigen Naturwissenschaften von der Kunst, Literatur und Religion beeinflußt. Die Diskussionen, die seit 20 Jahren über den beklagenswerten Zustand der Natur unter dem Stichwort «Umwelt» geführt werden, beweisen die politische Symbolkraft der «Natur» und des Naturbewußtseins in der heutigen Zeit. «Natur ist gegenwärtig vielleicht das am meisten beredete, berufene und thematisierte Wesen.»[429]

Was ich für die Natur allgemein skizziert habe, gilt ohne Einschränkung für das Thema dieses Buches. In Mitteleuropa zählen der Wald und die Bäume zu den gleichermaßen ästhetisch wie politisch überlasteten Kulturthemen. Dem kann sich niemand entziehen. Zum alltäglichen Waldbewußtsein gehört die Gewißheit: Wälder sind schön und einsam. Der Aufenthalt in ihnen ist gesund. Jedenfalls beruhigt er die Nerven. Weiterhin weiß jeder:

Gegenwärtig sind Wälder und Bäume überall auf der Welt durch menschliches Zutun gefährdet. Vor langer Zeit soll der Wald einmal auch hierzulande für die Menschen gefährlich und undurchdringlich gewesen sein. In solchen klischeehaften Feststellungen äußert sich heute ein populäres Natur- und Waldbewußtsein.

Als Elias Canetti den Wald als das Liebesobjekt und Massensymbol der Deutschen bezeichnete, hatte er zugleich deren Militarismus im Sinn: «Das Massensymbol der Deutschen war das Heer. Aber das Heer war mehr als Heer: es war der marschierende Wald. In keinem modernen Lande der Welt ist das Waldgefühl so lebendig geblieben wie in Deutschland.» Die überragende Bindekraft des Heeres für die deutsche Kultur war seit dem 18. Jahrhundert bis zum Ende des Zweiten Weltkriegs unbestreitbar gegeben. Wohl in keiner Nation in Europa hatte sich die Bevölkerung im 19. Jahrhundert in gleichem Maße mit dem Soldatentum identifiziert wie in Deutschland.[430] Das Militär als Ideal, der Militarismus als vorherrschende Lebensform ließen sich in den Organisationsstrukturen auch außerhalb der Kaserne nachweisen, beispielsweise in den Hierarchien der staatlichen und industriellen Verwaltungen, in den zackigen Grußformen auf den Straßen und in den Gehorsamkeitsritualen des schulischen Unterrichts.

Das Militär als beherrschendes Symbol hat sich aus Gründen, auf die ich hier nicht weiter eingehen muß, in den vergangenen 60 Jahren endgültig diskreditiert. Für die Gegenwart ist es nicht übertrieben, Canettis These über die Symbolfunktion des Heeres in ihr Gegenteil zu wenden: In keinem modernen Land der Welt ist das «Militärgefühl» derartig gering entwickelt wie in Deutschland. Heer, Marine und Luftwaffe vermitteln heute in der Öffentlichkeit vielfach überholte Symbole, Gegenentwürfe zu unserer Gesellschaft. Verschiedenen politischen Gruppen liefern sie sogar ein aktuelles Feindbild. Schließlich reicht das allgemeine Ressentiment gegen das Militär bis in die Fraktionen der Parlamente hinein.

Als Folge dieser kulturellen Entwertung des Militärs hat sich nun auch die Symbolqualität des Waldes verändert. Zunächst: Die militärische Formation des in Reihen gepflanzten Fichtenwaldes, die die Voraussetzung der Parallele von Wald und Heer war, gehört heute überall zu den Horrorvorstellungen, nicht allein in der Forstwirtschaft und bei Umweltschützern, sondern allgemein in der Bevölkerung. Vielleicht wirkt sich die Entmilitarisierung unserer Gesellschaft auf diese Weise auch auf das Waldbewußtsein aus. Von allen Seiten der Öffentlichkeit wird inzwischen ein abwechslungsreicher Wald, ein Wald von Baumindividuen und Baumgenerationen, gewünscht, ein artenreicher Mischwald. Solch eine partielle Wildnis wird als schön, «natürlich» und erholsam empfunden. Das Waldbewußtsein einer flexiblen Erlebnisgesellschaft kann keinen bürokratisch geregelten Forst akzeptieren, wo ein staatlicher Beamter im grünen Rock die Macht besitzt, vom Setzling bis zur Ernte über das Schicksal von Lebewesen zu entscheiden. Statt dessen privilegiert unsere Gesellschaft einen Wald der individuellen Konkurrenz von Lebewesen um Licht und Fläche. Mit einem so lebendigen und abwechslungsreichen Sozialsystem kann sich der einzelne heute identifizieren; jedenfalls in den geschmacksprägenden sozialen Milieus. Ich will das Vorbild des Waldes für die menschliche Gesellschaft, das alte Bild vom Wald als Erzieher, nun nicht wieder aus der Versenkung hervorheben. Doch Symboltendenzen unserer Gegenwart, Tendenzen, die über den Wald als Naturausschnitt hinausweisen, drücken sich ohne Zweifel in den kulturellen Aspekten unseres Naturbewußtseins, speziell in den Entwicklungen des Wald- und Baumbewußtseins aus.

Zunächst fällt die Distanzierung von den Institutionen und den Symbolen des Staates auf. Ein vorherrschendes Nationalsymbol der Deutschen läßt sich nicht benennen. Abneigung oder Distanz gelten fast gleichermaßen dem Militär, den politischen Parteien, großen Verbänden und zunehmend auch den Kirchen. Nur die

Abb. 18 Militärischer Wald

Institutionen des Massensports können neben Musikgruppen und Personen mit Starqualität noch Symbole mit Massenwirkung hervorbringen. Diese sozialen und kulturellen Tendenzen sind oft zutreffend als Teil eines Prozesses der Individualisierung beschrieben worden. Der Prozeß der Individualisierung geht offensichtlich auch mit einer Abwertung des Symbols «Wald» einher. Aufgeklärte Individuen finden sich gern in anderen Individuen wieder: in den Bäumen. Dieses Bestreben erreicht in der Esoterikszene bisweilen manische Züge. In der Identifizierung mit Bäumen drückt sich darüber hinaus ein allgemeines Muster bei der Selbstsuche aus. Die kulturelle Privilegierung der Bäume, eine Symbolverschiebung vom Wald zum Baum, kennzeichnet, so betrachtet, einen allgemeineren Aspekt des Wandels unserer Gesellschaft. Es ist nur folgerichtig bei jenem Prozeß der Individualisierung, daß das Identifikationsmuster diesmal nicht von oben – von den Institutionen des Staates – vorgegeben wird, wie beim Canettischen Militärwald oder beim völkischen Ideal des

Waldes als eines Erziehers, sondern in der freien Entscheidung der einzelnen steht. Die sozialpsychischen Vorgaben dieser Identifikation mit Bäumen liegen auf der Hand: Wenn Waldbäume in Reih und Glied wachsen, haben sie keine Chance zur Selbstverwirklichung. Der Vorstellung von «Selbstverwirklichung», die unsere aktuelle Gesellschaft leitet, können Menschen wie Bäume nur da entsprechen, wo sie ohne feste Bindungen für sich gedeihen. Ein dergestalt entwickeltes individualistisches Wald- und Weltbild ist – wie die Waldromantik – nicht zuletzt ein Ergebnis des Verstädterungsprozesses. In der Identifikation mit markanten Baumgruppen oder geschichtsmächtigen Baumindividuen im Wohnviertel oder im Park gelangt das Gefühl für die persönliche Geschichte der Menschen mit der Geschichte der Stadt zur Synthese.

Wer diesen kulturellen Prozeß einer Symbolverschiebung ausschließlich im Kontext der deutschen Politik- und Gesellschaftsgeschichte sieht, kann ihm freilich nicht vollauf gerecht werden, denn er ist außerdem das Ergebnis einer Internationalisierung unserer Gesellschaft und ihrer politischen Symbolik. Die Bevorzugung der Bäume als Identifikationsangebot ist auch ein Beispiel für die Übernahme von Mustern aus dem Symbolangebot anderer europäischer Kulturen. Hier sei an die Bedeutung solitär wachsender Bäume für das Naturverständnis in England und Frankreich erinnert.

Obwohl der Wald in seiner politischen Symbolqualität in der heutigen liberalen Gesellschaft Deutschlands verdächtig geworden ist, bleibt er eine zentrale Metapher für die Schönheit und Natürlichkeit unserer Landschaft. Hier stellt sich noch einmal die Frage nach dem tatsächlichen Erleben des Waldes. Die kulturelle Tradition, der die Bevölkerung die Wahrnehmungsmuster für die Natur entnimmt, ist immer noch die Epoche der Romantik. Die verbreiteten Waldwünsche und Schönheitsauffassungen, die Freude an einer frei gestellten Waldlandschaft, die geheimnisvolle Atmosphäre und das Gefühl des Verlassenseins in der «Waldeinsamkeit», auch der tatsächliche «Genuß» der Natur sind ohne die Wirkung romantischer Empfindungsvorgaben, d. h. ohne die Resultate der romantischen Malerei und Literatur, nicht zureichend zu erklären. Aufsteigende Nebel wecken die Erinnerungen an die Märchen der Kindheit. Eine bizarre Eiche im Winter oder ein Ausblick auf den bunten Herbstwald werden wie Gemälde des 19. Jahrhunderts betrachtet. Einige der Befragten unserer Erhebung, auch Männer, brachten die Einzigartigkeit eines Waldspaziergangs auf den Punkt. Sie taten das mit dem Hinweis, es sei dies in ihrem Erwachsenenleben der einzige verbliebene Anlaß, bei dem sie manchmal spontan auf die Idee kommen, ein Lied zu singen, und das bisweilen sogar tun.[431]

Ob eine emotionale Erfahrung des Waldes in Deutschland allein durch die romantische Symbolik geprägt ist, bleibe dahingestellt. Doch die privilegierte Beziehung der Bevölkerung zum Wald in seiner ästhetischen Qualität, auch die Sorgfalt bei seiner Pflege spricht für das aktive Weiterwirken des Waldsymbols. Allein das engagierte öffentliche Interesse – fast gleichgültig, ob als Ablehnung oder Zustimmung –, welches die vorhandenen oder entstehenden Naturparks finden, belegt das. Legale oder illegale Brandrodungen, wie sie nicht nur in den fernen Tropen, sondern alljährlich auch in Gebieten Südeuropas praktiziert werden, um Gebiete für den Wohnungsbau oder die Tourismusindustrie verfügbar zu machen, sind in Mitteleuropa nicht allein aus klimatischen Gründen unvorstellbar.

Die Grundlagen des Waldbewußtseins und die Bereitschaft und Liebe zum Naturgenuß werden in der Kindheit gelegt. Wenn «Wald» in diesem Prozeß zum «Lebensstichwort» geworden ist, dann läßt sich das regelhaft auf Erfahrungen in der Familie und den Einfluß von Vorbildern zurückführen. Hier wirkt die besondere Prägekraft der Nachkriegsjahre, die nicht allein eine Notzeit des Pilze- und Beerensammelns waren (oft über Eltern und Großeltern vermittelt), noch in der heutigen Bevölkerung nach.

Diese romantische Waldsehnsucht, die Liebe zu markanten Bäumen, zum Vogelgesang und zur «Waldeinsamkeit» läßt sich – wie sich in dieser Untersuchung immer wieder gezeigt hat – bisweilen in ferne Urlaubswelten mit sehr andersartigen Wäldern übertragen, z. B. nach Indien oder Südamerika. Seit die finanziellen Möglichkeiten, die Verkehrsmittel und die Angebote der Tourismusindustrie alljährlich Urlaubsfernreisen für die Bevölkerung gestatten, verlieren die Wälder zunehmend ihre privilegierte Stellung als Erlebnisraum an andere Naturgegebenheiten, speziell an das Meer und das Gebirge. Eine Waldwanderung kann im Milieu junger Leute schwerlich den Prestigewert eines Strand- oder Skihüttenurlaubs erreichen. Ein «antörnender» Schau- und Massencharakter, wie er zum Rockkonzert, zur Skipiste und zum Strand gehört, läßt sich wohl kaum im Wald genießen. Nicht nur, weil die Forstbehörden dagegen sind.

Auch in diesem Fall ist eine Internationalisierung der Symbolik maßgebend. Das Meer und die Berge sind in diesem Wertesystem modern, der Wald alteuropäisch-konservativ. Das veranschaulichen zwei neue internationale Sportarten mit hohem Symbolwert: der Beach-Volleyball und das Surfen auf Schneebrettern. Beide sind dabei, sich als Leistungssport zu etablieren. Als Urlaubssport haben sie schnell unter der Jugend Karriere gemacht. Hingegen zählt der Waldlauf zu den vergessenen Sportarten.

So beeinflußt die politische Symbolik schließlich die Praxis des Alltagslebens. Wie dieser Einfluß in anderen Epochen dieses Jahrhunderts wirkte, habe ich für die Zeit des Nationalsozialismus und für die Nachkriegsjahre gezeigt. Beiden Epochen lagen tatsächlich typisch deutsche Entwicklungen zugrunde. Um zu den Tendenzen und Verläufen der Wandlungsprozesse des Naturbewußtseins in der Gegenwart zu einer notwendigen, über die deutschen Verhältnisse hinausgehenden Aussage zu kommen, wären kulturvergleichende Untersuchungen in zweierlei Richtungen an der Zeit. In Deutschland müßten die hier dauerhaft lebenden Zuwanderer aus den verschiedenen Ländern Europas, der Türkei und des Mittleren Ostens zukünftig in die Perspektive einbezogen werden. Die Kinder aus sehr unterschiedlichen Kulturen mit teils erheblichen Differenzen des Naturbewußtseins wachsen gemeinsam in einer Straße oder Schulklasse auf. Weil das Naturbewußtsein für ein ganzes Leben vor allem auf diese Lebensphase zurückgeht, gewinnt dieser Generationenaspekt besonderes Gewicht. Ein romantisches Waldgefühl, wie es in Eichendorff-Liedern erklingt, war seit jeher für die Mehrzahl der Jugendlichen aus Bauern- und Arbeiterfamilien eine Zumutung. Wie sollte es sich auf junge Leute aus Kulturen des Nahen oder Mittleren Ostens übertragen lassen? Darüber hinaus wären kulturvergleichende Studien zum Naturbewußtsein in den Ländern Europas, den USA und anderen Gebieten nicht allein unter dem Aspekt des Umweltschutzes und des Tourismus von Bedeutung. Die Beschreibung und Analyse des Naturbewußtseins und des Naturerlebnisses bleibt einer der Zugangswege zum Verständnis der kollektiven Bewußtseinsprozesse, auch in der Moderne.

ANMERKUNGEN

1 Canetti, Elias: Masse und Macht, Hamburg 1960, S. 195–196.
2 Ganz auf dieser mentalen Linie bewegt sich die Frage «Gehen Sie oft in den Wald? Was denken Sie, wenn Sie auf dem Waldboden liegen, ringsherum tiefe Einsamkeit?» Sie wurde zwischen 1907 und 1911 in einer Umfrage 8000 deutschen Berg-, Textil- und Metallarbeitern gestellt. Eine exemplarische Antwort eines fünfunddreißigjährigen Berliner Textilarbeiters: «Ja. Ich liege im Moos und blicke empor zum reinen Firmament, nichts regt sich, nichts stört mich, ein unendlich wohliges Gefühl durchzieht die Brust, ich fühle es, wie ich langsam wieder Mensch werde, wie ich zur Natur zurückkehre, wie ich wieder eins werde mit dem großen, unendlichen All. ‹Da draußen stets betrogen, saust die geschäft'ge Welt› – hier aber ist Wahrheit und Klarheit, und die Dinge reden zu mir in einer Sprache wie nie ein Mensch.» – Vgl. Levenstein, Adolf: Die Arbeiterfrage. Mit besonderer Berücksichtigung der sozialpsychologischen Seite des modernen Großbetriebes und der psychophysischen Einwirkungen auf die Arbeiter. München 1912, S. 370.
3 Dazu: Holzberger, Rudi: Das sogenannte Waldsterben, Bergatreute 1995.
4 Etwa Bundeskanzler Helmut Kohl: «Für uns Deutsche ist der Wald mehr als Bäume und Holz.» Vgl. «Frankfurter Allgemeine Zeitung», 20.8.1997, S. N 1.
5 Vgl. Art. «Wald», in: Meyers großes Taschenlexikon, Mannheim u. a. 1992, Bd. 23, S. 273 ff. Für England werden 9,5 %, für Italien 22,3 %, für Frankreich 26,6 % angegeben.
6 Mantel, Kurt: Wald und Forst in der Geschichte. Ein Lehr- und Handbuch, Alfeld 1990, S. 58–91. Der Kulturgeograph Friedrich Ratzel gab

für das Deutsche Reich 26 % an. Vgl. Ratzel, Friedrich: Deutschland, Berlin/Leipzig 1921 (zuerst 1898), S. 119. Über die Berechnungsmodalitäten früherer Waldanteile an der Gesamtlandschaft kritisch: Küster, Hansjörg: Geschichte der Landschaft in Mitteleuropa. Von der Eiszeit bis zur Gegenwart, München 1995, S. 366.

7 Aufstellung der Berufe der 126 Befragten (einschließlich Pensions- und Rentenempfänger):
   1. Studenten, Schüler, Zivildienstleistende, Lehrlinge: 14
   2. Lehrerinnen und Lehrer: 13
   3. Selbständige und Landwirte: 19
   4. Arbeiter, unselbständige Handwerker: 18 (darunter 10 Waldarbeiter)
   5. Angestellte, untere und mittlere Beamte: 19 (darunter 7 Revierförster)
   6. Hausfrauen: 14
   7. Akademische Berufe: 24 (darunter 4 Diplom-Forstwirte)
   8. Sonstige (Arbeitslose, Beruf unbekannt): 5

8 Das Projekt wurde von der Deutschen Forschungsgemeinschaft gefördert. Unter der Leitung des Autors nahmen Dr. Klaus Schriewer und Helga Stachow M. A. sowie als studentische Hilfskräfte Sibylle Gerhard, Sarah Khan und Uta Rosenfeld teil. – Außerdem wirkte Angelika Rohn mit.

9 Ein Teil der Kontakte, die später zu Interviews führten, kamen bei Waldbesuchen von Projektmitarbeitern zustande.

10 Vgl. Steger, Hugo: Alltagssprache. Zur Frage nach ihrem besonderen Status in medialer und semantischer Hinsicht, in: Raible, Wolfgang (Hg.): Symbolische Formen, Medien, Identität, Tübingen 1989/90, S. 55–112, hier: S. 103 f.; Dieterich, Victor: Forstwirtschaftspolitik, Hamburg/Berlin 1953, S. 71; Mantel (wie Anm. 6), S. 34–40.

11 Bernhard, Thomas: Holzfällen. Frankfurt/M. 1988, S. 304.

12 LeGuin, Ursula K.: Das Wort für Welt ist Wald, Hamburg 1997 (zuerst englisch 1972: The Word for World is Forest).

13 Braudel, Fernand: Geschichte und Sozialwissenschaften – Die «longue durée» (zuerst französisch 1958), in: Wehler, Hans-Ulrich (Hg.): Geschichte und Soziologie, Köln 1972, S. 189–215.

14 Vgl. z. B. Brednich, Rolf Wilhelm: Die Spinne in der Yucca-Palme. Sagenhafte Geschichten von heute, München 1990.

15 Mogk, Eugen: Germanische Religionsgeschichte und Mythologie, 2. Aufl., Berlin/Leipzig 1921 (zuerst 1918), S. 31.
16 Fuhrmann, Manfred: Nachwort zu Tacitus' «Germania», Stuttgart 1972, S. 93–112, hier: S. 109.
17 Leyen, Friedrich von der: Die Götter der Germanen, München 1938, S. 54.
18 Bismarck, Otto von: Erinnerung und Gedanke, Berlin 1932 (zuerst 1896), S. 538.
19 Riehl, Wilhelm Heinrich: Land und Leute, 9. Aufl., Stuttgart 1894 (zuerst 1854).
20 Kant, Immanuel: Beobachtungen über das Gefühl des Schönen und Erhabenen, in: ders., Träume eines Geistersehers und andere vorkritische Schriften, Köln 1995 (zuerst 1764), S. 239.
21 Vgl. Riehl (wie Anm. 19), S. 43 ff. Obwohl sich Riehl nicht explizit auf ihn beruft, klingt in solchen Auffassungen vom Vorzug natürlichen Lebens und vom Rückzug in die Natur leitmotivisch die Kulturkritik Rousseaus nach. Vgl. Rousseau, Jean-Jacques (Hg.): Schriften zur Kulturkritik. Die zwei Diskurse von 1750 und 1755 (eingeleitet, übersetzt und herausgegeben von Kurt Weigand), 3. Aufl., Hamburg 1978.
22 Levenstein (wie Anm. 2), S. 381.
23 Ebd., S. 71 f.
24 Salisch, Heinrich von: Forstästhetik, 2. Aufl., Berlin 1902 (zuerst 1885), S. 52: von Salisch sieht «die Natur» als eine «Meisterin in feinsten Abstufungen und zartesten Mischungen», die sie «gleichzeitig durch Form und Farbe zu wirken» beabsichtige.
25 Vgl. Oberkrome, Willi: Volksgeschichte. Methodische Innovation und völkische Ideologisierung in der deutschen Geschichtswissenschaft 1918–1945, Göttingen 1993.
26 Helbok, Adolf: Grundlagen der Volksgeschichte Deutschlands und Frankreichs, 2 Bde., Berlin/Leipzig 1937.
27 Ebd., S. 680.
28 Ebd., S. 691.
29 Köstlin, Konrad: Anmerkungen zu Riehl, in: Jahrbuch für Volkskunde, 7, 1984, S. 81–95. – In einem Schulaufsatz zum Thema «Der deutsche Wald im Winter» eines zwölf- oder dreizehnjährigen Volksschülers aus dem Jahre 1916 oder 1917 heißt es: «So macht der deutsche Wald im

Winterschmuck einen besonders festlichen Eindruck, von dem sich der Südländer keine Vorstellung machen kann.» – Museum Burg Brome. Ich danke Andreas Reucher für den Hinweis.
30 Ammer, Ulrich und Ulrike Pröbstl: Freizeit und Natur. Hamburg/Berlin 1991, S. 31.
31 Neumann, Carl W.: Das Buch vom deutschen Wald, Leipzig 1935. 1936 waren davon bereits 120 000 Exemplare verkauft.
32 Haß, Ulrike: Militante Pastorale. Zur Literatur der antimodernen Bewegungen im frühen 20. Jahrhundert, München 1993, S. 189–204.
33 Vgl. etwa: Mantel (wie Anm. 6), S. 164 ff.
34 Schoenichen, Walther: Biologie der Landschaft, Neudamm/Berlin 1939, S. 114.
35 Francé, Raoul H.: Leben und Wunder des deutschen Waldes. Gesetze einer Lebensgemeinschaft, Berlin 1943, S. 22.
36 Vgl. etwa: Dreyer, Eva und Wolfgang Dreyer: Der Kosmos-Waldführer. Ökologie, Gefährdung, Schutz, Stuttgart 1990, S. 7.
37 Mammen, Franz von: Der Wald als Erzieher. Eine volkswirtschaftlich-ethische Parallele zwischen Baum und Mensch und zwischen Wald und Volk, Dresden/Leipzig 1934.
38 «Ewiger Wald» lautete dann auch der Francé zitierende Titel eines ambitionierten, monumentalen Filmprojekts aus dem Jahre 1936. Dazu: Linse, Ulrich: Der Film «Ewiger Wald» – oder: Die Überwindung der Zeit durch den Raum. Eine filmische Umsetzung von Rosenbergs «Mythus des 20. Jahrhunderts», in: Hermann, Ulrich und Ulrich Nassen (Hg.): Formative Ästhetik im Nationalsozialismus, Zeitschrift für Pädagogik, 31. Beiheft, Weinheim/Basel 1991.
Mit welcher Gründlichkeit die nationalsozialistischen Kulturorganisationen den Wald zum kulturellen Leitthema gewählt hatten, zeigen Wald-Großprojekte der Vorkriegszeit. An einem monumentalen Filmprojekt des Amtes Rosenberg mit dem Titel «Ewiger Wald» – es geht auf das erwähnte Buch Francés zurück – hatten bereits ausgewählte Wissenschaftler beratend mitgearbeitet. Von der einflußreicheren «Lehr- und Forschungsgemeinschaft» der SS, dem «Ahnenerbe», wurde im Auftrag des Reichsforstmeisters Hermann Göring, des Bauernführers Darré und Himmlers die Arbeit an einem wissenschaftlichen Großprojekt zum Thema «Wald und Baum in der arisch-germanischen

Geistes- und Kulturgeschichte» begonnen. (Das Projekt und andere Aktivitäten des «Ahnenerbes» werden von PD Dr. Bernd A. Rusinek vom Historischen Seminar der Universität Düsseldorf untersucht, dem ich für Informationen zu danken habe.) Rund 60 überwiegend an Universitäten beschäftigte Wissenschaftler wollten in diesem «Forschungswerk» interdisziplinär zusammenarbeiten: Forsthistoriker, Germanisten, Volkskundler, Musikwissenschaftler, Kunsthistoriker, neben Botanikern, Zoologen, Geographen. Ein übergreifendes Konzept wird im Themenwust nicht sichtbar. Was in Form von Einzelprojekten erkennbar ist, reicht von «Die Irminsäule in der indogermanischen Überlieferung» (Bearbeiter: Prof. Dr. Hauer, Tübingen) über «Der Lichterbaum» (Dr. Otto Huth, Berlin) bis zu Baum- und Tiermonographien vom Typ «Die Erle» und «Der Auerochse». Das Vorhaben mußte im Herbst 1939 infolge von Einberufungen und kriegsbedingten Sparmaßnahmen (so der Geschäftsführer des «Ahnenerbes» Wolfram Sievers mit Brief vom 27. 3. 1942 an die prospektiven Zuarbeiter) eingestellt werden.

39 Vgl. Seifert, Alwin: Im Zeitalter des Lebendigen. Heimat – Natur – Technik, Dresden/Planegg 1941, S. 111.
40 Vgl. Neumann (wie Anm. 31), S. 14.
41 Schoenichen, Walther: Naturschutz im Dritten Reich, Berlin-Lichterfelde 1934.
42 Ebd., S. 21 f.
43 Dahm, Volker: Traditionale Einheit und partikulare Vielfalt. Zur Frage der kulturpolitischen Gleichschaltung im Dritten Reich, in: Vierteljahrshefte für Zeitgeschichte, 43, 1995, S. 221–265; Haller, Jörg: «Wald Heil!» Der Bayerische Waldverein und die kulturelle Entwicklung der ostbayerischen Grenzregion 1883 bis 1945, Grafenau 1995.
44 Dahm (wie Anm. 43), S. 262.
45 Vgl. Lorenz, Klaus-Peter: Notizen zur Ideengeschichte der Waldjugend, in: Grüner Weg 31 a. Zeitschrift des Studienarchivs Arbeiterkultur und Ökologie, 8, 1994, S. 4–7, vgl. Kap. V. dieses Buches.
46 Mantel (wie Anm. 6), S. 380 ff.
47 Linse, Ulrich: Der deutsche Wald als Kampfplatz politischer Ideen, in: Revue d'Allemagne, 22, 1990, S. 339–350.
48 Thomas, Keith: Man and the Natural World. Changing Attitudes in

England 1500–1800, London 1983, S. 219; Ahvenainen, Jorma: Man and the Forest in Northern Europe from the Middle Ages to the 19th Century, in: Vierteljahreshefte für Sozial- und Wirtschaftsgeschichte, 83, 1996, S. 1–24.
49 Braudel, Fernand: Sozialgeschichte des 15.–18. Jahrhunderts. Der Alltag, München 1985, S. 392.
50 Tournier, Michel: Der Erlkönig, Frankfurt/M. 1984.
51 Ders.: Der Baum und der Wald, in: Akademie der Künste (Hg.): Waldungen. Die Deutschen und ihr Wald, Berlin 1987, S. 26–27.
52 Kant, Immanuel: Idee zu einer allgemeinen Geschichte in weltbürgerlicher Absicht, Göttingen/Hamburg 1949, S. 9.
53 Hoormann, Anne: Land Art. Kunstprojekte zwischen Landschaft und öffentlichem Raum, Berlin 1996, S. 160.
54 Kershaw, Ian: Der Hitler-Mythos, Stuttgart 1980, S. 51. – Vgl. Kap. V. dieser Untersuchung.
55 «Der Spiegel», 8.5.1996, S. 43.
56 Landesforstverwaltung von Nordrhein-Westfalen (Hg.): «Mitarbeiterzeitung», 2, 1996, S. 16.
57 Augstein, Rudolf: Aufs Weltpodest geschleudert, in: «Der Spiegel», 30.9.1996, S. 48–65, hier: S. 65.
58 Thomas (wie Anm. 46), S. 220.
59 Stern, Horst: Am Ende ein Amen, in: «Die Zeit», 21.6.1996, S. 68.
60 Alle Namen von Informantinnen und Informanten sind Pseudonyme. Alle weiteren Informationen stimmen mit der Wirklichkeit überein.
61 Falk Solms, Jg. 1964, Student (Biologie), Hamburg.
62 Seel, Martin: Eine Ästhetik der Natur, Frankfurt/M. 1991, S. 183 f.; Adorno, Theodor W.: Ästhetische Theorie, Frankfurt/M. 1970, S. 108.
63 Riehl, Wilhelm Heinrich: Das landschaftliche Auge, in: ders.: Kulturstudien aus drei Jahrhunderten, 5. Aufl., Stuttgart 1896 (zuerst 1859), S. 65–91.
64 Ritter, Joachim: Landschaft. Zur Funktion des Ästhetischen in der modernen Gesellschaft, in: ders., Subjektivität, Frankfurt/M. 1974, S. 141–190, hier: S. 141–163 und 172–190.
65 Seel (wie Anm. 62), S. 225–233.
66 Kohlreif, Gottfried Albert: Abhandlung von der Beschaffenheit und dem Einfluß der Luft, sowohl der freyen atmosphärischen als auch der

eingeschlossenen Stubenluft auf Leben und Gesundheit der Menschen, Weißenfels/Leipzig 1794, S. 42. Ich verdanke Prof. Dr. Ulrich Troitzsch, Hamburg, und Prof. Dr. Günther Bayerl, Cottbus, diesen Hinweis. – Zur mittelalterlichen Vorstellung der Wirkung der «Dünste» Borst, Arno: Barbaren, Ketzer und Artisten. Welten des Mittelalters, München/Zürich 1988, S. 538.

67 Annemarie Wutke, Jg. 1953, Bibliotheksassistentin, Hamburg.
68 Schopenhauer, Arthur: Parerga und Paralipomena § 353, Zürich 1979, t. 10 der Zürcher Ausgabe, S. 662.
69 Hauskeller, Michael: Atmosphären erleben. Philosophische Untersuchungen zur Sinneswahrnehmung, Berlin 1995, S. 94–102.
70 Hellpach, Willy: Geopsyche. Die Menschenseele unter dem Einfluß von Wetter und Klima, Boden und Landschaft, 8. Aufl., Stuttgart 1977 (zuerst 1911), S. 178–182.
71 Hauskeller (wie Anm. 69), S. 109.
72 Vgl. Peuckert, Will-Erich: Niedersächsische Sagen III, Göttingen 1969, S. 12.
73 Hellpach (wie Anm. 70), S. 179.
74 Ammer/Pröbstl (wie Anm. 30), S. 31–35.
75 Ebd., S. 199f.
76 Heine, Heinrich: Die Harzreise, in: ders., Sämtliche Werke in sieben Bänden, 3. Bd., Wien o. J. (zuerst 1826), S. 13.
77 Ammer/Pröbstl (wie Anm. 30), S. 37.
78 Uni HH. Berichte, Meinungen aus der Universität Hamburg 27/4, Nov. 1996, S. 43.
79 Gerhard Klassen, Jg. 1961, Forstwirtschaftsmeister (Forstwirt = Waldarbeiter), Neuhof (Harz).
80 Landeshauptstadt Kiel – Grünflächenamt (Hg.): Zustandserfassung Hasseldieksdamm, 15.12.1988, S. 208f.
81 Hans Norath, Jg. 1939, Revierförster, Braunlage.
82 Dertz, Wolfgang: Wer den Wald liebt, muß Holz nutzen, in: «Frankfurter Allgemeine Zeitung», 8.12.1994, S. 10.
83 Thea Helm, Jg. 1920, Arztwitwe; Günter Moser, Jg. 1913, Gastwirt, beide Holzminden.
84 Paukner, Sepp: Waldarbeiter im oberbayerischen Salinengebiet, Bamberg 1991, S. 26–30.

85 Schriewer, Klaus: Waldarbeiter in Hessen. Kulturwissenschaftliche Analyse eines Berufsstandes, Marburg 1995, S. 176 ff.
86 Vgl. Anm. 79.
87 Dazu: Schmidt, Leopold: Volkskunde von Niederösterreich, Bd. 1, Horn 1966, S. 260-263.
88 Hermann Tonner, Jg. 1940, Golfplatzangestellter und Imker, Osnabrück.
89 Helmut Klotz, Jg. 1939, Elektrotechniker und Imker, Dorf bei Osnabrück.
90 Ammer/Pröbstl (wie Anm. 30), S. 37.
91 Ebd.
92 Heidegger, Martin: Holzwege, Frankfurt/M. 1980.
93 Kritisch zum gängigen Nationalpark-Konzept: Köberle, Klemens: Nationalparks – Krone des Naturschutzes?, in: Gesamthochschule Kassel (Hg.): Arbeitsergebnisse, 22, 1993, S. 34-43. – Im Jahre 1998 gab es 13 Nationalparks.
94 Uwe Haller, Jg. 1966, Biologiestudent, Hamburg.
95 Maren Lanske, Jg. 1944, Geschäftsinhaberin, Bad Sachsa.
96 Peter Märker, Jg. 1939, Lehrer, Bad Sachsa. Er ist im Weserbergland aufgewachsen.
97 Salisch (wie Anm. 24), S. 58.
98 Sedlmayr, Hans: Vorwort zu Köstler, Josef Nikolaus: Wald – Mensch – Kultur, Hamburg 1967, S. 8-11.
99 Vgl. Anm. 67.
100 Haß (wie Anm. 32), S. 197-204.
101 Ebd.
102 Lüthi, Max: Familie und Natur im Märchen, in: Fritz Harkort, Karel C. Peeters, Robert Wildhaber (Hg.): Volksüberlieferung, Festschrift für Kurt Ranke, Göttingen 1968, S. 181-195; Rebholz, Dore: Der Wald im deutschen Märchen, Heidelberg 1944, S. 103.
103 Peuckert, Will-Erich: Geheimkulte, Heidelberg 1951, S. 128.
104 Bollnow, Otto Friedrich: Mensch und Raum, 3. Aufl., Stuttgart u. a. 1976.
105 Helmut Fachtner, Jg. 1951, Kunsterzieher, Harz.
106 Jörg Habel, Jg. 1954, Buchhändler, Hamburg. Er ist in einem Dorf in Niedersachsen aufgewachsen.

107 Wir werden später sehen (Kap. VIII.1.b.), daß dieses Bild vom häßlichen Schotterweg für die tatsächliche Waldnutzung durch Wanderer fast folgenlos bleibt.
108 Werner Boll, Jg. 1940, Gewerbelehrer, Hamburg.
109 Vgl. Anm. 95.
110 Vgl. Anm. 61.
111 Bernhard (wie Anm. 11).
112 Andreas Brunner, Jg. 1949, Lehrer, Berlin, Umweltschützer.
113 Eltern oder Elternteile, die den Wald lieben und schützen wollen, aber wegen ihrer eigenen beruflichen Pflichten nicht die Zeit haben, mit ihren Kindern dort öfters zu wandern, zu singen, die «Natur» zu entdecken etc., können die Kleinen inzwischen an verschiedenen Stellen in Norddeutschland in private «Waldkindergärten» schicken. Was die Drei- bis Fünfjährigen dort unter Anleitung als «Waldalltag» praktizieren, folgt wie der familiäre Waldgang festen Ritualen. Jeden Morgen und bei fast jedem Wetter begeben sich die Kinder mit dem Erziehungspersonal für drei bis vier Stunden in den Wald. Nur bei Winterstürmen harren sie in einer Hütte aus. Vgl. Greenpeace: «Magazin für Umwelt und Politik», 1, 1996, S. 22.
114 Vgl. Anm. 67.
115 Vgl. Anm. 105.
116 Stifter, Adalbert: Der Waldgänger, Berlin 1990 (zuerst 1847), S. 26.
117 Peter Heinze, Jg. 1972, kaufmännischer Angestellter, Hamburg. Er ist teilweise auf einem Dorf in Schleswig-Holstein aufgewachsen.
118 Vgl. Anm. 108.
119 Vgl. Anm. 95.
120 Vgl. Anm. 106.
121 Erna Mahlmann, Jg. 1911, früher Realschullehrerin, Hildesheim.
122 Hellgard Schlüter, Jg. 1974, Sekretärin, Tanzpädagogin, Hamburg.
123 Lübbe, Hermann: Der Fortschritt und das Museum. Über den Grund unseres Vergnügens an historischen Gegenständen, London 1982.
124 Jauß, Hans Robert: Ästhetische Erfahrung und literarische Hermeneutik, 4. Aufl., Frankfurt/M. 1984 (zuerst 1982), S. 252–268. Jauß unterscheidet zwischen assoziativen, admirativen, sympathetischen, kathartischen und ironischen Modifikationen der Identifikation.
125 Dazu: Berger, Peter L. und Thomas Luckmann: Die gesellschaftliche

Konstruktion der Wirklichkeit, 5. Aufl., Frankfurt/M. 1977 (zuerst englisch 1966), S. 56–76.
126 Karin Gustavson, Jg. 1944, Sekretärin, Hamburg.
127 Vgl. Anm. 95.
128 Hans Mühlke, Jg. 1937, Verwaltungsbeamter, Dorf bei Osnabrück.
129 Zwei der Schüler hatten einen deutschen Paß, eine Schülerin kam aus Serbien (Anastasia), einer der Schüler aus der Türkei (Umut).
130 Grimmsches Wörterbuch, Bd. 27, S. 1622 ff.
131 Stauffer, Marianne: Der Wald. Zur Darstellung und Deutung der Natur im Mittelalter, Zürich 1958, S. 127–129.
132 Daß das Wandern eine von Millionen ausgeübte Freizeittätigkeit ist, bedeutet keinen Widerspruch. – Vgl. Deutsches Wandern 1988, S. 65 f.
133 Lehmann, Albrecht: Militär und Militanz zwischen den Weltkriegen, in: Langewiesche, Dieter und Heinz-Elmar Tenorth (Hg.): Handbuch der deutschen Bildungsgeschichte, Bd. 5: 1918–1945, München 1989, S. 407–429, hier: S. 423 ff.
134 Vgl. Anm. 94. – Auf das organisierte Wandern werde ich nochmals in Kap. VIII. zurückkommen.
135 Kurt Blau, Jg. 1960, Fernsehtechniker, Hamburg.
136 Angela Obst, Jg. 1955, Hausfrau, Dorf bei Osnabrück.
137 Vgl. Anm. 67.
138 Werfel, Franz: Nicht der Mörder, der Ermordete ist schuldig und andere Erzählungen, Frankfurt/M. 1984, S. 134.
139 Hartmut Markwort, Jg. 1938, Drogist, Elmshorn.
140 Vgl. Hartmann, Andreas und Sabine Künsting (Hg.): Grenzgeschichten, Frankfurt/M. 1990, S. 185–204.
141 Jaspers, Karl: Psychologie der Weltanschauungen, Berlin/Heidelberg/New York 1971, S. 299 ff.
142 Dazu: Halbwachs, Maurice: Das kollektive Gedächtnis, Stuttgart 1967.
143 Braudel (wie Anm. 13).
144 Vgl. Anm. 83.
145 Helge Hoheisel, Jg. 1964, Revierförster, Hamburg.
146 Koselleck, Reinhart: Vergangene Zukunft – Zur Semantik geschichtlicher Zeiten, Frankfurt/M. 1979, S. 349 ff.
147 Vgl. Christmann, Gabriela B.: Wege in Ökologiegruppen. Oder: Das

«Vokabular von ‹Weil›-Motiven» bei Akteuren der Umweltbewegung, in: BIOS, 5, 1992, S. 189–212.
148 Köstler, Josef Nikolaus: Wald – Mensch – Natur, Hamburg/Berlin 1967, S. 283.
149 Lauffer, Otto: Schicksalsbaum und Lebensbaum im deutschen Glauben und Brauch, in: «Zeitschrift für Volkskunde», 45, 1935, S. 215–230.
150 Zwischen dieser Formel und dem heutigen Slogan der Umweltschützer «Erst stirbt der Baum, dann stirbt der Mensch» kann durchaus eine Kontinuität bestehen. Die Verhältnisse sind aber vielleicht doch komplizierter. Schließlich ist das Lebensbaummotiv eindeutig auf das individuelle Schicksal zweier Lebewesen bezogen. Der moderne Slogan der Umweltbewegung hingegen wollte eine Verbindung von mutmaßlichen Kollektivschicksalen der Wälder und der Menschheit konstituieren.
151 Freie und Hansestadt Hamburg, Mitteilung der Pressestelle, 29. 8. 1985, AZ 822.651.
152 Brief der Landesforstverwaltung, Staatliche Pressestelle, 9. 10. 1985, AZ 822.651.
153 Vgl. Anm. 126.
154 Vgl. Anm. 121.
155 Eine statistische Erhebung aus den 1980er Jahren über besonders interessierende Themen zum großen Gebiet des Waldes läßt an dieser Aussage keine Zweifel. – 74 % der Befragten interessierten sich besonders für Tiere, 71 % sehr für Bäume und Sträucher. Aber nur 27 % für Umweltschutz und 11 % für die Jagd. Vgl. Ammer/Pröbstl (wie Anm. 30), S. 56.
156 Höhler, Gertrud: Die Bäume des Lebens. Baumsymbole in den Kulturen der Menschheit, Stuttgart 1985; Lettenbauer, Wilhelm: Der Baumkult bei den Slawen. Vergleichende volkskundliche, kultur- und religionsgeschichtliche Untersuchungen, Neuwied 1981 (zuerst 1943), S. 108.
157 Köstler (wie Anm. 148).
158 Klemperer, Victor: LTI, Berlin 1947, S. 88.
159 Mannhardt, Wilhelm: Wald- und Feldkulte. 1. Teil: Der Baumkultus der Germanen und ihrer Nachbarstämme. Mythologische Untersuchungen, Berlin 1875; Ward, Donald: Artikel «Baum», in: Ranke,

Kurt (Hg.): Enzyklopädie des Märchens, Bd. 1, Berlin/New York 1977, Sp. 1366–1374.
160 Meyer-Abich, Klaus Michael: Praktische Naturphilosophie, München 1997, S. 347 f.
161 Prana-Katalog aus dem Verlag Hermann Bauer, 1, 1998, S. 82–83.
162 Tournier (wie Anm. 51).
163 Stefan Varnow, Jg. 1961, Landschaftsgärtner, Hamburg.
164 Halbwachs (wie Anm. 142), S. 130 ff.
165 Stifter (wie Anm. 116), S. 22.
166 Petra Lohmeyer, Jg. 1967, Diplomgeographin, Hamburg.
167 Manfred Soll, Jg. 1967, Landschaftsgärtner, Hamburg.
168 Vgl. Anm. 121.
169 Lehmann, Albrecht: Im Fremden ungewollt zuhaus. Flüchtlinge und Vertriebene in Westdeutschland 1945–1990, 2. Aufl., München 1993, S. 115, 121.
170 Über die Bedeutung dieses Aspekts in der Malerei vgl. Schröder, Hans Joachim: Bäume. Zum Spätwerk des Malers und Glasmalers Gabriel Loire, in: Das Münster, 49, 1996, S. 29–37.
171 Vieth, Harald: Hamburger Bäume. Zeitzeugen der Stadtgeschichte, Hamburg 1995.
172 Seel (wie Anm. 62), S. 30.
173 Halbwachs (wie Anm. 142).
174 Erikson, Erik H.: Lebensgeschichte und historischer Augenblick, Frankfurt/M. 1977, S. 17.
175 Zender, Matthias: Volkserzählungen als Quelle für Lebensverhältnisse vergangener Zeiten, in: Rheinisches Jahrbuch für Volkskunde, 12, 1973, S. 114–169, hier: S. 124.
176 Schopenhauer (wie Anm. 68, § 357), S. 663.
177 Mantel (wie Anm. 6), S. 182 ff.
178 Rösener, Werner: Bauern im Mittelalter, München 1985, S. 111.
179 Selter, Bernward: Vom Plenter- und Niederwald zum Holzacker. Forstnebennutzung und forstliches Nebengewerbe im ehemaligen Amt Fredeburg, in: Baumeier, Stefan und Christoph Köck (Hg.): Sauerland. Facetten einer Kulturlandschaft, Detmold 1994, S. 96–115, hier: S. 104.
180 Mantel (wie Anm. 6), S. 182 ff.; Allmann, Joachim: Der Wald in der frü-

hen Neuzeit. Eine mentalitäts- und sozialgeschichtliche Untersuchung am Beispiel des Pfälzer Raumes 1500–1800, Berlin 1989, S. 136.
181 Selter, Bernward: Waldnutzung und ländliche Gesellschaft. Landwirtschaftlicher «Nährwald» und neue Holzökonomie im Sauerland des 18. und 19. Jahrhunderts, Paderborn 1995, S. 303.
182 Riehl, Wilhelm Heinrich: Die bürgerliche Gesellschaft, Berlin/Wien 1976 (zuerst 1851), S. 93.
183 Zender (wie Anm. 175), S. 134.
184 Rothfels, Hans: Zeitgeschichtliche Betrachtungen, Göttingen 1959; Koselleck (wie Anm. 146), S. 185.
185 Rubner, Heinrich: Deutsche Forstgeschichte 1933–1945, St. Katharinen 1985, S. 65.
186 Schelsky, Helmut: Wandlungen der deutschen Familie in der Gegenwart, 5. Aufl., Stuttgart 1967.
187 Lehmann, Albrecht: Gefangenschaft und Heimkehr. Deutsche Kriegsgefangene in der Sowjetunion, München 1986.
188 Vgl. Anm. 95.
189 Schelsky (wie Anm. 186).
190 Walden, Hans: Forstgeschichte der Stadt Hamburg, Hamburg 1995, S. 102.
191 «Unser Wald». Zeitschrift der Schutzgemeinschaft Deutscher Wald, 3, Juni 1977, S. 76–77.
192 Vgl. Lorenz (wie Anm. 45), S. 5.
193 Peter Kamp, Jg. 1937, Kaufmann, Wetzlar.
194 Vgl. Anm. 106.
195 Brief des Naturschutzbundes Deutschland, NABU, 21.4.1994, Umweltbehörde Hamburg AZ 883.85-01-2.
196 Schama, Simon: Landscape and Memory, New York 1995, S. 119.
197 Seifert (wie Anm. 39), Kap. «Reichsautobahn im Wald», S. 104–113.
198 Kershaw (wie Anm. 54), S. 51.
199 Hobsbawm, Eric: Inventing Traditions, in: ders. und Terence Ranger (ed.): The Invention of Tradition, Cambridge 1983, S. 97–118.
200 Hoormann (wie Anm. 53), S. 196.
201 Lauffer (wie Anm. 149).
202 Herrn Dr. Herbert Wilhelmi, Tharandt, danke ich für freundliche Hinweise.

203 Vgl. W. G. Sebald: Die Ringe des Saturn. Eine englische Wallfahrt, Frankfurt/M. 1995, S. 158.
204 Freundliche Mitteilung Dr. Heinrich Zimmermann, Wiesbaden.
205 Dazu: Warnke, Martin: Politische Landschaft. Zur Kunstgeschichte der Natur, München/Wien 1992.
206 Ferdinand Mohner, Jg. 1915, Landwirt, Asterode.
207 Dr. Arnold Heumann, Jg. 1924, Ministerialbeamter und Forsthistoriker, Wiesbaden.
208 Evers, Dietrich: Doch das Leben geht weiter. Erlebte Nauroder Geschichte 1945/1946, Wiesbaden 1996, S. 67 f.
209 So wird die historische Dokumentation einer forstlichen Bepflanzung genannt.
210 Paul Barth, Jg. 1935, Kaufmann, Naurod.
211 Daxelmüller, Christoph: Artikel «Entrückung», in: Kurt Ranke (Hg.): Enzyklopädie des Märchens, Bd. 4, Berlin/New York 1984, Sp. 42–58.
212 Blumenberg, Hans: Ein mögliches Selbstverständnis. Aus dem Nachlaß, Stuttgart 1997, S. 75–76.
213 Kershaw (wie Anm. 54).
214 Korn, Salomon: Durch den Reichstag geht ein Riß, in: «Frankfurter Allgemeine Zeitung», 17.7.1997, S. 32.
215 Rubner (wie Anm. 185), S. 65.
216 Ebd., S. 138.
217 Lehmann (wie Anm. 169), S. 259.
218 Ebd., S. 221 ff.
219 Hartmann/Künsting (wie Anm. 140), S. 185–204.
220 Vgl. Anm. 79.
221 Der Ermordete findet in diesen Sagen keine Ruhe in einem Grab, bis er gerächt ist. Der Wald ist darin ein geheimnisvoll-mythischer Ort des Mordes und der Sünde. Vgl. Stauffer (wie Anm. 131), S. 153–154. Bei Dante (Göttliche Komödie) mischen sich die Klagelaute der Gemordeten und Selbstmörder mit den natürlichen Tönen des Waldes. In dieser mystischen Welt des Waldes liegen die Klagetöne für den, der hören will, als selbständiger Bestandteil in der Luft. Der Wald wird zum Symbol der Sünde und zum Ort der Furcht, beängstigend und ausweglos. Archaische Waldvorstellungen aus dieser Tradition gehören – wie diffus auch immer – bis heute zum Traditionsinventar. Wenn

Waldmorde besonders grausam ausfallen, müssen sich die Interpretationen fast zwangsläufig auf diese untergründig wirkenden Traditionsbestände beziehen.
222 Vgl. Anm. 105.
223 Hartmann/Künsting (wie Anm. 140), S. 209.
224 Vgl. Anm. 79.
225 Vgl. Anm. 96.
226 Panzerknacker in Hessen, in: «Frankfurter Allgemeine Zeitung», 21.10.1995, S. 5; «In den Wald geht hier keiner mehr», äußerte der Bürgermeister. Vgl. «Der Spiegel», 20.11.1995, S. 3; «Hamburger Morgenpost», 20.11.1995, S. 3.
227 Wellershoff, Dieter: «Einladung an alle», Frankfurt/M. 1974.
228 Ebd., S. 36f.
229 «Osnabrücker Tageblatt», 29.9.1974.
230 «Osnabrücker Zeitung», 17.11.1967, S. 8 und 27.2.1967.
231 «Osnabrücker Tageblatt», 17.9.1966 und 4.2.1967.
232 «Osnabrücker Zeitung», 25.3.1966.
233 Andreas Laßmann, Jg. 1956, kaufmännischer Angestellter, Osnabrück.
234 Lahmann-Lammert, Rainer: Der Aussteiger, in: Westfälisches Literaturbüro in Unna (Hg.): Viel Zeit ist nicht mehr, Brakwede bei Bielefeld 1987, S. 48–66.
235 Dazu: Burke, Peter: Helden, Schurken und Narren. Europäische Volkskultur in der frühen Neuzeit, Stuttgart 1981, S. 178ff.
236 Vgl. Schulte, Regina: Das Dorf im Verhör. Brandstifter, Kindsmörderinnen und Wilderer vor den Schranken des bürgerlichen Gerichts, Reinbek 1989, S. 246ff.
237 Kramer, Karl S.: Grundriß einer rechtlichen Volkskunde, Göttingen 1974, S. 117.
238 Vgl. Anm. 67.
239 Albert Friese, Jg. 1938, Revierförster, Hamburg.
240 «Hamburger Abendblatt», 18.11.1982, S. 1; «Der Spiegel», Nr. 47 (1982), S. 130ff.
241 Tatsächlich war die Polizei im Besitz einer in einer konspirativen Frankfurter Wohnung gefundenen Lageskizze mit Zahlenkolonnen und Buchstabenreihen, vgl. «Der Spiegel» (wie Anm. 240), S. 130.

242 Koselleck (wie Anm. 146), S. 185; Dégh, Linda: The Postulative Proto-Memorate, in: Pentikäinen, Juha/Tuula Juurika (ed.): Folk Narrative Research, Helsinki 1976, S. 48–57.
243 Beck, Ulrich: Risikogesellschaft. Auf dem Weg in eine andere Moderne, Frankfurt/M. 1986, S. 7.
244 Anna Dahlin, Jg. 1912, und Helga Maß, Jg. 1914, leben in einem Hamburger Altenheim, vorher Schneiderinnen.
245 Gerndt, Helge: Studienskript Volkskunde, Münster u. a. 1997, S. 128 f.
246 Harald Brandes, Jg. 1945, Hamburg, Techniker.
247 Vgl. Anm. 135.
248 Seel (wie Anm. 62), S. 227 ff.
249 Ebd., S. 230.
250 Schmidt (wie Anm. 87), S. 261.
251 Peuckert, Will-Erich: Sagen. Geburt und Antwort der mythischen Welt, Berlin 1965, S. 52.
252 Meiche, Alfred: Sagenbuch des Königreichs Sachsen, Leipzig 1903, S. 409.
253 Vgl. Anm. 108.
254 Vgl. Röhrich, Lutz: Märchen und Wirklichkeit, Wiesbaden 1974, S. 9–27.
255 Jaspers (wie Anm. 141), S. 229–280.
256 Lehmann, Albrecht: Erzählstruktur und Lebenslauf. Autobiographische Untersuchungen, Frankfurt/M./New York 1983, S. 132.
257 Bei traditionellen «Hexentanzplätzen» des Harzes, etwa bei der Roßtrappe, vor allem aber um den höchsten Berg des Gebirges herum, um den alten Blocksberg der Hexen, den Brocken. Bereits 1990 konnte der Berg nach einer «politisch verordneten Zwangspause» seine Hexenkarriere fortsetzen. Elemente der traditionellen Erfahrungsmuster der Sagenwelt lassen sich gleichwohl bis heute im Erzählen finden. Vgl. Köhler-Zülch, Ines: Zur Phänomenologie der Hexe im Tourismus, in: Petzoldt, Leander u. a. (Hg.): Studien zur Stoff- und Motivgeschichte der Volkserzählung, Berlin/New York/Paris 1995, S. 275–319.
258 Meiche (wie Anm. 252), S. 109 f.; Weiser-Aall, Lily: Volkskunde und Psychologie, Berlin/Leipzig 1937, S. 10–46.
259 Vgl. Anm. 239.
260 Mannhardt (wie Anm. 159); Bastian, Adolf: Der Baum in der verglei-

chenden Ethnologie, in: «Zeitschrift für Völkerpsychologie und Sprachwissenschaft», Berlin 1868, S. 287–316; Frazer, James: The Golden Bough, 12 Bde., London 1907–15.
261 Vgl. Kap. X dieses Buches.
262 Brosse, Jacques: Mythologie der Bäume, Olten/Freiburg im Breisgau 1990.
263 Bastian (wie Anm. 260).
264 Brosse (wie Anm. 262), S. 273.
265 Tamaro, Susanna: Geh, wohin dein Herz dich trägt, Zürich 1995, S. 60 f.
266 Meyer-Abich (wie Anm. 160), S. 347.
267 Piaget, Jean: Das Weltbild des Kindes, Frankfurt/M./Berlin/Wien 1980 (zuerst 1926), S. 176; Gerhardt, Ulrich: Kind und Natur, Opladen 1994, S. 38 ff.
268 Weißmann, Karlheinz: Druiden, Goden, Weise Frauen. Zurück zu Europas alten Göttern, 2. Aufl., Freiburg/Basel/Wien 1991, S. 155 f.
269 Ebd., S. 174.
270 Schnurbein, Stefanie von: Religion als Kulturkritik. Neugermanisches Heidentum im 20. Jahrhundert, Heidelberg 1992.
271 Ich danke Frau Angelika Rohn für ihre freundliche und großzügige Hilfe.
272 Anders als in anderen Gruppierungen des neuheidnischen Spektrums lassen sich in den Schriften und im Kult der Heidnischen Gemeinschaft keine Rassegedanken finden. Die Gruppe besteht aus etwa 30 bis 50 Mitgliedern.
273 Nach einer älteren Auffassung wehrt die Schlehe, wie alle Dornsträucher, Hexen ab. Vgl. Bächthold-Stäubli, Hanns (Hg.): Handwörterbuch des deutschen Aberglaubens, Bd. 7, Berlin/Leipzig 1935/36, Sp. 1201–1206.
274 Petra Guth, Jg. 1974, Hotelfachschülerin, Berlin.
275 Dieses Verhalten ist von den Baum- und Waldforschern des 19. Jahrhunderts immer wieder als Verhaltenspraxis in vielen Kulturen der Welt beschrieben worden. Vgl. etwa Bastian (wie Anm. 260), S. 304. – Die Neuheiden erweisen sich teilweise als Kenner und (unkritische) Rezipienten der Forschungen des 19. Jahrhunderts.
276 Andreas Brandes, Jg. 1959, Gymnasiallehrer, Berlin.

277 Lüthi, Max: Das europäische Volksmärchen, 6. Aufl., Bern 1978, S. 37–62.
278 Rubinstein, Arthur: Erinnerungen. Die frühen Jahre, Frankfurt/M. 1973, S. 12 und 88.
279 Weißmann (wie Anm. 268), S. 155.
280 Vgl. Jung, Carl Gustav und K. Kerényi: Einführung in das Wesen der Mythologie, 4. Aufl., Zürich 1951.
281 Jaffé, Aniela: Geistererscheinungen und Vorzeichen, Freiburg im Breisgau 1978, S. 125, 128. – Über die Göttin Erda ist nichts durch eine Tradition bekannt, sondern allein durch die Rekonstruktion Wilhelm Grimms.
282 Manfred Peter, Jg. 1958, Gymnasiallehrer, Berlin.
283 Peuckert, Will-Erich: Geheimkulte, Heidelberg 1951, S. 127.
284 Daniel Junker: Das keltische Opfer, in: «Connection. Das spirituelle Monatsmagazin», 13, 1997, H. 4, S. 30–31.
285 Weißmann (wie Anm. 268), S. 170; Schnurbein (wie Anm. 270), S. 142 ff.
286 Vgl. zu «Heiligtümern»: Graichen, Gisela: Das Kultplatzbuch. Ein Führer zu den alten Opferplätzen, Heiligtümern und Kultstätten in Deutschland, Augsburg 1997 (zuerst 1988). – Dieses Buch ist, das muß hier hervorgehoben werden, eine wissenschaftlich akzeptable Veröffentlichung, die historische und archäologische Literatur zuverlässig referiert.
287 Peuckert (wie Anm. 251), S. 53.
288 Delumeau, Jean: Angst im Abendland. Die Geschichte der kollektiven Ängste im Europa des 14. bis 18. Jahrhunderts, 2 Bde., Reinbek 1985, hier: Bd. 1, S. 125 ff.
289 Merleau-Ponty, Maurice: Phänomenologie der Wahrnehmung, Berlin 1966, S. 329 f.
290 Bollnow (wie Anm. 104), S. 225.
291 Helga Meier, Jg. 1950, Verwaltungsangestellte, Hamburg.
292 Vgl. Anm. 108.
293 «Hamburger Morgenpost», 10.11.1995, S. 8–9.
294 «Frankfurter Allgemeine Zeitung», 11.1.1996, S. 6–7.
295 Vgl. Otto Busdorf: Wilddieberei und Förstermorde, Bd. 2, Morschen/Heina 1993 (zuerst 1955), S. 238.

296 Mariam Meinz, Jg. 1972, Jurastudentin, Jung-Jägerin, Hamburg.
297 Vgl. Anm. 105.
298 Dazu: Bollnow (wie Anm. 290), S. 223.
299 Leif Schweik, Jg. 1978, Schlosserlehrling, Hamburg.
300 Vgl. Anm. 106.
301 Sibylle Petersen, Jg. 1954, Sozialpädagogin und Studentin, Hamburg. – Brehm, Alfred: Die Singvögel des deutschen Waldes, Frankfurt/M. 1947, S. 3.
302 Schmidt-Vogt, Helmut: Das Waldthema in der Musik, in: «Forstwissenschaftliches Centralblatt», 74, 1995, S. 219–235.
303 Vgl. Anm. 79.
304 Schriewer (wie Anm. 85), S. 177.
305 Ein Arbeiter zu Anfang des Jahrhunderts: «Ich liebe wohl den Wald, doch mag ich mich nicht allzulange darin aufhalten, da mich die Einsamkeit melancholisch stimmt.» – Vgl. Levenstein (wie Anm. 2), S. 370.
306 Vgl. Artikel «Mittagsgespenst», in: Bächthold-Stäubli (wie Anm. 273), Bd. 6, Sp. 414–417.
307 Meiche (wie Anm. 252), S. 414f.
308 Dazu Paukner (wie Anm. 84), S. 27ff. – schwenden – «schwinden machen» ist die süddeutsche Bezeichnung für das Roden des Waldes. Bis heute hat sie sich über Süddeutschland hinaus in dem Wort «verschwenden» erhalten, vgl. Grimmsches Wörterbuch, Bd. 15, Sp. 2523, Stichwort Schwendung.
309 Mantel, Wilhelm: Wald und Forst, Reinbek 1961, S. 60 und 110.
310 Schmidt (wie Anm. 87), S. 249ff.
311 Vgl. Anm. 135.
312 Vgl. Anm. 301.
313 Vgl. Anm. 121.
314 Dröge, Kurt: Schulwandbilder und Landwirtschaft, in: Ottenjann, Helmut/Karl-Heinz Ziessow (Hg.): Arbeit und Leben auf dem Lande, Cloppenburg 1992, S. 255–282.
315 Monika Gall, Jg. 1950, Gewerbelehrerin, Hamburg.
316 Vgl. Unterbrunner, Ulrike: Sehnsüchte und Ängste – Naturerleben bei Jugendlichen, in: Seel, Hans-Jürgen u.a. (Hg.): Mensch – Natur. Zur Psychologie einer problematischen Beziehung, Opladen 1993, S. 164–174, hier: S. 170.

317 Vgl. Glutz von Blotzheim, Urs N.: Handbuch der Vögel Mitteleuropas, Bd. 10/I, Wiesbaden 1985, S. 40.
318 Vgl. Anm. 106.
319 Vgl. Anm. 108.
320 Vgl. Grimm, Jacob und Wilhelm: Altdeutsche Wälder, Frankfurt/M. 1813, S. 110. – Die «Altdeutschen Wälder» waren eine romantische wissenschaftliche Zeitschrift, die sich der Publikation und Interpretation altdeutscher Poesie widmete. Der «Waidspruch» entstammt einer «gothaischen Papierhandschrift» von 1589. Vgl. ebd., S. 97.
321 Arthur Hartmann, Jg. 1948, Polizeibeamter, Hamburg.
322 Vgl. Anm. 291.
323 Vgl. Anm. 246.
324 Zum gleichen Thema hatte Brigitte Fischerlehner in den 1980er Jahren von österreichischen Schulkindern im Alter von 9–13 Jahren Aufsätze schreiben lassen. Es ging u. a. auch um einen Vergleich der Tendenz der Aussagen. Vgl. Fischerlehner, Brigitte: «Die Natur ist für die Tiere ein Lebensraum, und für die Kinder ist es so eine Art Spielplatz». Über die Bedeutung von Naturerleben für das 9–13jährige Kind, in: Seel, Hans-Jürgen u. a. (Hg.): Mensch – Natur. Zur Psychologie einer problematischen Beziehung, Opladen 1993, S. 148–163.
325 Umweltängste, wie von Unterbrunner Mitte der 1980er Jahre ermittelt wurden, wurden in unserer Recherche kaum noch von den Kindern artikuliert. – Bei 91 % der Jugendlichen, die pessimistische Szenarien zeichneten, war in deren Untersuchung die Natur gestört oder zerstört. Vgl. Unterbrunner (wie Anm. 316).
326 Greverus, Ina-Maria: Die Enträumlichung der Gefahr. «Angstlust», postmodernes Ereigniswerk und chiliastische Hoffnung, in: «Zeitschrift für Volkskunde», 86, 1990, S. 14–25.
327 Vgl. Breuer, H. W. und B. R. Fischbacher: Gefahr durch Zecken, in: «Wild und Hund», 20.8.1994, S. 18–23; Reinhardt Wandtner: Wachsende Gefahr durch Zecken. Osteuropa besonders stark heimgesucht/FSME Viren in roher Milch von Weidetieren, in: «Frankfurter Allgemeine Zeitung», 23.4.1997, S. N3.
328 Der Bremer Finanzsenator Ulrich Nölle gab Herzschmerzen infolge einer auf Zeckenbiß zurückzuführenden Borreliose als Ausstiegsgrund an. Vgl. «Hamburger Morgenpost», 16.9.1997, S. 6.

329 Vgl. Gehlen, Arnold: Urmensch und Spätkultur. Philosophische Ergebnisse und Aussagen, 4. Aufl., Frankfurt/M. 1977, S. 111.
330 Vgl. Kap. IX.
331 Ammer/Pröbstl (wie Anm. 30), S. 35 ff.
332 Ebd., S. 44.
333 Steinlin, H.: Wald und Mensch heute, in: Bundesanstalt für Arbeitsschutz (Hg.): Humanisierung des Arbeitslebens in der Forstwirtschaft, Dortmund 1985, S. 34–46.
334 Vgl. Levenstein (wie Anm. 2), S. 373.
335 Dazu bereits: Lehmann, Albrecht: Wald. Über seine Erforschung aus volkskundlichen Fachtraditionen, in: «Zeitschrift für Volkskunde», 92, 1996, S. 32–47.
336 Vgl. Curtius, Ernst Robert: Europäische Literatur und lateinisches Mittelalter, Bern 1954, S. 366.
337 Stifter, Adalbert: Der Waldsteig, Stuttgart 1980 (zuerst 1845 und 1850), S. 29–35.
338 Vgl. Anm. 117.
339 Heinz Schrader, Jg. 1935, Waldarbeiter, Dorf bei Osnabrück.
340 Vgl. Anm. 338.
341 Vgl. Kap. III.
342 Andrea Freier, Jg. 1946, Verwaltungsangestellte, Hamburg.
343 Albert und Erika Hohlfeld, Jg. 1961 und 1965, Fahrstuhlmonteur und Sekretärin, beide Hamburg. – Zur Orientierung in der Natur vgl. Bahrdt, Hans Paul: Umwelterfahrung, München 1974, S. 19.
344 Vgl. Anm. 108.
345 Ebd.
346 Bernhard (wie Anm. 11).
347 Riehl (wie Anm. 19), S. 53.
348 Verband deutscher Gebirgs- und Wandervereine (Hg.): Deutsches Wandern 1994 im Rückblick, S. 26–28.
349 7 Befragte waren Mitglieder eines Wandervereins.
350 Hermann Sauer, Jg. 1936, Freigestellter Betriebsratsvorsitzender eines Industriebetriebs, Osnabrück.
351 Vgl. Kap. IV.
352 «Frankfurter Allgemeine Zeitung», 30.7.1995, S. 19.
353 «Frankfurter Rundschau», 31.7.1995, S. 3.

354 Vgl. Niedersächsisches Ministerium für Ernährung, Landwirtschaft und Forsten (Hg.): Wald hautnah erleben. Jugendwaldheime in Niedersachsen, Wolfenbüttel o.J.
355 Hartmut Holzmann, Jg. 1962, Revierförster, Hamburg.
356 Ammer/Pröbstl (wie Anm. 30), S. 47 ff.
357 Drucksache 11/1385 – Bürgerschaft der Freien und Hansestadt – Anfrage des Abgeordneten Klaus Gärtner, Grüne Alternative Liste.
358 «Schilderwald im Forst», in: «Der Spiegel», 18.8.1997, S. 96–98.
359 Vgl. Anm. 135.
360 «Welt am Sonntag», 28.2.1993, S. 17.
361 Vgl. Charlotte Oberfeld und Ludwig Deneke (Hg.): Grimms Volkslieder, Frankfurt/M. 1986, S. 28; Achim von Arnim hatte erkannt, daß «die Hauptmasse von Volkssagen und -liedern Zoten sind», die Spott treiben mit «dem Ehestande und seinen Verhältnissen», ebd., S. 180.
362 Hans Radunski, Jg. 1940, Elektriker, Hamburg.
363 Vgl. Anm. 136.
364 Heidi Alden, Jg. 1950, Krankenschwester, Bad Sachsa.
365 Vgl. Anm. 136.
366 Vgl. «TV-Today», 1, 1998, S. 137. Es geht um den Film «Nightwatch» von Ole Bornedal.
367 Vgl. Anm. 67.
368 Zur Geschichte des Pilzesammelns in Europa und zum Ost-West-Kultur-Kontakt vgl. Tolksdorf, Ulrich: Pilze als Nahrung. Zu Vorurteil und Innovation eines Nahrungsmittels in Norddeutschland, in: «Kieler Blätter zur Volkskunde», 3, 1971, S. 5–26; Schürmann, Thomas: Ost-West-Beziehungen in der Nahrungskultur, in: Jahrbuch für deutsche und osteuropäische Volkskunde, 37, 1994, S. 139–169.
369 Vgl. Kohlreif (wie Anm. 66).
370 Michael, Edmund: Führer für Pilzfreunde, Bd. 1, 3. Aufl., Zwickau 1898, S. 17 f.
371 Aichele, Dietmar u.a.: Der Kosmos-Pflanzenführer, Stuttgart 1978, S. 104.
372 Tolksdorf (wie Anm. 368), S. 11.
373 Michael (wie Anm. 370), S. 5.
374 Tolksdorf (wie Anm. 368), S. 13.
375 Vgl. Anm. 88.

376 Vgl. Anm. 139.
377 Ammer/Pröbstl (wie Anm. 30), S. 52.
378 Vgl. Anm. 315.
379 Vgl. Anm. 106.
380 «Harzkurier», 5.8.1997, S. 1: «Forstämter warnen! Im Walde lauert Gefahr.»
381 Michael (wie Anm. 370), S. 5–14.
382 Malte Staber, Jg. 1977, Zivildienstleistender, Hamburg.
383 Böhme, Gernot: Natürlich Natur. Über Natur im Zeitalter ihrer technischen Reproduzierbarkeit, Frankfurt/M. 1992, S. 56.
384 Holzberger (wie Anm. 3).
385 Fischer, Hubertus: Grammatik der Sterne und Ende der Welt. Die Sintflutprognose von 1524, in: Soeffner, Hans-Georg (Hg.): Kultur und Alltag, Soziale Welt, Sonderband 6, Göttingen 1988, S. 191–225.
386 Holzberger (wie Anm. 3), S. 40, 163. Zur großen Selbstsicherheit der Apokalyptik und zum eschatologischen Denken in der Umweltschutzbewegung – «Wenn es so weiter gehe wie bisher, und dies ist fast sicher, drohe die ‹Apokalypse›», vgl. Christmann, Gabriela B.: Ökologische Moral. Zur kommunikativen Konstruktion und Rekonstruktion umweltschützerischer Moralvorstellungen, Wiesbaden 1997, S. 158 ff.
387 Kriener, Manfred: Traurige Freuden-Stadt, in: Grill, Bartholomäus und Manfred Kriener (Hg.): Es war einmal. Der deutsche Abschied vom Wald?, Gießen 1984, S. 9–30.
388 Müller-Ullrich, Burkhard: Holzwege und andere Irrtümer, in: «Süddeutsche Zeitung am Wochenende», 7./8.9.1996, S. 1.
389 Paper news. Nachrichten und Meinungen zum Thema Papier (Magazin von «Bunte», «Der Spiegel», «Hör zu», «stern», «TV Hören und Sehen»), Juni 1996, S. 5–6. – Der Artikel ist überschrieben: «Der Wald – der Deutschen zweitliebstes Kind.» – An erster Stelle – vor dem Wald – steht allein das Auto. – Der Artikel ist insofern besonders aussagekräftig, weil er in einem Presseerzeugnis steht, das teilweise von den gleichen Zeitungen herausgegeben wird, die 12 Jahre vorher den «deutschen Wald» totgesagt hatten.
390 Roland Röhl: Wald. Das verzweigte Rätsel, in: «GEO», 11.5.1992, S. 76–85, hier: S. 85.
391 «Passauer Neue Presse», 23./24.8.1997, S. 1.

392 Heß, Richard: Der Forstschutz, Leipzig 1878, S. 678–681.
393 Kandler, Otto: Waldsterben: Märchen oder ..., in: «GEO», 10, 10.10.1995, S. 204.
394 Müller-Ullrich (wie Anm. 388).
395 Mantel (wie Anm. 309), S. 62.
396 Fischer (wie Anm. 385). Zur Nichtzuständigkeit der Geistes- und Kulturwissenschaften bei der Einschätzung von Umweltschäden vgl. Lübbe, Hermann: Der Streit um die Kompensationsfunktion der Geisteswissenschaften, in: Akademie der Wissenschaften zu Berlin (Hg.): Einheit der Wissenschaften, Berlin/New York 1991, S. 209–233, hier: S. 228.
397 Canetti (wie Anm. 1), S. 196.
398 Zitiert nach Holzberger (wie Anm. 3), S. 164.
399 Grill, Bartholomäus: Gefühl aus Holz. Die Deutschen und ihr Wald, in: Grill/Kriener (wie Anm. 387), S. 189–210.
400 Grass, Günter: Die Rättin, Darmstadt/Neuwied 1986, S. 49. Westfälisches Literaturbüro in Unna (wie Anm. 234), S. 112.
401 Theweleit, Klaus: Das Land, das Ausland heißt. Essays, Reden, Interviews zu Politik und Kunst, München 1995, S. 14–15.
402 Deutscher Bund für Vogelschutz (Hg.): Ehrfurcht vor den Wäldern, München 1989, S. 191.
403 Humboldt, Alexander von: Vom Orinoko zum Amazonas, Wiesbaden 1964 (zuerst französisch 1814–1825), S. 191.
404 Ebd., S. 170.
405 Harrer, Heinrich: Sieben Jahre in Tibet. Mein Leben am Hofe des Dalai Lama. Berlin 1997 (zuerst 1952), S. 248.
406 Kriener (wie Anm. 387), S. 14.
407 Holzberger (wie Anm. 3), S. 139.
408 Dazu immer noch unübertroffen: Weber, Max: Wirtschaft und Gesellschaft, 5. Aufl., Tübingen 1972 (zuerst 1922), S. 307–308.
409 Die von der Behörde vorgelegten Briefe und Antworten waren zuvor aus Gründen des Personenschutzes anonymisiert worden.
410 Gegen eine Analyse von Briefen an eine Behörde läßt sich einwenden, daß, wer nichts befürchtet, keine ängstlichen Briefe schreibt. Insofern kann jede Analyse von Publikumsschriftwechsel nur sehr eingeschränkt als repräsentativ für eine Gesamtbevölkerung gelten.

411 Zentrale Aussage des Briefes vom 20.10.1983 an den Hamburger Bürgermeister Klaus von Dohnanyi AZ 780-00.6.
412 Brief vom 5.6.1985 an den Umweltsenator.
413 Schreiben vom 15.6.1985.
414 «Hamburger Abendblatt», 6.1.1984.
415 Brief an die Redaktion des «Hamburger Abendblattes», 24.2.1984, AZ 780-00.6.
416 Vgl. Anm. 106.
417 Steinsiek, Peter-Michael: Waldzustandsentwicklung im Westharz zwischen 1550 und 1800, in: Bayerl, Günther (Hg.): Umweltgeschichte – Methoden, Themen, Potentiale, Münster/New York 1996, S. 103–109; Franz, Ernst Christoph und Norbert: Waldreform im 18. Jahrhundert, in: Birtsch, Günter (Hg.): Reformabsolutismus im Vergleich, Hamburg 1996, S. 47–67.
418 Vgl. Anm. 355.
419 Vgl. Anm. 81.
420 Vgl. Anm. 364.
421 Vgl. Anm. 128, Sybille Fährmann, Jg. 1940, Erzieherin, Dorf bei Osnabrück.
422 Adorno, Theodor W.: Erziehung nach Auschwitz, in: ders.: Stichworte. Kritische Modelle 2, Frankfurt/M. 1969, S. 91.
423 Vgl. Anm. 355.
424 Graf, Volker und Werner Graf: Auf dem Waldlehrpfad, in: Akademie der Künste (wie Anm. 51), S. 74–81, hier: S. 75.
425 Christmann (wie Anm. 147).
426 Vgl. Anm. 94.
427 Andreas Fuchs, Jg. 1965, Student, Dorf bei Osnabrück.
428 Elias, Norbert: Über die Natur, in: «Merkur», 40, 1986, S. 469–481, hier: S. 472.
429 Böhme (wie Anm. 383), S. 56.
430 Erikson, Erik H.: Identität und Lebenszyklus. Frankfurt/M. 1966, S. 24. Zum militärisch marschierenden Wald vgl. Abb. S. 23.
431 Solche Muster des Walderlebnisses äußern sich nüchterner, gleichwohl stimmen sie in ihrer «romantischen» Qualität erstaunlich mit den Erlebnisfarben und dem Waldbewußtsein überein, die Adolf Levenstein in seiner «Arbeiterfrage» für das erste Jahrzehnt des 20. Jahrhunderts

skizziert hatte. Angesichts der Entwicklungen der vergangenen neunzig Jahre ein bemerkenswertes Zeichen für den festen Sitz der romantischen Bewußtseinsvorgaben in unserer Gesellschaft. – Vgl. Levenstein (wie Anm. 2), S. 354–382.

LITERATURVERZEICHNIS (AUSWAHL)

Adorno, Theodor W.: Erziehung nach Auschwitz, in: ders.: Stichworte. Kritische Modelle 2, Frankfurt/M. 1969.
Adorno, Theodor W.: Ästhetische Theorie, Frankfurt/M. 1970.
Allmann, Joachim: Der Wald in der frühen Neuzeit. Eine mentalitäts- und sozialgeschichtliche Untersuchung am Beispiel des Pfälzer Raumes 1500–1800, Berlin 1989.
Ammer, Ulrich und Ulrike Pröbstl: Freizeit und Natur. Probleme und Lösungsmöglichkeiten einer ökologisch verträglichen Freizeitnutzung, Hamburg/Berlin 1991.
Bastian, Adolf: Der Baum in der vergleichenden Ethnologie, in: «Zeitschrift für Völkerpsychologie und Sprachwissenschaft», 5, 1868, S. 287–316.
Beck, Ulrich: Risikogesellschaft. Auf dem Weg in eine andere Moderne, Frankfurt/M. 1986.
Berger, Peter L. und Thomas Luckmann: Die gesellschaftliche Konstruktion der Wirklichkeit, 5. Aufl., Frankfurt/M. 1977 (zuerst englisch 1966).
Bernhard, Thomas: Holzfällen. Eine Erregung, Frankfurt/M. 1988.
Bismarck, Otto von: Erinnerung und Gedanke, Berlin 1932 (zuerst 1896).
Blumenberg, Hans: Ein mögliches Selbstverständnis. Stuttgart 1997.
Böhme, Gernot: Natürlich Natur. Über Natur im Zeitalter ihrer technischen Reproduzierbarkeit, Frankfurt/M. 1992.
Bollnow, Otto Friedrich: Mensch und Raum, 3. Aufl., Stuttgart u. a. 1976.
Braudel, Fernand: Geschichte und Sozialwissenschaften – Die «longue durée» (zuerst französisch 1958), in: Wehler, Hans-Ulrich (Hg.): Geschichte und Soziologie, Köln 1972, S. 189–213.
Braudel, Fernand: Sozialgeschichte des 15.–18. Jahrhunderts. Der Alltag, München 1985.

Brednich, Rolf Wilhelm: Die Spinne in der Yucca-Palme. Sagenhafte Geschichten von heute, München 1990.
Brosse, Jacques: Mythologie der Bäume, Olten/Freiburg im Breisgau 1990.
Burke, Peter: Helden, Schurken und Narren. Europäische Volkskultur in der frühen Neuzeit, Stuttgart 1981.
Busdorf, Otto: Wilddieberei und Förstermorde, Bd. 2, Morschen/Heina 1993 (zuerst 1955).
Canetti, Elias: Masse und Macht, Hamburg 1960.
Christmann, Gabriela B.: Wege in Ökologiegruppen. Oder: Das «Vokabular von ‹Weil›-Motiven» bei Akteuren der Umweltbewegung, in: «BIOS», 5, 1992, S. 189–212.
Christmann, Gabriela B.: Ökologische Moral. Zur kommunikativen Konstruktion und Rekonstruktion umweltschützerischer Moralvorstellungen, Wiesbaden 1997.
Curtius, Ernst Robert: Europäische Literatur und lateinisches Mittelalter, Bern 1954.
Dahm, Volker: Traditionale Einheit und partikulare Vielfalt. Zur Frage der kulturpolitischen Gleichschaltung im Dritten Reich, in: «Vierteljahrshefte für Zeitgeschichte», 43, 1995, S. 221–265.
Delumeau, Jean: Angst im Abendland. Die Geschichte der kollektiven Ängste im Europa des 14. bis 18. Jahrhunderts, 2 Bde., Reinbek 1985.
Dieterich, Victor: Forstwirtschaftspolitik, Hamburg/Berlin 1953.
Dreyer, Eva und Wolfgang Dreyer: Der Kosmos-Waldführer. Ökologie, Gefährdung, Schutz, Stuttgart 1990.
Dröge, Kurt: Schulwandbilder und Landwirtschaft, in: Ottenjann, Helmut und Karl-Heinz Ziessow (Hg.): Arbeit und Leben auf dem Lande, Cloppenburg 1992, S. 255–282.
Elias, Norbert: Über die Natur, in: «Merkur», 40, 1986, S. 469–481.
Erikson, Erik H.: Identität und Lebenszyklus, Frankfurt/M. 1966.
Erikson, Erik H.: Lebensgeschichte und historischer Augenblick, Frankfurt/M. 1977.
Fischer, Hubertus: Grammatik der Sterne und Ende der Welt. Die Sintflutprognose von 1524, in: Soeffner, Hans-Georg (Hg.): Kultur und Alltag, Soziale Welt, Sonderband 6, Göttingen 1988, S. 191–225.
Fischerlehner, Brigitte: «Die Natur ist für die Tiere ein Lebensraum, und für die Kinder ist es so eine Art Spielplatz». Über die Bedeutung von Natur–

erleben für das 9–13jährige Kind, in: Seel, Hans-Jürgen u. a. (Hg.): Mensch – Natur. Zur Psychologie einer problematischen Beziehung, Opladen 1993, S. 148–163.

Francé, Raoul H.: Leben und Wunder des deutschen Waldes. Gesetze einer Lebensgemeinschaft, Berlin 1943.

Frazer, James: The Golden Bough, 12. Bde., London 1907–15.

Fuhrmann, Manfred: Nachwort zu Tacitus' «Germania», Stuttgart 1972, S. 93–112.

Gehlen, Arnold: Urmensch und Spätkultur. Philosophische Ergebnisse und Aussagen, 4. Aufl., Frankfurt/M. 1977.

Gerhardt, Ulrich: Kind und Natur, Opladen 1994.

Gerndt, Helge: Studienskript Volkskunde, 3. Aufl., Münster u. a. 1997.

Graichen, Gisela: Das Kultplatzbuch. Ein Führer zu den alten Opferplätzen, Heiligtümern und Kultstätten in Deutschland, Augsburg 1997 (1988).

Greverus, Ina-Maria: Die Enträumlichung der Gefahr. «Angstlust», postmodernes Ereigniswerk und chiliastische Hoffnung, in: «Zeitschrift für Volkskunde», 86, 1990, S. 14–25.

Grimm, Jacob und Wilhelm: Altdeutsche Wälder, Frankfurt/M. 1813.

Halbwachs, Maurice: Das kollektive Gedächtnis, Stuttgart 1967.

Hartmann, Andreas und Sabine Künsting (Hg.): Grenzgeschichten, Frankfurt/M. 1990.

Harrer, Heinrich: Sieben Jahre in Tibet. Mein Leben am Hofe des Dalai Lama, Berlin 1997 (zuerst 1952).

Haß, Ulrike: Militante Pastorale. Zur Literatur der antimodernen Bewegungen im frühen 20. Jahrhundert, München 1993.

Hauskeller, Michael: Atmosphären erleben. Philosophische Untersuchungen zur Sinneswahrnehmung, Berlin 1995.

Heidegger, Martin: Holzwege, Frankfurt/M. 1980.

Helbok, Adolf: Grundlagen der Volksgeschichte Deutschlands und Frankreichs, 2 Bde., Berlin/Leipzig 1937.

Hellpach, Willy: Geopsyche. Die Menschenseele unter dem Einfluß von Wetter und Klima, Boden und Landschaft, Stuttgart 1977 (zuerst 1911).

Heß, Richard: Der Forstschutz, Leipzig 1878.

Hobsbawm, Eric: Das Erfinden von Traditionen, in: Conrad, Christoph und Martina Kessel (Hg.): Kultur und Geschichte. Neue Einblicke in eine alte Beziehung, Stuttgart 1998, S. 97–118.

Höhler, Gertrud: Die Bäume des Lebens. Baumsymbole in den Kulturen der Menschheit, Stuttgart 1985.

Holzberger, Rudi: Das sogenannte Waldsterben, Bergatreute 1995.

Hoormann, Anne: Land Art. Kunstprojekte zwischen Landschaft und öffentlichem Raum, Berlin 1996.

Humboldt, Alexander von: Vom Orinoko zum Amazonas, Wiesbaden 1964 (zuerst französisch 1814–1825).

Jaffé, Aniela: Geistererscheinungen und Vorzeichen, Freiburg im Breisgau 1978.

Jaspers, Karl: Psychologie der Weltanschauungen, Berlin/Heidelberg/New York 1971.

Jauß, Hans Robert: Ästhetische Erfahrung und literarische Hermeneutik, 4. Aufl., Frankfurt/M. 1984 (zuerst 1982).

Jung, Carl Gustav und K. Kerényi: Einführung in das Wesen der Mythologie, 4. Aufl., Zürich 1951.

Kant, Immanuel: Idee zu einer allgemeinen Geschichte in weltbürgerlicher Absicht, Göttingen/Hamburg 1949.

Kant, Immanuel: Beobachtungen über das Gefühl des Schönen und Erhabenen, in: Träume eines Geistersehers und andere vorkritische Schriften, Köln 1995 (zuerst 1764).

Kershaw, Ian: Der Hitler-Mythos, Stuttgart 1980.

Klemperer, Victor: LTI, Berlin 1947.

Köberle, Klemens: Nationalparks – Krone des Naturschutzes? In: Gesamthochschule Kassel (Hg.): Arbeitsergebnisse, 22, 1993, S. 34–43.

Köhler-Zülch, Ines: Zur Phänomenologie der Hexe im Tourismus, in: Petzoldt, Leander u. a. (Hg.): Studien zur Stoff- und Motivgeschichte der Volkserzählung, Berlin/New York/Paris 1995, S. 275–319.

Kohlreif, Gottfried Albert: Abhandlung von der Beschaffenheit und dem Einfluß der Luft, sowohl der freyen atmosphärischen als auch der eingeschlossenen Stubenluft auf Leben und Gesundheit der Menschen, Weißenfels/Leipzig 1794.

Köstler, Josef Nikolaus: Wald – Mensch – Natur, Hamburg/Berlin 1967.

Köstlin, Konrad: Anmerkungen zu Riehl, in: Jahrbuch für Volkskunde, 7, 1984, S. 81–95.

Koselleck, Reinhart: Vergangene Zukunft – Zur Semantik geschichtlicher Zeiten, Frankfurt/M. 1979.

Kramer, Karl S.: Grundriß einer rechtlichen Volkskunde, Göttingen 1974.
Kriener, Manfred: Traurige Freuden-Stadt, in: Grill, Bartholomäus und Manfred Kriener (Hg.): Es war einmal. Der deutsche Abschied vom Wald?, Gießen 1984, S. 9–30.
Küster, Hansjörg: Geschichte der Landschaft in Mitteleuropa. Von der Eiszeit bis zur Gegenwart, München 1995.
Lahmann-Lammert, Rainer: Der Aussteiger, in: Westfälisches Literaturbüro in Unna (Hg.): Viel Zeit ist nicht mehr, Brakwede bei Bielefeld 1987.
Lauffer, Otto: Schicksalsbaum und Lebensbaum im deutschen Glauben und Brauch, in: «Zeitschrift für Volkskunde», 45, 1935, S. 215–230.
LeGuin, Ursula K.: Das Wort für Welt ist Wald, Hamburg 1997 (zuerst englisch 1972).
Lehmann, Albrecht: Erzählstruktur und Lebenslauf. Autobiographische Untersuchungen, Frankfurt/M./New York 1983.
Lehmann, Albrecht: Gefangenschaft und Heimkehr. Deutsche Kriegsgefangene in der Sowjetunion, München 1986.
Lehmann, Albrecht: Im Fremden ungewollt zuhaus. Flüchtlinge und Vertriebene in Westdeutschland 1945–1990, 2. Aufl., München 1993.
Lehmann, Albrecht: Militär und Militanz zwischen den Weltkriegen, in: Langewiesche, Dieter und Heinz-Elmar Tenorth (Hg.): Handbuch der deutschen Bildungsgeschichte, Bd. 5: 1918–1945, München 1989, S. 407–429.
Lehmann, Albrecht: Wald. Über seine Erforschung aus volkskundlichen Fachtraditionen, in: Zeitschrift für Volkskunde, 92, 1996, S. 32–47.
Lehmann, Albrecht: Wald als «Lebensstichwort». Zur biographischen Bedeutung der Landschaft, des Naturerlebnisses und des Naturbewußtseins, in: «BIOS», 9, 1996, S. 143–154.
Lettenbauer, Wilhelm: Der Baumkult bei den Slawen. Vergleichende volkskundliche, kultur- und religionsgeschichtliche Untersuchungen, Neuwied 1981 (zuerst 1943).
Levenstein, Adolf: Die Arbeiterfrage. Mit besonderer Berücksichtigung der sozialpsychologischen Seite des modernen Großbetriebes und der psycho-physischen Einwirkungen auf die Arbeiter, München 1912.
Leyen, Friedrich von der: Die Götter der Germanen, München 1938.
Linse, Ulrich: Der deutsche Wald als Kampfplatz politischer Ideen, in: «Revue d'Allemagne», 22, 1990, S. 339–350.

Linse, Ulrich: Der Film «Ewiger Wald» – oder: Die Überwindung der Zeit durch den Raum. Eine filmische Umsetzung von Rosenbergs «Mythus des 20. Jahrhunderts», in: Hermann, Ulrich und Ulrich Nassen (Hg.): Formative Ästhetik im Nationalsozialismus, «Zeitschrift für Pädagogik», 31. Beiheft, Weinheim/Basel 1991.

Lübbe, Hermann: Der Fortschritt und das Museum, London 1982.

Lüthi, Max: Das europäische Volksmärchen, 6. Aufl., Bern 1978.

Lüthi, Max: Familie und Natur im Märchen, in: Harkort, Fritz, Karel C. Peeters, Robert Wildhaber (Hg.): Volksüberlieferung, Festschrift Kurt Ranke, Göttingen 1968, S. 181–195.

Mammen, Franz von: Der Wald als Erzieher. Eine volkswirtschaftlich-ethische Parallele zwischen Baum und Mensch und zwischen Wald und Volk, Dresden/Leipzig 1934.

Mannhardt, Wilhelm: Wald- und Feldkulte. 1. Teil: Der Baumkultus der Germanen und ihrer Nachbarstämme. Mythologische Untersuchungen, Berlin 1875.

Mantel, Kurt: Wald und Forst in der Geschichte, Alfeld 1990.

Mantel, Wilhelm: Wald und Forst, Reinbek 1961.

Meiche, Alfred: Sagenbuch des Königreichs Sachsen, Leipzig 1903.

Merleau-Ponty, Maurice: Phänomenologie der Wahrnehmung, Berlin 1966.

Meyer-Abich, Klaus Michael: Praktische Naturphilosophie, München 1997.

Michael, Edmund: Führer für Pilzfreunde, Bd. 1, 3. Aufl., Zwickau 1898.

Mogk, Eugen: Germanische Religionsgeschichte und Mythologie, 2. Aufl., Berlin/Leipzig 1921 (zuerst 1918).

Neumann, Carl W.: Das Buch vom deutschen Wald, Leipzig 1935.

Oberkrome, Willi: Volksgeschichte. Methodische Innovation und völkische Ideologisierung in der deutschen Geschichtswissenschaft 1918–1945, Göttingen 1993.

Paukner, Sepp: Waldarbeiter im oberbayerischen Salinengebiet, Bamberg 1991.

Peuckert, Will-Erich: Geheimkulte, Heidelberg 1951.

Peuckert, Will-Erich: Sagen. Geburt und Antwort der mythischen Welt, Berlin 1965.

Piaget, Jean: Das Weltbild des Kindes, Frankfurt/M./Berlin/Wien 1980 (zuerst 1926).

Ratzel, Friedrich: Deutschland, Berlin/Leipzig 1921 (zuerst 1898).

Rebholz, Dore: Der Wald im deutschen Märchen, Heidelberg 1944.
Riehl, Wilhelm Heinrich: Die bürgerliche Gesellschaft, Berlin/Wien 1976 (zuerst 1851).
Riehl, Wilhelm Heinrich: Land und Leute, 9. Aufl., Stuttgart 1894 (zuerst 1854).
Riehl, Wilhelm Heinrich: Das landschaftliche Auge, in: Kulturstudien aus drei Jahrhunderten, 5. Aufl., Stuttgart 1896 (zuerst 1859).
Ritter, Joachim: Landschaft. Zur Funktion des Ästhetischen in der modernen Gesellschaft, in ders.: Subjektivität, Frankfurt/M. 1974, S. 141–190.
Röhrich, Lutz: Märchen und Wirklichkeit, Wiesbaden 1974.
Rösener, Werner: Bauern im Mittelalter, München 1985.
Rothfels, Hans: Zeitgeschichtliche Betrachtungen, Göttingen 1959.
Rubinstein, Arthur: Erinnerungen. Die frühen Jahre, Frankfurt/M. 1973.
Rubner, Heinrich: Deutsche Forstgeschichte 1933–1945, St. Katharinen 1985.
Salisch, Heinrich von: Forstästhetik, 2. Aufl., Berlin 1902 (zuerst 1885).
Schama, Simon: Der Traum von der Wildnis. Natur als Imagination, München 1996 (zuerst englisch 1995).
Schelsky, Helmut: Wandlungen der deutschen Familie in der Gegenwart, 5. Aufl., Stuttgart 1967.
Schmidt, Leopold: Volkskunde von Niederösterreich, Bd. 1, Horn 1966.
Schmidt-Vogt, Helmut: Das Waldthema in der Musik. «Forstwissenschaftliches Centralblatt», 74, 1955, S. 219–235.
Schnurbein, Stefanie von: Religion als Kulturkritik. Neugermanisches Heidentum im 20. Jahrhundert, Heidelberg 1992.
Schoenichen, Walther: Naturschutz im Dritten Reich, Berlin-Lichterfelde 1934.
Schoenichen, Walther: Biologie der Landschaft, Neudamm/Berlin 1939.
Schriewer, Klaus: Waldarbeiter in Hessen. Kulturwissenschaftliche Analyse eines Berufsstandes, Marburg 1995.
Schröder, Hans Joachim: Bäume. Zum Spätwerk des Malers und Glasmalers Gabriel Loire, in: «Das Münster», 49, 1996, S. 29–37.
Schulte, Regina: Das Dorf im Verhör. Brandstifter, Kindsmörderinnen und Wilderer vor den Schranken des bürgerlichen Gerichts, Reinbek 1989.
Schürmann, Thomas: Ost-West-Beziehungen in der Nahrungskultur, in: Jahrbuch für deutsche und osteuropäische Volkskunde, 37, 1994, S. 139–169.

Sebald, W. G.: Die Ringe des Saturn. Eine englische Wallfahrt, Frankfurt/M. 1995.

Seel, Martin: Eine Ästhetik der Natur, Frankfurt/M. 1991.

Seifert, Alwin: Im Zeitalter des Lebendigen. Heimat – Natur – Technik, Dresden/Planegg 1941.

Selter, Bernward: Vom Plenter- und Niederwald zum Holzacker. Forstnebennutzung und forstliches Nebengewerbe im ehemaligen Amt Fredeburg, in: Baumeier, Stefan und Christoph Köck (Hg.): Sauerland. Facetten einer Kulturlandschaft, Detmold 1994, S. 96–115.

Selter, Bernward: Waldnutzung und ländliche Gesellschaft. Landwirtschaftlicher «Nährwald» und neue Holzökonomie im Sauerland des 18. und 19. Jahrhunderts, Paderborn 1995.

Stauffer, Marianne: Der Wald. Zur Darstellung und Deutung der Natur im Mittelalter, Zürich 1958.

Steger, Hugo: Alltagssprache. Zur Frage nach ihrem besonderen Status in medialer und semantischer Hinsicht, in: Raible, Wolfgang (Hg.): Symbolische Formen, Medien, Identität, Tübingen 1989/90, S. 55–112.

Steinlin, H.: Wald und Mensch heute, in: Bundesanstalt für Arbeitsschutz (Hg.): Humanisierung des Arbeitslebens in der Forstwirtschaft, Dortmund 1985.

Steinsiek, Peter-Michael: Waldzustandsentwicklung im Westharz zwischen 1550 und 1800, in: Bayerl, Günther (Hg.): Umweltgeschichte – Methoden, Themen, Potentiale, Münster/New York 1996, S. 103–109.

Stifter, Adalbert: Der Waldsteig, Stuttgart 1980 (zuerst 1845 und 1850).

Stifter, Adalbert: Der Waldgänger, Berlin 1990 (zuerst 1847).

Tamaro, Susanna: Geh, wohin dein Herz dich trägt, Zürich 1995.

Theweleit, Klaus: Das Land, das Ausland heißt. Essays, Reden, Interviews zu Politik und Kunst, München 1995.

Thomas, Keith: Man and the Natural World. Changing Attitudes in England 1500–1800, London 1983.

Tolksdorf, Ulrich: Pilze als Nahrung. Zu Vorurteil und Innovation eines Nahrungsmittels in Norddeutschland, in: «Kieler Blätter zur Volkskunde», 3, 1971, S. 5–26.

Tournier, Michel: Der Erlkönig, Frankfurt/M. 1984.

Tournier, Michel: Der Baum und der Wald, in: Akademie der Künste (Hg.): Waldungen. Die Deutschen und ihr Wald, Berlin 1987.

Vieth, Harald: Hamburger Bäume. Zeitzeugen der Stadtgeschichte, Hamburg 1995.

Volz, Karl-Reinhard: Zur ordnungspolitischen Diskussion über die nachhaltige Nutzung der Zentralressource Wald, in: «Forst und Holz», 50, 1995, S. 163–170.

Walden, Hans: Forstgeschichte der Stadt Hamburg, Hamburg 1995.

Warnke, Martin: Politische Landschaft. Zur Kunstgeschichte der Natur, München/Wien 1992.

Weber, Max: Wirtschaft und Gesellschaft, 5. Aufl., Tübingen 1972 (zuerst 1922).

Weiser-Aall, Lily: Volkskunde und Psychologie, Berlin/Leipzig 1937.

Weißmann, Karlheinz: Druiden, Goden, Weise Frauen. Zurück zu Europas alten Göttern, 2. Aufl., Freiburg/Basel/Wien 1991.

Wellershoff, Dieter: Einladung an alle, Frankfurt/M. 1974.

Werfel, Franz: Nicht der Mörder, der Ermordete ist schuldig und andere Erzählungen, Frankfurt/M. 1984.

Zender, Matthias: Volkserzählungen als Quelle für Lebensverhältnisse vergangener Zeiten, in: Rheinisches Jahrbuch für Volkskunde, 12, 1973, S. 114–169.

BILDQUELLENVERZEICHNIS

Frontispiz: Spektrum Akademischer Verlag
Abb. 1 (S. 23) Aus dem Film «Ewiger Wald» – Filmarchiv/Bundesarchiv Koblenz Nr. 1273
Abb. 2 (S. 61) André Kunath
Abb. 3 (S. 63) Schulgeschichtliche Sammlung Bremen
Abb. 4 (S. 66) Georges Seurat, ca. 1883. Katalog Georges Seurat, Zeichnungen, München 1983
Abb. 5 (S. 68) Richard Oelze, Waldlandschaft, 1949
Abb. 6 (S. 70) Max Ernst, Grätenwald, Ulrich Bischoff: Max Ernst, Köln 1994
Abb. 7 (S. 72) André Kunath
Abb. 8 (S. 107) Straßenbauamt Hannover
Abb. 9 (S. 122) Briefmarke Deutsche Bundespost
Abb. 10 (S. 125) Helga Stachow
Abb. 11 (S. 130), 12 (S. 131) Hessisches Landesvermessungsamt, Freigabenummer 1646/67; 2441
Abb. 13 (S. 136) D. Evers: Das Leben geht weiter. Erlebte Nauroder Geschichte 1945/46, Wiesbaden 1996
Abb. 14 (S. 152) Polizeifoto, Bad Sachsa
Abb. 15 (S. 160) Klaus Schriewer
Abb. 16 (S. 174) André Kunath
Abb. 17 (S. 214) Insektenleben im Wald, Carl W. Neumann: Das Buch vom deutschen Wald, Leipzig 1936
Abb. 18 (S. 298) André Kunath

PERSONENREGISTER

Adorno, Theodor W. 44, 286
Albertus Magnus 46
Aristoteles 46
Aufschnaiter, Peter 276

Barbarossa (Friedrich I.) 139 f
Bastian, Adolf 179 f
Beck, Ulrich 167
Beethoven, Ludwig van 206
Bernhard, Thomas 20, 75, 240
Bismarck, Otto von 26 f, 127, 129, 164
Blumenberg, Hans 141
Bonaparte, Napoleon s. Napoleon
Botzenhard-Eitel, Else 273
Braudel, Fernand 38
Brehm, Alfred 205
Brosse, Jacques 180
Brüggemann, Heinrich 159

Canetti, Elias 11 f, 227, 296, 298
Caprivi, Leo von 26
Churchill, Winston 146
Claudius, Matthias 202

Darwin, Charles 37
Diem, Carl 89
Dohnanyi, Claus von 279
Dürer, Albrecht 65

Eichendorff, Joseph von 198, 204, 270, 302
Eipper, Paul 83

Fabeyer, Bruno 157–163
Findeisen, Bruno s. Fabeyer
Francé, Raoul Heinrich 33
Frazer, James 179
Friedrich II. von Preußen 127
Friedrich, Caspar David 39, 65

Grass, Günter 271
Grill, Bartholomäus 270
Grimm, Jacob 25, 176, 248
Grimm, Wilhelm 176, 248
Goethe, Johann Wolfgang von 98 f, 106

Haarmann 154
Harrer, Heinrich 276
Heine, Heinrich 50
Helbok, Adolf 31
Herzog, Roman 40
Heß, Richard 267
Hiasl s. Klostermayr
Hindenburg, Paul von Beneckendorff und 127
Hitler, Adolf 35, 39, 126 ff, 135, 140, 142

Personenregister 341

Höhn, Bärbel 40
Holzberger, Rudi 264, 277
Hood, Robin 162
Horn, Gyula 40
Humboldt, Alexander von 275

Jaffé, Aniela 189
Jauß, Hans Robert 84
Jünger, Ernst 270

Kant, Immanuel 27 f, 39
Kempner, Friederike 94
Kershaw, Ian 142
Klages, Ludwig 32, 68
Klar, Christian 164 ff
Klemperer, Victor 101
Klostermayr, Mathias 162 f
Köstler, Josef Nikolaus 65
Kohl, Helmut 40
Korn, Salomon 143

Leyen, Friedrich von der 26
Luther, Martin 127

Mannhardt, Wilhelm 179
Mendelssohn-Bartholdy, Felix 270
Merleau-Ponty, Maurice 197
Meyer-Abich, Klaus Michael 101, 182
Michael, Edmund 254, 261
Mogk, Eugen 25 f

Napoleon 104
Neumann, Carl W. 31, 34
Novalis = Hardenberg, Friedrich Leopold von 270

Pleil, Rudolf 148 ff, 154
Peuckert, Will-Erich 175, 192, 196

Rabelais, François 38
Riehl, Wilhelm Heinrich 27–32, 37 f, 44, 116
Rilke, Rainer Maria 270
Rubinstein, Arthur 189

Salisch, Heinrich von 64
Schama, Simon 126
Schiller, Friedrich von 155
Schmidt, Leopold 174
Schönberg, Alfons Diener von 129
Schoenichen, Walther 32, 34
Sedlmayr, Hans 65
Seel, Martin 172
Seurat, Georges 68
Steinlin, H.[?] 229
Stern, Horst 43
Stifter, Adalbert 78, 103, 231 f, 270

Tacitus, Publius Cornelius 25 f
Tamaro, Susanna 181
Theweleit, Klaus 274
Thomas, Keith 40
Tieck, Ludwig 270
Tilly, Johann 127
Tournier, Michel 38, 103

Waggerl, Karl Heinrich 32
Weißmann, Karlheinz 189
Wellershoff, Dieter 157–162
Wellington, Arthur Wellesley 130
Werfel, Franz 92
Wiechert, Ernst 32
Wolter, Jürgen 272

Zender, Matthias 112

SACHREGISTER

Adel 96, 113 f, 117, 143, 244
Ahorn 268
Akademiker/Intellektuelle 28, 37, 44, 78, 171 ff, 274, 277
Altertumswissenschaft 195
Ameise (Wald-) 55, 74, 221
Amerika (USA) 29 f, 148, 182 f, 274, 302
Angst 15, 22, 85, 91 ff, 124, 150, 154, 156, 165, 167, 172 f, 175 f, 197–216, 231, 235, 249, 270, 279 f
Aßlar 140, 142
Asterode 128, 132 f, 138
Auerhahn 59
Aufforstung 36, 121, 127
Auto(-mobil) 32, 58, 75, 88, 91, 95, 108, 127, 156, 161, 215, 232 ff, 236, 243 f, 247 f, 265, 279, 292
Autobahn (-straße) 34, 48, 73 f, 126, 164, 234 f

Bach(-lauf) 55, 58, 62, 64
Bad Lauterberg 225
Bad Sachsa 149, 151, 153, 284
Bär 59
Bauarbeiter 209
Bauer/Landwirt 45, 78, 113 f, 116, 132, 147, 163, 173, 201, 205, 209, 258, 291

Baum
  Begleitfigur der Lebensgeschichte 13, 94 f, 98–101, 105 f, 108 f, 128
  als Geschichtswesen 101 ff, 299
  als schicksalsfähiges Individuum 13, 94, 98, 108, 115
  -horoskop 190
  -indiviuum/als «Individualist» 38, 40, 49, 100, 103, 109, 179 f, 186, 297–299
  -kult (germanischer) 26, 114 f, 179
  Lieblingsbaum 40, 104, 109
  -schnitzerei 105 f
Beeren(-sammeln) 16, 48, 55 f, 77, 81 f, 86, 119, 167, 174, 211, 224 f, 251, 259, 301
Beobachtung
  Natur- 57, 98, 209, 211, 228 f, 285
  Tier- 213 f, 216 ff, 220 f, 228 f, 288, 290
Berlin 15, 32, 76, 134, 143, 151, 184, 187, 189, 195, 203, 230
Besatzungszeit 35, 120, 146
Birke 40, 56, 90, 109, 193
Braunlage 149, 225
Buche 12, 34, 52, 56, 58, 62, 76, 103 ff, 136, 190, 206, 212, 251, 284

Sachregister 343

Bucheckern 82, 86, 257
Buchfink 206, 217
Bürgerliche (Klein-) 47, 89, 173, 184, 244
Bunkerwald 21, 122–126, 149

Clausthal-Zellerfeld 225

Dachs 231 f
Dämmerung 67, 199, 201 f
Dämon(isierung) 46, 112, 115, 138, 150, 157, 174, 177, 191, 198 f, 224
Dunkelheit (Dunkel der Wälder) 25, 45, 70, 73, 197 f, 201–204, 230 f, 237

Eibe 128
Eiche (Stiel-) 39 ff, 62, 96 ff, 102, 104–109, 114 f, 127 ff, 181, 291, 300
«deutsche» 39 ff, 104 ff, 109, 128
«britische» 40 f
«Hitler-» 39 f, 127 f
Eichhörnchen 191, 216
Einsamkeit 47 f, 93, 176, 197 f, 222, 227, 234, 270, 275, 300
Elfe 190, 196
Ellrich 149
Elsbeere 51, 58
Eltern (und: Vater, Mutter) 17, 76 f, 78, 80, 81–83, 86 f, 89 f, 92 f, 96, 103, 119, 128, 161, 217, 251, 258, 288, 301
England / Engländer 11, 28, 30, 37, 41, 71, 129, 148, 183, 252, 299
Erholung(-swald) 20, 50 ff, 121, 212, 229 f, 238 f, 246, 283, 293
Erle 268, 293
Erzählmuster 21, 91, 138
Erzähltradition (mündliche Tradition) 21, 112 f, 115, 118, 123, 131 f, 137 ff, 141, 144, 178 f, 248, 282 f

Esche / Eberesche 51, 181

Farn 66
Fee 190
Fichte 12, 34, 44, 56, 58, 62, 81, 96, 132 ff, 136 f, 165, 216, 233, 254, 268, 284, 297
Finsternis 22, 55, 69, 158, 180, 200 f, 204, 231
Fledermaus 124 f
Fliegenpilz 253 f
Flüchtlinge 106, 142, 150, 256 ff
Förster 14, 20, 49, 51 ff, 59, 71, 95, 97, 115–118, 120, 124, 133 ff, 143 ff, 154, 157, 164 f, 178 f, 201 f, 204, 210 f, 213, 216, 222 f, 225, 242 f, 245 f, 248, 260, 279, 282 f, 286
Forscher (Erzähl-, Mythen-, Sagen-, Märchen-) 112, 175, 192, 196
Forstästhetik 30, 50 f, 58, 64, 292
Forstwirtschaft 16, 36, 49, 53, 297
Fotografie(-ren) 74, 134 f, 211, 229
Frankfurt a. M. 134, 247
Frankreich / Franzosen 11, 26, 30 f, 35, 37 f, 105, 256, 299
Frauen, «wilde» 190
Freizeit 52, 60, 82, 86, 223, 227 f, 230, 241–246, 259
Fuchs(-bandwurm) 213 f, 224
Fuhrmann(-leute) 173

Gefühl 46, 80, 197
Gegenwelt 59, 67, 120, 187, 240, 243
Gehör (Geräusch) 45 ff, 66, 76, 80, 173 ff, 197, 205, 211, 216, 234
Geister (Wald-, Moos-, Baum-, Mord-, Schutz-) 21, 26, 117, 174, 177, 179, 187, 189–192, 196, 198, 207, 224

Geruch 45 ff, 66, 76, 80, 211
Gesichtssinn (Auge) 45, 64 ff, 191, 197 f, 211, 259
Gorleben 247
Gotcha-Spiel 245
Gottheiten 189, 193, 195
Grenzmorde 146, 148–155
Grenzwald 69, 145 f, 148
Großeltern (-wissen, -vater, -mutter) 17, 81, 84, 93, 98, 112, 140, 142, 301

«Hänsel und Gretel» 231, 237
Hainbuche 40, 56
Hakenkreuzwald 127–144, 149
Hamburg 14, 16, 44, 48, 51, 59, 66, 76, 87–90, 97, 99, 107, 121, 124, 164, 168, 178, 193, 200, 219 ff, 235 f, 242, 244 f, 256, 262, 277–282
Handwerker 78, 173, 203
Hannover 154
Harz 12, 14, 50 f, 53, 55, 59–62, 71, 73 f, 77, 87, 139, 148–152, 154 f, 206, 209, 211, 225, 248, 261, 281 283
Hase 216, 218, 222, 244, 262
Haselmaus 213, 217
Haus (Wald-) 60 f, 203, 232
Hessen 14, 123, 128, 131–134, 144, 156, 159
Hexe 69, 105, 177, 192, 195 f, 253
Hildesheim 83
Holzdiebe(-stahl) 115 f, 121, 243, 246
Holzernte(-einschlag) 36, 49, 116, 121, 209 f
Holzhändler 43
Holzknecht 173, 205, 209 f, 212, 231
Hund (schwarzer, höllischer, Haus-) 99, 159, 174, 199, 220 ff, 243, 249

Imker 14, 55–57
Italien 30, 181

Jagd/Jäger (-recht, -monopol) 14, 52, 67, 113–118, 129, 143, 162 f, 173, 201 f, 204, 210 f, 213 f, 217–220, 229, 243 f, 260, 292
Jagd/Jäger, wilde/r (wildes Heer) 117 f, 175, 177
Jesberg 144 f
Jogger 20, 164, 242 f
Journalisten/-mus 11 f, 144 f, 161 f, 264 ff, 269 f, 276 f, 282, 285

Kärnten 139
Kassel 132, 155
Kastanie 40, 108 f
Kelten (s. a. Religion, keltische) 26
Kiefer 12, 34, 76, 90, 96, 234, 268
Kiel 53, 105
Kindheitserfahrungen 16, 20, 78, 85, 97, 251, 286, 290
-erinnerungen 76–80, 82, 103
-wälder 71, 75–80, 155, 216, 289, 292
Kissing 163
Köhler 55, 173, 179
Kult(-stätten) 15, 114, 129, 184 f, 193 f
Kulturland(-schaft) 18, 28, 31, 64, 69
Kyffhäuser 139

Lärche 102, 132 ff
Landschaft, mythische 21, 67, 111, 147, 172, 175, 177
Landschaftsbewertung 45
-planung 50, 100, 108, 131, 289
-verbrauch 29, 34
Licht 50, 57, 80, 114, 159, 197, 201, 203 ff, 210, 219, 251
Liebe (Sex) 177, 247–250

Sachregister 345

Linde 39 f, 108, 127 f
Luchs 59 221
Lübeck 85
Lüchow-Dannenberg 234

Malaysia 71
Marder 216
Maronenpilz 167 f, 251
Martinroda 96, 106
Mischwald 34, 44, 50, 58, 62, 215, 297
Mittagsfrau (Mittägin) 199, 208
Mittagsruhe 207 f
Mittelalter 29, 31, 38, 54, 67, 87, 112 ff, 117, 195 f, 213, 231, 244, 252, 264, 267, 269
Mörder 138, 148–154, 157, 159–162, 174, 178
Moos 66 f, 72, 122, 174, 234, 250 f
Mountainbiker/-ing 20, 49, 88, 203, 242 ff, 292
Mythologe 180, 196

Nachkriegszeit 16, 35, 81, 86, 91, 93, 119, 121–124, 137, 142 f, 145, 147, 149 ff, 155, 158, 164, 246, 256, 300 f
Nacht 48, 69, 114, 147, 149, 156 f, 177, 185, 197, 198 f, 200–204, 208, 210, 215, 219, 231, 244 f
Nationalpark (Naturpark) 58 ff, 221, 228, 259, 267, 300
Nationalsozialismus 32–35, 39, 119, 126 ff, 132, 135 f, 138, 140 f, 143, 147, 301
Nationalsymbolik 11, 18, 25, 39, 41, 47, 104, 180, 227, 296
Neuheidentum 15, 183–196, 211
Niederösterreich 174
Niedersachsen 14, 242

Orientieren (Zurechtfinden) 13, 95, 115, 156, 187, 197 f, 204, 229–238
Ornithologe 211, 217, 229, 293
Osnabrück 56, 157 f, 161 f, 241, 257, 281, 284, 289 f

Park(-landschaft) 30, 49, 217, 299
Pfarrer (Kirchenmänner) 173, 253
Pilze 55, 167 ff, 251–262
Pilzsammeln/-suchen 14, 20, 73, 92, 119, 167 ff, 173, 178, 211, 229, 250 f, 256–262, 292, 301
Platane 108
Polen 26, 146, 208, 252, 262

Radfahren 223, 228, 230, 242 ff
Räuber 21, 38, 69, 145, 149, 155–159, 161, 165, 174, 200, 222
Reh (Hirsch) 62 f, 82 f, 159, 213, 217–222, 229, 244, 288
Reiten 52, 228, 242, 244
Religion
  animistische 179, 183, 191
  indianische 183
  jüdisch-christliche 180 ff, 270
  keltische 183, 190, 193 f, 196
  magische (Magie, Volksmagie) 69, 98, 115, 117 f, 138, 185 f, 192, 253 f
  pantheistische 182, 190
  völkisch-germanische 183, 196
Rheinland 112
Ringeltaube 48, 206
Romantik 12 f, 21, 25, 27, 30, 43, 62, 81, 108, 171, 173, 196, 204, 231, 247, 269 ff, 274, 293, 299, 302
Rußland 29 f, 147

Sagen, politische 132, 134–145, 165
Schleswig-Holstein 14, 77, 164, 256

Schwarzwald 12, 73, 209, 265, 276, 280
Schweiz 11
Sehnsucht 12, 79, 81, 271, 273, 301
Sentimentalität (Un-) 38, 54, 78, 81, 108
Sicherheit (Un-) 48 f, 69, 73, 197, 199 f, 224, 232, 234
Siebenschläfer 217
Skandinavien 105, 183, 252
Slawen / slawischer Kulturraum 26, 208, 252, 256
Sonnenauf- / untergang 44, 172, 204
Spanien 28
Spazieren(-gehen) 12, 14 f, 22, 29, 47, 52 f, 58, 68, 71, 73 – 76, 80 f, 82, 91, 103, 120, 201, 203, 206, 215, 223, 228 – 230, 232, 234 ff, 243 f, 249, 260, 271, 274, 278, 281, 285, 292 f
Specht 206, 216
Speiseopfer 192
Sport 15, 87, 90, 177, 219, 228 f, 238 – 240, 242 – 245, 298, 301
Steinpilz 168, 251, 257
Südamerika 275, 301

Tanne 12, 50, 96, 102, 129, 159, 190, 265, 268
Teufel 138, 142, 199
Teutoburger Wald 241
Tibet 276
Traubenkirsche 129
Tschernobyl (Ukraine) 166 – 169, 223, 261, 287
Türkei 71, 302

Umwelt(-schutzbewegung) 16, 19, 32, 35 f, 59, 62, 76, 78 – 81, 83, 90, 95, 98 f, 112, 126, 138, 179, 182, 239, 255,
263 f, 266, 268 f, 271, 278 – 281, 287 – 295, 297, 302 f

Verirren / Verlaufen 15, 22, 199, 230 – 233, 234 – 237
Verlassenheit (-sein, -werden) 48, 87, 92 f, 231, 300
Vogelbeere 18
Vogelgesang / -gezwitscher 48, 204 – 207, 301
Volkspolizist («Vopo») 147 f

Wackersdorf 247
Waldarbeiter (= Forstwirt) 14, 20, 48, 51 – 55, 58, 95, 133, 137, 144, 146, 154, 173, 178 f, 201, 204, 206 – 211, 213, 223, 225, 233, 282, 286
Waldbesitzer 14, 50 f, 53, 95 f, 108, 244, 286
Waldbunker 124
Waldfrevel 114, 246, 279
Waldleute / -mensch / -schrat 151, 157 – 162, 174, 274
Waldnation 31
Waldnutzung 15, 58, 183 f, 227 ff, 242 ff, 246
Waldpanorama 51, 72
Waldrand 18, 32, 34, 44, 50 ff, 56, 66 ff, 72, 74, 95, 198, 220, 230, 232, 234, 248, 251
Waldsagen 111, 113, 116, 117 f, 144, 148, 152 f, 156, 179, 208
Waldsterben 11, 19, 22, 37, 44, 81, 99, 227, 263 – 267, 268 f, 271, 274, 276 – 282, 285, 287
Walkenried 149, 151 ff
Wandern (Wanderer) 14, 20, 33, 48 ff, 53 f, 58, 64, 86 – 90, 93, 154, 156, 175 ff, 184, 219 f, 228 ff,

232, 235, 236 ff, 240–243, 281, 286
Weltesche («Yggdrasil») 181
Weltkrieg (Erster, Zweiter) 16, 21, 31, 35, 39, 81 f, 95, 97, 108, 119, 122 f, 130, 145 f, 296
Weide 272
Wetter (Schön-, Schlecht-) 56, 185, 205, 210 f
Widerstand 116 f, 126, 137, 143 f, 146
Wieda 149, 153
Wiesbaden 131, 137, 165
Wiesbaden-Naurod 134 f, 137 f, 140–144
Wildeck 155
Wilderer 162, 221 f, 246
Wildkirsche 57
Wildschwein (Schwarzwild) 38, 203, 213 f, 218–221
Wolf 38, 220 f

Zecke 221–224
Zorge 149

DANKSAGUNG

Das Buch ist ein Ergebnis eines Forschungsprojekts der Deutschen Forschungsgemeinschaft am Hamburger Volkskunde Institut. Klaus Schriewer und Helga Stachow ist als ersten dafür zu danken, daß sie sich phantasievoll, kenntnisreich und stets engagiert an allen unseren gemeinsamen Diskussionen und Forschungsarbeiten beteiligt haben. Ohne die Zusammenarbeit mit Klaus Schriewer hätte ich mein Wald-Buch gewiß kaum neben meinen Universitätsaufgaben schreiben können. Er hat nicht nur die Projektgeschäfte mit größter Umsicht geleitet, sondern außerdem zusammen mit Helga Stachow, Sibylle Gerhard und Uta Rosenfeld vieles von dem, was schließlich zur empirischen Grundlage dieses Buches geworden ist, auf Feldforschungs- und Archivreisen ermittelt.

Großzügig hat Angelika Rohn ihre Berliner Feldforschungen über Esoterik und Waldbewußtsein in unser Projekt integriert. Leonie Koch-Schwarzer hat das Register zusammengestellt und mit Brigitta Schmidt-Lauber bei den Korrekturarbeiten geholfen. Wie bei meinen anderen Forschungs- und Buchprojekten hat Petra Fonteyne nicht nur viele der tatsächlich entsagungsvollen Transkriptionsarbeiten erledigt, sondern immer wieder kluge Hinweise für die Textinterpretation gegeben und in eigener Regie Erzählungen erhoben.

In diesem Buch kommen viele unserer Informantinnen und Informanten zu Wort. Obwohl ich schon geahnt hatte, daß der

Wald überall ein Erzählthema ist, hat mich die Bereitschaft, uns Naturerlebnisse und Ansichten über den Wald mitzuteilen, schließlich doch erstaunt. Einige haben mich in letzter Zeit gefragt, ob denn überhaupt noch einmal etwas aus unseren Gesprächen in Buchform zu haben sein wird. Ich danke allen und hoffe, sie sind mit diesem Ergebnis einverstanden.

Ich widme das Buch meiner Frau Karin Hesse, die unser Projekt von den ersten «Forschungswanderungen» durch die Harzberge bis zum letzten Satz dieses Buches kritisch und – wie sie in letzter Zeit festgestellt hat – mit Vergnügen begleitet hat.

A. L., im Dezember 1998